军事刑法的秩序价值研究

JUNSHI XINGFA
DE ZHIXU
JIAZHI YANJIU

王全达 —— 著

中国政法大学出版社

2021·北京

前　言
PREFACE

秩序价值问题是军事刑法的本源性问题之一，关系着军事刑法的精神与理念，影响着军事刑法的理论与实践。

本书着眼军事刑事立法、司法之需，以《中华人民共和国刑法》（以下简称《刑法》）为蓝本，比对有关国家和地区的军事刑法规范，确立"军事刑法秩序价值须由军事刑法和秩序本身来界定，军事刑法秩序价值的实现须考虑价值冲突与互补"这一命题。

本书的逻辑结构是：界定军事刑法秩序价值，探讨军事刑法秩序价值的实现，确立科学的军事刑法秩序价值观（价值冲突与互补、价值认识与实践）。本书属于基础性研究，借助比较法学、法社会学等研究成果，利用价值分析、逻辑注释、归纳演绎等方法，从理论上厘清军事刑法秩序边界，分析军事刑法秩序层次，阐明军事刑法秩序特性；从实践上盘点军事刑法中秩序价值的体现度和实现度，消除对军事刑法不切实际的功利性期待和缺乏建设性提升的空洞关怀，反思军事秩序的维系路径，修正军事刑法研究和军事刑事立法借鉴移植中的偏位，实现法治秩序。本书主体分为绪论、正文、结论三部分，正文部分共六章。

首先，本书对军事刑法及其秩序价值作了一个基本定位，涵盖绪论、第一章、第二章。在绪论部分，本书提出并论证"讨论军事刑法的价值不能离开其作为刑法规范的内在秉性"这一观点，并结合本书写作的由来讨论了军事刑法秩序的一些基本问题。在第一章，本书讨论了"军事刑法的价值体系与秩序体系"，这两个问题的结合构成了本书的主题。在第二章，本书阐述了军事刑法秩序的概念边界与价值定位问题，探讨了"军事刑法秩序价值是什么"这个问题。本书将秩序价值界定为军事刑法价值体系的基础价值,从受军事刑法保护的结构秩序和受军事刑法控制的行为秩序两方面具体解析了军事刑法秩序的内容,并对军事刑法秩序与军事伦理秩序、军纪秩序、国际刑法秩序之间的边界进行界定。秩序边界的界定既为明晰军事秩序维系路径打下基础,也为秩序边界扩展(秩序价值客体的衔接)提供可能。

其次,本书探讨军事刑法秩序价值的实现问题,涵盖第三章、第四章。秩序价值的实现,既是考察军事刑法立法价值目标实现与否的尺度,也是评判军事刑法功能的标准。本书点面结合,重点研究了军事刑法实体范畴(主要是犯罪与刑罚)中的秩序意蕴、秩序价值实现方式及实现效度等问题。其中,第三章"军事刑法秩序价值的实现:犯罪与秩序",从时间性、空间性、地方性三个维度解析犯罪设定与军事刑法秩序特性;从实行行为、危害结果、行为人身份等范畴探讨犯罪构成与军事刑法秩序追求;从国别的角度分析犯罪分层与军事刑法秩序序列。在第四章"军事刑法秩序价值的实现:刑罚与秩序"部分,从军事犯罪的刑罚配置(死刑配置、资格刑配置)、刑罚执行(死刑执行、战时缓刑)等方面分析军事刑法秩序价值的实现。

最后,本书深入思考军事刑法秩序价值观,并以此为基础对现实问题进行检视,涵盖第五章、第六章。第五章认为,军事刑法秩序价值与自由价值之间的冲突实际上是价值观的冲突。消解这种冲突,不能仅靠价值排序,还需要努力实现两者之间的价值互补。本书研究了秩序与自由的价值互补依据、契合点,并提出了新的价值关系定位:在军事刑法领域,应当以军事秩序为基础,以个人自由为中心,强调二者的协调统一和价值互补。在此基础上,本书就军事刑法工具主义、万能主义、照搬主义等问题,从秩序的历史决定性、军事刑法的不完整性和最后性、秩序观的差异性三个角度,讨论了军事刑法的功能、军事秩序的维系路径、军事刑法的比较研究和借鉴移植问题。第六章则对《军人违反职责罪案件立案标准的规定》(以下简称《立案标准2013》)秉持的价值理念和认识进行了评析,对2015年我国取消两个军人违反职责罪罪名的死刑,从秩序的角度予以评析并构建死刑取消的应然标准。最后,以意大利战时军事刑罚延迟执行制度内含的秩序价值为参照,对我国战时缓刑制度进行了再设计。

目 录

绪 论 / 001

    一、认识军事刑法 / 001

    二、军事刑法秩序价值的研究背景与研究问题 / 013

    三、军事刑法秩序价值的研究目的与意义 / 019

    四、有关军事刑法秩序价值的研究综述 / 021

第一章　军事刑法的价值体系与秩序体系 / 027

  第一节　军事刑法的价值体系 / 027

    一、价值与法治的价值 / 027

    二、刑法的价值与军事刑法的价值 / 031

  第二节　军事刑法的秩序体系 / 035

    一、受军事刑法保护的结构秩序 / 036

    二、受军事刑法控制的行为秩序 / 042

第二章　军事刑法秩序的边界与价值定位 / 047

  第一节　军事刑法秩序的边界 / 047

    一、军事刑法秩序是军事秩序的法定部分 / 048

    二、军事刑法秩序与军纪秩序 / 052

    三、军事刑法秩序与军事伦理秩序 / 062

    四、军事刑法秩序与国际刑法秩序 / 074

  第二节　军事刑法秩序价值的定位 / 081

    一、秩序、法律秩序与法律秩序价值 / 081

二、秩序价值是军事刑法的基础价值 / 086

第三章 军事刑法秩序价值的实现：犯罪与秩序 / 092

第一节 犯罪设定与军事刑法秩序特性 / 092

一、犯罪与秩序的空间性 / 094

二、犯罪与秩序的时间性 / 096

三、犯罪与秩序的地方性 / 099

四、军事犯罪罪名设置中的秩序意蕴 / 101

第二节 犯罪构成与军事刑法秩序追求 / 102

一、实行行为与军事刑法秩序价值 / 103

二、危害结果与军事刑法秩序价值 / 108

三、行为人身份与军事刑法秩序价值 / 110

四、被害人与军事刑法秩序 / 116

第三节 犯罪分层与军事刑法秩序序列 / 119

一、外国军事犯罪分层与秩序序列 / 120

二、我国军事刑法的犯罪分层与军事刑法秩序 / 126

三、犯罪分层与秩序意蕴、秩序价值实现 / 130

四、军事刑法中的单位犯罪与秩序维护 / 133

第四章 军事刑法秩序价值的实现：刑罚与秩序 / 136

第一节 刑罚配置与秩序 / 137

一、军事犯罪死刑配置与秩序 / 138

二、军事犯罪资格刑配置与秩序 / 142

第二节 刑罚执行与秩序 / 147

一、死刑执行与秩序 / 148

二、行刑延迟、战时缓刑与秩序 / 152

第五章 军事刑法秩序价值观 / 159

第一节 军事刑法中秩序与自由的价值冲突 / 160

一、军事刑法的自由价值 / 160

二、两种价值冲突的必然与存在领域 / 165

三、对"秩序优先论"的探讨 / 167

第二节 军事刑法中秩序与自由的价值互补 / 169

一、价值互补的依据 / 169

二、价值互补的契合点 / 171

第三节 军事刑法秩序价值观 / 175

一、军事秩序的历史决定性与军事刑法的作用 / 176

二、军事刑法的不完整性、最后性与军事秩序维系路径 / 179

三、秩序观的差异性与军事刑法的比较研究和立法借鉴移植路径 / 184

第六章 以军事刑法秩序价值为基点的检视 / 189

第一节 对《立案标准2013》的价值认识 / 189

一、秩序价值方面 / 189

二、自由价值方面 / 194

第二节 军职罪死刑取消的标准问题 / 196

一、军职罪死刑取消标准的总体把握 / 197

二、两个罪名对军职罪死刑取消标准的具体展示 / 200

三、军职罪死刑存废趋势及两个罪名死刑取消之评判 / 201

第三节 我国战时缓刑制度的再设计——以意大利战时军事刑罚延迟执行制度内含的秩序价值为参照 / 205

一、《意大利战时军事刑法典》中的战时军事刑罚延迟执行制度 / 205

二、秩序价值对意大利战时军事刑罚延迟执行制度的影响 / 206

三、对我国战时缓刑制度的启示 / 209

结 论 / 212

参考文献 / 215

后 记 / 226

绪　论

一、认识军事刑法

博登海默指出："一个法律制度若要恰当地完成其职能，就不仅要力求实现正义，而且还须致力于创造秩序。"[1]法律既是秩序之象征，又是确立、维护、恢复秩序之重要手段。创造秩序，是法律的基本目标，也是其正当性之基础。军事刑法秩序价值的属性与军事刑法本身的属性有密切关系。只有对军事刑法进行恰当地界定，才能真正认识、科学把握军事刑法中的秩序。在我国，学界普遍承认军事法具有较为独特的属性、原则和价值，例如军法从严、秩序优先等。但是，如果不经深入讨论就给军事刑法贴上"标签"——"军事法""刑法"，进而直接引用标签的注脚，那么给出的关系定位就是片面的，施加的过多苛责就是主观的，寄予的过高期望就是一厢情愿的。本书界定军事刑法，主要涉及两个方面：军事刑法与刑法的关系，军事刑法与军事法的关系。如此，就有两个问题要解决：军事刑法与刑法是何种关系，或说军事刑法价值有多少是刑法价值的反映；军事刑法是否属于军事法，或在何种意义上属于军事法。寻找答案的目的是：弄清军事刑法秩序价值的研究，要更多地反映刑法还是军事法属性。

（一）军事刑法的概念

在我国军事法学界，"军事刑法"是一个经常被使用的概念。[2]但是，对什么是军事刑法学界却一直有多种认识。第一种观点认为，军事刑法是关

---

[1] [美] E·博登海默：《法理学：法律哲学与法律方法》，邓正来译，中国政法大学出版社1999年版，第318页。

[2] 例如，有以"军事刑法"为题的著作，如夏勇、徐高：《中外军事刑法比较》，钱寿根、王继主编：《军事刑法学》，等等；有以"军事刑法"为题的论文，如孙宏"军事刑法基础理论问题研究"，陈金涛"军事刑法特殊性的价值与范畴解读"，田友方"军事刑法若干问题的理论探讨"，陈觉为"论苏联军事刑法对我国刑法的影响"，张进红、杨清芳"浅析意大利战时军事刑法中的行刑延迟"，白正春"论依法治军视野下军事刑法的价值"，曾志平"论我国军事刑法的价值均衡"，等等。

于军人犯罪及其处罚的法律。[1]在这种观点之下，不同定义虽有细微差别，但基本要素是一致的，即强调概念中的身份要素——军人或军职人员。第二种观点认为，军事刑法是规定危害国防和军事利益犯罪及其处罚的法律。[2]这种观点聚焦军事犯罪侵害的客体——国防和军事利益。第三种观点认为，军事刑法是规定军人违反职责、危害国家军事利益的犯罪行为及其刑罚处罚的法律规范的总称。[3]第四种观点则采取折衷做法，既强调犯罪主体要素，也强调国防和军事利益这一犯罪客体要素，认为军事刑法是关于军职人员、普通公民危害国家军事利益犯罪及其处罚的法律。[4]学界一般把第一种观点称为"军人犯主义"，第二种观点称为"军事犯主义"，第三种观点称为"狭义主义"，第四种观点称为"并重主义"。

一般认为，采用"军人犯主义"，优点在于将普通公民排除在军事刑法处罚范围之外，有利于落实人权保障，不足则是不利于惩治普通公民侵犯军事利益的行为，难以有效维护国家军事利益。同时，以主体作为界定标准并不能充分显示军事刑法的特殊性，也不符合刑法作为部门法是以调整社会关系为主要划分依据的这一点。而且采用"军人犯主义"也缺乏实际意义，以至于可以说整部刑法都是军事刑法。[5]而采用"军事犯主义"，优点在于加强对国家军事利益的全面保护，不足则是会加重普通公民的军事刑事责任。简单的"军人犯主义"和"军事犯主义"并不能为军事刑法提供一个准确的界

---

[1] 参见张建田等编著：《中国军事法学》，国防大学出版社1988年版，第247页。马克昌等主编：《刑法学全书》，上海科学技术文献出版社1993年版，第421页。

[2] 参见张山新主编：《军事法学》，军事科学出版社2001年版，第205页。武和中："浅谈对'军事刑法'定义的再界定"，载《法学杂志》2002年第2期。周健、曹莹主编：《军事立法学》，军事科学出版社2002年版，第193页。方宁等编著：《军事法制教程》，军事科学出版社1999年版，第68页。

[3] 参见周健：《军事法论纲》，海潮出版社2000年版，第191页。

[4] 参见中华人民共和国中央军委法制局主编：《中国军事百科全书·军事法分册》，军事科学出版社1993年版，第70页。陈学会：《中国军事法学教程》，陕西人民出版社1994年版，第608~610页。钱寿根：《军事法理学》，国防大学出版社2004年版，第218页。周健：《军事法论纲》，海潮出版社2000年版，第191页。张本正主编：《中国军事百科全书·军事法总论》，中国大百科全书出版社2008年版，第217页。

[5] 当然，多数持军人犯主义观点者还是区分了广义军事刑法与狭义军事刑法，认为通常意义上的军事刑法是狭义军事刑法。

绪　论

定，而机械地采用"并重主义"也不是一条好出路。[1]那么，我国的军事刑法应采取哪种界定呢？

时至今日，我国生效的有关军事刑事立法文件中从未出现过"军事刑法"这一概念，[2]其仍不过是一个理论概念而已。无论是从实践的角度还是理论的层面，笔者都倾向于主张使用"狭义主义"概念，认为军事刑法就是指有关军人违反职责犯罪与刑罚的法律规范的总称，即以现行《刑法》第十章为主体并适当扩展内容，而所谓军事犯罪就是指刑法的军人违反职责罪。这种定义以调整范围为依据，以主体为标准。这里的危害国家军事利益，应指直接危害，而不是间接危害。因此，虽然破坏社会主义市场经济秩序也间接影响国防和军队建设，却不能称之为危害国家军事利益，有关犯罪与刑罚也不算是军事刑法的内容。纯粹"军人犯主义"的观点，既与我国刑事立法模式的实际不符，也与世界大多数国家和地区的军事刑法立法模式不一致。实际上，采用纯粹的"军人犯主义"，笼统地将适用于军人犯罪及其处罚的刑法称为军事刑法是不妥当的。[3]以军事刑法将所有军人犯罪统一起来，在犯罪学上或许具有一定积极意义，[4]但在狭义的刑法学上却意义不大。因而，现在一般不再有人坚持"军人犯主义"。而采用"军事犯主义"，将危害国防利益罪也包括进来，也存在问题，就是无法协调适用于军人违反职责罪的特殊的原则、制度以及特殊的立法目的、价值等。当然，认为军事刑法包含军人违反职责罪、危害国防利益罪及其处罚两部分，仍是目前比较流行的观点。而所谓"并重主义"，尤其是将军事刑法界定为"规定军人违反职责犯罪、军人

---

[1] 参见任汉顺："军事刑法概念浅析"，载《法制与经济》2008年第12期。
[2] 参见黄林异、王小鸣：《军人违反职责罪》，中国人民公安大学出版社1998年版，第266页。
[3] 在1997年《刑法》修订之前学者就认识到这一点。例如，论文"论我国军事刑法概念"认为，凡适用于军人犯罪的刑事法律规范都是军事刑法，这种错误认识产生的原因是将军事刑法与军事审判混为一谈，也混淆了军人犯罪和军人职务犯罪的界限。军人犯罪因其主体特殊，有特殊性，又根据侵害客体的不同，有普通刑事犯罪和军人职务犯罪之别。适用于惩罚军人犯罪的刑法规范既有《刑法》，又有《中华人民共和国惩治军人违反职责罪暂行条例》（后文除个别地方以外均简称《军职罪暂行条例》），笼统将适用军人犯罪的刑事法规称为军事刑法不妥，且与军队审判实践情况不符。参见蒲硕棣："论我国军事刑法概念"，载《中外法学》1992年第2期。
[4] 如夏勇教授认为：把军人犯罪统一归为军事犯罪，不仅符合危害国家军事利益这一军事违法行为的根本属性，而且也有利于全面深入地研究军人犯罪规律，为一并考虑军人犯罪的预防提供了根据。参见夏勇：《中国军事法学基础理论研究》，中国财政经济出版社2005年版，第182页。

或公民危害国家国防利益犯罪及其刑罚的法律规范的总称"[1]，其实不过是"军事犯主义"的翻版而已。当然，也有些研究对军事刑法一体适用于普通公民是持质疑态度的，认为所谓军事刑法是指"规定军职人员实施的危害国防利益罪和违反职责罪以及其他公民实施的部分严重危害国防、军事利益犯罪及其刑罚处罚的法律规范的总和"[2]。然而，"部分严重危害国防、军事利益犯罪"并不好界定。《刑法》第七章"危害国防利益罪"整章都属于"部分严重危害国防、军事利益犯罪"的行为，还是只有某些犯罪才属于"部分严重危害国防、军事利益犯罪"？显然，这种着眼精确性的界定反倒增加了模糊性。而那种定义过宽，除了《刑法》第七、十章两章外，还把刑法各章中涉及侵犯国防利益和军事利益犯罪的规定都纳入进来的观点也是不可取的。[3] 笔者采用这种"狭义主义"或"交集主义"，并主张适当扩展内容，除了前述依据之外，主要还有这样的考虑：在军事刑法中会有特别的制度设计，可能会适用特殊的诉讼制度。[4] 按照笔者观点，在《军职罪暂行条例》未被废除仍有效时，可以肯定地说我国是有军事刑法的，如果要套用前述分类的话，应归为"军人犯主义"与"军事犯主义"的交集，[5] 即规定主体是军人、客体是危害国家军事利益的犯罪与刑罚的法律。[6] 在《刑法》修订之后，军事刑法也是存在的，只不过从形式上看，其法律规范主要存在于刑法典之中而非独立存在。

（二）军事刑法与刑法

在现代法治背景下，军事刑法首先是关于犯罪与刑罚的规范这一点毫无

---

[1] 李可人主编：《中国军事法学教程》，陕西人民出版社1998年版，第265页。

[2] 任汉顺："军事刑法概念浅析"，载《法制与经济》2008年第12期。

[3] 参见武和中："浅谈对'军事刑法'定义的再界定"，载《法学杂志》2002年第2期。

[4] 例如战时暂缓起诉制度。参见田龙海等：《军事司法制度研究》，军事科学出版社2008年版，第364页。

[5] 1979年颁布实施的《刑法》仅在第93条、第94条第2款、第97条以及第100条中涉及对国防利益的保护，普通公民侵害国防军事利益的行为均以一般侵犯财产罪论。因此关于国家军事利益保护的刑法规范主要是《军职罪暂行条例》。

[6] 当然也有学者持不同见解，认为可以笼统地说此时我国有"事实上的军事刑法"，但无论是《刑法》还是《军职罪暂行条例》，"各有各的称谓，各有各的调整对象、保护范围和法律关系，不能算作有了军事刑法"。该文坚持军事刑法是关于"军人犯罪与刑罚"的法律，未来一旦制定一部中国的军事刑法，作为特殊主体的军人就不再适用普通刑法了。这种逻辑的结果当然是当时"不能算作有了军事刑法"。参见周恩惠："论我国军事刑法的地位"，载《法律学习与研究》1989年第1期。

疑问，这是军事刑法的本质。既然如此，军事刑法就应具备作为刑法的重要特性，如保护利益的公共性、重要性，规范的不完整性，手段的最后性等。刑法保护重要之社会关系中具有公共性和重要性的利益，这些利益直接或间接地规定于宪法之中；不具有公共性和重要性的利益，刑法不予保护。军事利益当然具有公共性和重要性，应当受到刑法保护。在现代汉语中，"政治""经济""军事"经常是并列在一起使用的。然而，正所谓"兵者，国之大事也，死生之地，存亡之道，不可不察也"[1]，在三者之中，军事总是处于非常独特的地位，任何社会、任何国家概莫如此。尤其在我国，军事在革命、建设历史进程中独特的历史地位和作用，以及军事权作为国家权力体系中一个独立部分，更使得军事具有特殊意义。军事刑法与经济刑法、环境刑法等在调整方法上虽无实质区别，但相比来说却可称得上是刑法的特殊组成部分，在刑法中具有特殊性。

军事刑法的特殊性，是指在军事刑法中，固有的制度会被修正以适应需要。军人违反职责罪纳入《刑法》前有特殊的制度，纳入《刑法》后"仍有其相对的独立性和特殊性"。[2]对此，学者们进行了总结。在价值方面，与普通刑法的价值存在重大差异。[3]在观念方面，与普通刑法观念有很大区别。[4]在基本原则方面，刑法基本原则不但在军事刑法中有特殊的实现方式，而且军事刑法还有自己特殊的原则。[5]在法律制度方面，有特殊的刑罚制度。[6]在适用对象方面，以军人为主要适用对象，非军人犯罪原则上不适用。[7]此外，还具有自己独特的属性等。但笔者认为，这种特殊性并不否定作为其基本属性的刑法性质。从形式上讲，它处在刑法典内；从程序上讲，军事犯罪适用刑事诉讼程序而非其他程序；从实质上说，军事刑法在法律体系上的定位决

---

[1] 《孙子兵法》之《始计篇》。
[2] 黄林异："关于军人违反职责罪的修改与适用"，载《人民司法》1997年第7期。
[3] 陈金涛："军事刑法特殊性的价值与范畴解读"，吉林大学2011年博士学位论文。
[4] 有学者认为，普通刑法建构的社会基础是市场经济引领下的多元社会结构，军事刑法所保障的是战场结构，其存在的正当性在于对军事实力和军事权的保障，其核心功能是军事功用主义；军事刑法并不积极追求刑法的谦抑精神和刑罚的轻缓化。参见陈金涛："军事刑法特殊性的价值与范畴解读"，吉林大学2011年博士学位论文。
[5] 参见陈金涛："军事刑法特殊性的价值与范畴解读"，吉林大学2011年博士学位论文。
[6] 参见陈金涛："军事刑法特殊性的价值与范畴解读"，吉林大学2011年博士学位论文。
[7] 参见张山新主编：《军事法理研究》，解放军出版社2008年版，第218页。

定于支配它的是刑法部门法原理而非其他部门法原理。军事刑法与刑法应具有基本的一致性。刑法的根本目的也是军事刑法的根本目的，刑法的基本原则也是军事刑法的基本原则，而刑法的价值目标也是军事刑法的价值目标，刑法的基本制度也是军事刑法的基本制度。上述认为军事刑法有特殊的法律观念、法律原则和法律制度的观点有一定道理，但是如果上升到"军事刑法与一般刑法格格不入"这样的高度，便是扭曲了二者的理性关系。[1]而如果认为军事刑法可以用所谓"限制加补偿"的方式去保障军队成员的个人权利，例如给予政治地位及荣誉等，[2]则是从根本上混淆了刑法与其他部门法的界限。

"具有特殊性"与"是特别刑法"是不同的问题。所谓特别刑法，是指与普通刑法相对应的刑法理论分类。普通刑法是指"具有普遍适用性质与效力的刑法"，特别刑法是"仅适用于特别人、特别时、特别地或特别事项（犯罪）的刑法"。[3]一般认为，刑法典、刑法修正案属于普通刑法，单行刑法属于特别刑法，附属刑法大多属于特别刑法。[4]除了内容的特别性外，独立性是特别刑法的重要特征，从表现形式上看，它是普通刑法以外的能够独立存在的刑事法律。[5]《军职罪暂行条例》是作为特别刑法而存在的。[6]而随着1997年修订《刑法》，有关内容纳入刑法典中，《军职罪暂行条例》作为特别刑法就退出了历史舞台。此后，如果从刑法渊源的角度看[7]，鉴于立法模

---

〔1〕 实际上，这种观点已受到了质疑。参见张山新主编：《军事法理研究》，解放军出版社2008年版，第217页。

〔2〕 参见陈金涛："军事刑法特殊性的价值与范畴解读"，吉林大学2011年博士学位论文。

〔3〕 齐文远主编：《刑法学》，北京大学出版社2007年版，第12页；曲新久主编：《刑法学》，中国政法大学出版社2009年版，第9、10页。

〔4〕 参见张明楷：《刑法学》，法律出版社2007年版，第22页。曲新久主编：《刑法学》，中国政法大学出版社2009年版，第9、10页。此外，齐文远教授认为单行刑法与附属刑法通常被认为是特别刑法。参见齐文远主编：《刑法学》，北京大学出版社2007年版，第12页。

〔5〕 参见王政勋：《刑法的正当性》，北京大学出版社2008年版，第167页。又如，高铭暄、姜伟教授认为，特别刑法与刑法典即刑法普通法相对，它是指修改或补充刑法典的一切刑法规范的总和，这种分类不是基于表现形式而是基于具体内容与刑法典的不同。参见高铭暄、姜伟："刑法特别法规的立法原则初探"，载《法学评论》1986年第6期。

〔6〕 马克昌教授概括为：部分与整体、特别法与普通法的关系。参见马克昌等主编：《刑法学全书》，上海科学技术文献出版社1993年版，第422页。又如，有学者认为《军职罪暂行条例》是一个必须制定的单行刑法。参见张波：《刑法法源研究》，法律出版社2011年版，第70页。

〔7〕 参见齐文远主编：《刑法学》，北京大学出版社2007年版，第12页。

式现状，我国的军事刑法就不是严格意义上的特别刑法而只能"屈居"普通刑法了。[1]当然，从具体罪行规范的角度看，亦可以认为刑法典内部也存在普通刑法（普通法条）与特别刑法（特别法条）之分，例如《刑法》分则第十章相对于分则其他章而言就是特别刑法。[2]但这种情况实际上是法条竞合，是刑法典的内容条文之间的关系，并非如前所述的那种普通刑法与特别刑法。[3]当然从我国军事刑法的"出身"和主要内容看，其实际上保持了诸多特殊性，具有特别刑法之意蕴，符合特别刑法之实质特征。故而，我国很多学者将军事刑法界定为特别刑法。[4]当然，对于特别刑法的存废，学界始终有不同态度。从各国的总体情况看，单行刑法由于存在重刑化倾向明显，特别是死刑多；受政策影响大，功利性强；对刑法典冲击大，容易造成刑法典死板化等不足，很多学者主张将其中必要内容纳入普通刑法典，非必要的则予以废除[5]。但是，特别刑法尤其是单行刑法可以设置对刑法典总则的特殊规定，有利于实现自己的特殊立法目的，有自己的特殊价值，[6]因而有关保留单行刑法的主张也不少。军事刑法是否需要单独立法，成为与刑法典对称的特别刑法，属于可讨论的军事刑法立法模式问题。从实质上说，笔者认为制定单行军事刑法的主张是可接受的。也正因如此，本书在论述中，会以"一般刑法""普通刑法"这样的指称作为与军事刑法相对的概念。但无论如何，也不能抓住军事刑法是特别刑法不放松，忽视共性而随意放大特别之处，

---

[1] 陈兴良教授认为，如果将军事刑法纳入普通刑法典，则不再具有特别刑法的属性而成为普通刑法的组成部分。参见陈兴良：《本体刑法学》，商务印书馆2001年版，第17页。

[2] 参见齐文远主编：《刑法学》，北京大学出版社2007年版，第12页。

[3] 那种认为军事刑法与普通刑法合一，并没有丧失其特别刑法的属性，在军事犯罪与其他犯罪发生法条竞合时，仍采用特别法优于普通法的原则处理，就说明军事刑法是特别刑法而不能划入普通刑法的观点是站不住脚的。参见孙宏："军事刑法基础理论问题研究"，吉林大学2007年博士学位论文。

[4] 1997年前主要有：陈学会主编：《军事法学》，解放军出版社1994年版，第611页。图们主编：《军事法学教程》，法律出版社1992年版，第308页。夏勇、徐高：《中外军事刑法比较》，法律出版社1998年版，第14页。马克昌等主编：《刑法学全书》，上海科学技术文献出版社1993年版，第421页。1997年之后仍有很多人坚持这种观点。冉巨火："军事刑法何以特殊"，载《中国刑事法杂志》2010年第9期。孙宏："军事刑法基础理论问题研究"，吉林大学2007年博士学位论文。陈金涛："军事刑法特殊性的价值与范畴解读"，吉林大学2011年博士学位论文。张山新主编：《军事法理研究》，解放军出版社2008年版，第218页。

[5] 参见张波：《刑法法源研究》，法律出版社2011年版，第71页。

[6] 参见张波：《刑法法源研究》，法律出版社2011年版，第72、76页。

否则对军事刑法的健康发展是不利的。

(三) 军事刑法与军事法

在我国的军事法学论著中,军事刑法多被认为是军事法的分支部门、重要组成部分[1],或说军事刑法理所当然应列入军事法体系之中[2]。笔者无意挑战这种认识,而是试图弄清：军事刑法在何种意义上属于军事法？为什么军事刑法就是军事法的组成部分？军事刑法属于军事法产生的逻辑结果是什么？对这些问题进行研究并作出回答于本书至关重要。现在很多研究的逻辑是：军事刑法属于军事法,所以军事刑法必须坚持军法从严原则,把秩序、集中统一置于首位。以此逻辑,军事刑法中死刑罪名多等问题就得到了合理的解释。笔者并不否认国家军事利益的重要性,也不否认军事法的地位作用,但是,军事刑法的某些问题一定是因为其属于军事法而衍生的吗？例如,死刑罪名多的问题,为什么不是刑法罪责刑相适应原则在军事刑法中的具体贯彻,而一定是军法从严的结果？再如,是否"法治所内涵的民主诉求并不必然成为军事法的必然价值和理念追求",军事刑法必须在刑事法治面前保持冷静？[3]

要正确回答这些问题,前提是准确界定二者之间的关系,而不可回避的一点就是弄清"军事法是否是部门法"的问题,这又涉及我国法律体系的部门划分。法律部门与法律体系是两个密切相关的概念。简单说,法律体系是法律部门的集合,法律部门是法律体系的分类组合,法律体系是整体、集合概念,法律部门则是个体、元素概念；但是,法律体系与法律部门不是简单的包含与被包含关系,因为划分法律部门要有原则和标准,涉及不同领域,用到相应的方法。[4]任何国家的法律体系都包含一定的法律部门,但具体如

---

[1] 张建田教授在其著作中提到,从1982年起涉及军事法的某一部门法如军事刑法的研究文章就开始在军内外出现。参见张建田：《中国军事法学研究的回顾与思考》,法律出版社2003年版,第1页。蒲硕棣："论我国军事刑法概念",载《中外法学》1992年第2期。钱寿根：《军事法理学》,国防大学出版社2004年版,第218页。张山新主编：《军事法学》,军事科学出版社2001年版,第205页。周健：《军事法论纲》,海潮出版社2000年版,第102、191页。黄林异、王小鸣：《军人违反职责罪》,中国人民公安大学出版社1998年版,第6、7页。孙宏："军事刑法基础理论问题研究",吉林大学2007年博士学位论文。武和中："浅谈对'军事刑法'定义的再界定",载《法学杂志》2002年第2期。田友方："两大法系惩戒性军事法概要",载《当代法学》2006年第3期。

[2] 参见周恩惠："论我国军事刑法的地位",载《法学家》1989年第1期。

[3] 参见孙宏："军事刑法基础理论问题研究",吉林大学2007年博士学位论文。

[4] 参见张文显主编：《法理学》,高等教育出版社、北京大学出版社2007年版,第151页。

何划分，要看具体法系和法律发达情况。2011年10月发布的《中国特色社会主义法律体系》白皮书指出，中国特色社会主义法律体系，是以宪法为统帅，以法律为主干，以行政法规、地方性法规为重要组成部分，由宪法相关法、民法商法、行政法、经济法、社会法、刑法、诉讼与非诉讼程序法等多个法律部门组成的有机统一整体。根据"全国人大常委会对法律体系的目标设计"[1]和白皮书，我国目前明确的法律部门并不包括"军事法"，而是将有关内容置于"行政法"部分。[2]一些学者认同这一点，没有把军事法作为一个法律部门。[3]但是，另一些学者却很早就承认军事法的部门法地位。如1984年张友渔、潘念之提出，从法的各种类别来说，法学研究范围首先是各部门法，这其中就包括军事法。[4]1987年张友渔提出，军事法是一个独立的法律部门，军事法学是我国法学的一门分支学科[5]。同年，张建田教授极具前瞻性地提出，军事法是社会主义法律体系中的一个部门法。[6]同年，国家教委将军事法学正式列为法学类的一门分支学科。[7]此后的有关著作、教材、论文中，军事法作为部门法的地位得到广泛认同。[8]在2010年"军事法与中国特色军

---

[1] 公丕祥主编：《法理学》，复旦大学出版社2002年版，第361~366页。

[2] 白皮书指出：中国制定了国防动员法、军事设施保护法、人民防空法、兵役法、国防教育法和征兵工作条例、民兵工作条例等法律法规，建立健全了国防和军队建设制度。

[3] 参见孙国华主编：《法理学教程》，中国人民大学出版社1994年版，第384页。孙国华、朱景文：《法理学》，中国人民大学出版社1999年版，第302~306页。周永坤：《法理学——全球视野》，法律出版社2000年版，第88页。此外，《中国大百科全书·法学》前言中，虽肯定了军事法的部门法地位，但"我国社会主义法律体系的组成部分"却无军事法，该书亦无"军事法"词条解释。

[4] 参见中国大百科全书总编辑委员会、《法学》编辑委员会编：《中国大百科全书·法学》，中国大百科全书出版社1984年版，第2页。

[5] 参见张建田等编著：《中国军事法学》，国防大学出版社1988年版，序言。

[6] 参见张建田："我国军事法概念初探"，载《现代法学》1987年第3期。

[7] 参见张建田：《中国军事法学研究的回顾与思考》，法律出版社2003年版，第5页。

[8] 参见军内学者的著作：图们主编：《军事法学教程》，法律出版社1992年版，第35页。方宁等编著：《军事法制教程》，军事科学出版社1999年版，第1页。张山新主编：《军事法学》，军事科学出版社2001年版，第17页。钱寿根：《军事法理学》，国防大学出版社2004年版，第65~67页。地方学者的著作：薛刚凌、周健主编：《军事法学》，法律出版社2006年版，第14页。公丕祥主编的《法理学》中，将军事法与宪法、行政法、民法、经济法等一起作为我国法律体系十个主要法律部门中的一个独立的法律部门。沈宗灵和张文显分别主编的《法理学》教材都将我国现行法律体系划分为十个部门，军事法均位列十大部门法之一。李步云、汪永清在其著作中同样认定，我国的主要法律部门中有军事法（如国防法、兵役法、国防教育法等）的一席之地。参见李步云、汪永清主编：《中国立法的基本理论和制度》，中国法制出版社1998年版。

事法律体系座谈会"上，很多专家学者也认为，我国军事法具有鲜明的中国特色，是我国法律体系中不可或缺的重要组成部分，应当作为独立的部门法，理由有七点：宪政逻辑；现实的政治、经济、社会需要；军事法的特殊性；军事法的数量、体系；立法体制；调整领域、对象和方法；地位作用。

历史不会忘记，长久以来军事法学界的前辈们在中国军事法的构建和发展过程中的热情和卓越贡献。军事法学研究起步较晚，需要攻关的领域众多。其中，军事法内涵与外延的确定就是一个难点和关键点。从我国第一部军事法学专著《中国军事法学》出版起，时至今日，就连军事法的概念这个问题，学界仍有不同认识。其中一个原因，就是划分标准仍有争论，或者以制定主体（军队）为视角[1]，或者以适用主体为视角[2]，或者以调整对象为视角[3]，等等。从数量看，以调整对象为标准者居多，因为这是主流的部门法划分标准。目前，以调整对象为标准的界定已基本取得共识，而所谓的调整对象，大致是指国防和军队建设领域的社会关系。[4]笔者认同该标准。当然，也要考虑调整方法。军事法的调整对象具有独特性质，即军事性。军事性决定军事法的基本特性、主要内容和调整范围。[5]而正因为军事性，具有特殊调整对象的军事法，也被赋予了自己的原则。当然，关于军事法的基本原则，也

---

[1] 该观点认为"军事法是军队制定或实施的法律规范"。参见张建田等编著：《中国军事法学》，国防大学出版社1988年版，第2页。

[2] 该观点认为"军事法是指仅适用于现役军人或有关军事方面的法律规范的总称。"杨福坤、何金湘：《法学基本知识》，战士出版社1983年版，第166页。苏联关于军事法的定义也持这种观点。参见［苏］A·T·戈尔内主编：《军事法学》，何希泉、高瓦译，解放军出版社1987年版，第14、17页。

[3] 参见图们主编：《军事法学教程》，法律出版社1992年版，第23、33页。王天木主编：《法学基础理论教程》，法律出版社1987年版，第238页。张建田等编著：《中国军事法学》，国防大学出版社1988年版，第5页。夏勇、汪保康：《军事法学》，黄河出版社1990年版，第25页。陈学会主编：《军事法学》，解放军出版社1994年版，第43页。周健：《军事法论纲》，海潮出版社2000年版，第51页。莫毅强等主编：《军事法概论》，中国人民公安大学出版社1990年版，第6页。中国军事百科全书编审委员会：《中国军事百科全书》（军事学术Ⅰ），军事科学出版社1997年版，第367页。张建田："1990年军事法学研究概况"，载《法律科学》1991年第4期。张少瑜："中国军事法学的过去、现在与未来"，载《华东政法学院学报》2000年第4期。梁玉霞主编：《中国军事法导论》，四川人民出版社1997年版，第3页。张山新主编：《军事法理研究》，解放军出版社2008年版，第47页。

[4] 但对于什么是军事，军事与国防的关系，似乎仍有争议。参见张山新主编：《军事法理研究》，解放军出版社2008年版，第34~37页。

[5] 参见张山新："军事法概念新解"，载《当代法学》2006年第1期。

是观点各异。[1]在众多被经常提到而又较广泛得到认可的基本原则之中，军法从严原则似乎更符合基本原则的本质：体现了法本身的特点和功能，符合军事法的精神和目的，而且与军事法特有的价值需求相一致。[2]军事所独有的天然的地位、使命，使得军事活动对人的要求更高。因而，军事法以军法从严为基本原则就顺理成章。

前述对军事法基本原则的概括，远不像刑法基本原则那样被清晰和普遍认同。一方面，可能与军事法概念的界定不清有关；另一方面，也与军事法数量众多、内容庞杂有关。军事法不像刑法那样"纯粹"，一部法典几乎可以涵盖。我国第一部《军事法学词典》将军事法体系概括为：军事组织法、兵役法、军事人事法、军事行政管理法、军事指挥法、军队政治工作法、军事后勤法、军事经济法、国防科技法、国防内卫法、国防教育法、军事设施保护法、军事刑法、军事刑事诉讼法、战争法和海洋法。[3]如果从内容上看，这个体系何其庞大，是否应对其删繁就简？笔者认为，从军事法学角度看，将宪法、刑法、刑事诉讼法等纳入军事法的研究范围没有问题，在名称上亦可称为军事宪法、军事刑法、军事刑事诉讼法，这对于加强国防和军队建设有积极意义。在军事法学专业下，可以就军事刑法的研究方向，开展军事刑法方面的研究。[4]即使在部门法意义上，我们也仍可以这样做，将军事刑法等纳入。只不过，不断扩大的军事法体系，很难被界定为一个独立的法律部门，因为此时它的调整对象具有了集合性，调整方法具有了多样性。[5]张建田教授在其著作中提到，早在1987年就已经有了关于"军事法是否是部门

---

[1] （1）三原则说。图们主编：《军事法学教程》，法律出版社1992年版，第70~78页。方宁等编著：《军事法制教程》，军事科学出版社1999年版。李大鹏："论军事法的基本原则"，载《西安政治学院学报》2004年第3期。（2）四原则说。陈学会主编：《军事法学》，解放军出版社1994年版。（3）五原则说。陆海明、钱寿根：《军事法学》，解放军出版社2001年版，第60~71页。（4）十原则说。张建田：《中国军事法学研究的回顾与思考》，法律出版社2003年版，第108页。

[2] 当然，也有学者认为，军法从严是一种立法原则而非执法原则，既已在立法上体现，就无必要在适用上重复。参见李大鹏："论军事法的基本原则"，载《西安政治学院学报》2004年第3期。

[3] 参见周健：《军事法论纲》，海潮出版社2000年版，第99~104页。

[4] 例如，周健教授认为，刑法典中有关保障国防和军队建设的内容，应是军事法学的重要组成部分。参见周健：《军事法原理》，法律出版社2008年版，第14页。

[5] 参见张建田：《中国军事法学研究的回顾与思考》，法律出版社2003年版，第5页。

法"的讨论，当时有观点认为"军事法是一个综合性法律部门"才是正确提法，而不能说"军事法是一个独立的重要的法律部门"[1]。笔者认为这样的提法至今仍有积极意义，既有利于正确处理军事法与军事刑法、军事刑事诉讼法这些所谓的"军事法"的关系，也有利于军事法自身的健康发展。同时，也为军事法被清晰、确定地"具名"为我国法律体系的一个部门铺就道路。有学者提出核心军事法的概念，将广义上的军事法划分为三类（调整国防领域各种社会关系的法律规范、调整武装力量建设领域各种社会关系的法律规范、调整国际军事交往和武装冲突领域各种社会关系的法律规范），其中调整武装力量建设领域各种社会关系的法律规范是"核心军事法"。[2]"核心军事法"的概念对于本书有重要意义：有助于思考"军事刑法与军事法之间有多大的关联性""现代军事刑法是否兼具军事法与刑法的双重性质""研究军事刑法在多大程度上要借助军事法的理念、原则"等问题。虽然本书用到这一概念，但笔者并不认为核心军事法应包括军事刑法。这一点，在后文将继续说明。所以，本书研究的核心军事法可能更纯粹、更狭义，不妨称之为"纯军事法"。

接下来，就是如何理解军事刑法与军事法的关系。"包括说"[3]和"交叉说"[4]是比较典型的观点。如果承认军事法是一个"综合性法律部门"，那么军事法当然包括军事刑法。但相应地，我们也就应该承认军事刑法只不过是以一种松散的状态进入到军事法的领域，它的调整对象、调整方法并不

---

[1] 张建田教授本人并不赞同这一点，他认为军事法是一个独立的法律部门，这是与其历史地位和作用分不开的，是中国特色社会主义法律体系建立与形成的必然反映。参见张建田：《中国军事法学研究的回顾与思考》，法律出版社2003年版，第5页。

[2] 参见周健：《军事法论纲》，海潮出版社2000年版，序言。周健：《军事法原理》，法律出版社2008年版，第87页。

[3] 《中国军事百科全书》认为军事法包括军事刑法。参见张本正主编：《中国军事百科全书——军事法总论——学科分册Ⅰ》，中国大百科全书出版社2008年版，第31页。

[4] 如，有学者认为，军事刑法是军事法与刑法的交叉，军事刑法的属性应当在刑法与军事法的交叉融合中寻找，既要看到其刑法属性的一面，也要看到其军事法属性的一面。参见陈金涛："军事刑法特殊性的价值与范畴解读"，吉林大学2011年博士学位论文。"军事刑法的价值存在于刑法价值与军事法价值之中，既是刑法价值的具体化，也是军事法价值的具体化"，是"对军事刑法因交叉而生成的双重价值进行重新考量，经过比较、筛选和凝练，形成符合军事刑法品性的价值内容"。孙宏博士也认为，"军事刑法兼具军事法和刑法的双重属性"，其价值"是两种价值经过冲突与均衡后，形成的独有价值"。参见孙宏："军事刑法基础理论问题研究"，吉林大学2007年博士学位论文。

因为被纳入军事法而改变。所以,"交叉说"就很难令人信服。实际上,军事刑法在本质上是刑法规范,而刑法又是各相关部门法的保障法。因此,如果认为军事刑法属于军事法(独立法律部门意义上的军事法)的话,就如同告诉人们军事法(这里指军事刑法)是军事法(这里指军事法自身)的保障法一样。所以,合理的解释是,军事刑法是在"军事法是一个综合性法律部门"的前提下属于军事法的。然而,现在很多论述忽略了这一点,简单地给军事刑法戴一顶摸不着边的大帽子,将核心的、纯粹的"军事法"的原则、价值、理念,简单、直接套用到军事刑法身上,按照军事法的原则、价值预设军事刑法的原则、价值,造成了各种不必要的误解。研究军事刑法固然不能忽视"军事"二字,不能忽略军事刑法的特别之处,但更不能忽视军事刑法的本质,乱贴标签、武断地对待军事刑法的功能、目的、价值问题。

二、军事刑法秩序价值的研究背景与研究问题

(一)研究背景

战争是一种暴力[1],它以牺牲众多人的生命财产为代价,但是为了实现和平、安全与自由,人类又离不开它。刑法也是一种暴力,它维护秩序、保护自由,也限制人的自由、剥夺人的财产和生命。人类历史上,经历过多次军事变革(金属化军事变革、火药化军事变革、机械化军事变革、信息化军事变革),现代战争已经演变为信息化条件下的局部战争,未来还会进化为智能化战争。但是,单纯的战争,已经应对不了人类所面对的多种安全威胁(如仅靠反恐战争不可能消除所有恐怖主义行径)。同样,人类的刑法,也在经历着深刻的变革,随着社会变迁而不断制定、修正。现代刑法可以说是人权保障法,维护社会的公平正义,但是单靠刑法,也解决不了复杂的社会矛盾(如仅靠设定"组织、领导、参加恐怖组织罪"等罪名不能遏止一切暴恐行为)。战争以"不战而屈人之兵"为上策,却必须以强大的军事强制力为后盾;刑法以威慑、积极的一般预防为基本机能,也必须由国家强制力作保障。

---

[1] 加尔通认为暴力包括三种:直接暴力、结构暴力、文化暴力。最典型的直接暴力是战争,法律则是一种文化暴力。参见[挪威]约翰·加尔通:《和平论》,陈祖洲等译,南京出版社2006年版,第49页。

现代战争，作战目标早从以消灭敌人有生力量、攻城略地为主，演变为以解除对方反抗能力为主。作战目标不再是领土，而主要是秩序。现代刑法，也早已从残害犯罪人身体、伤害其生理机能甚至从肉体上彻底消灭为主，演变为主要是制止犯罪并消除犯罪人再犯能力。刑法的目的，是保护社会、保障人权，保卫人的尊严、自由和基本价值，而不是维持压迫和不平等。现代战争，作战样式已经从线性战、对称战、接触战、单群战、消灭战、全面战和征服战，演变为非线性战、非对称战、非接触战、协同战、瘫痪战、关键战和震慑战[1]。现代刑法，也早已是内部"结构合理"与外部"运作机制顺畅"的统一，呈刑事一体化、刑事责任样式多样化之趋势[2]。现代战争，已经从有"战争权"这个靠山而存在，演变为受到国际法的严格约束，大规模杀伤性武器被禁用，不分皂白的作战方法被禁止，军事行动必须是必要的，作战手段和方法应该是人道的。现代刑法，也已经是"报应论""一般预防论""特殊预防论"的统一，类推适用退出历史舞台，罪刑法定、罪责刑相适应、法律面前人人平等成为基本原则，限制刑罚权成了刑法存在的主要动因，刑法的正当性建立在保护社会与保障人权的统一之上。现代战争，已经从残忍杀戮、改造俘虏到人道对待俘虏、禁止虐待俘虏，更加注重人道。现代刑法，也早已从肉刑、死刑广泛适用到废除肉刑、死刑或严格限制死刑适用，非罪化、轻缓化趋势明显，更加注重谦抑性。现代战争，作为直接受害者的军人伤亡率越来越低，但作为间接受害者的平民却越来越多，因而更加注重精确实施有效打击，努力减少附带毁损。现代刑事法，也尽力通过刑事和解、恢复性司法、缓刑等形式，及时化解被告人与被害人之间的矛盾，降低犯罪人融入社会的难度，尽快实现社会关系的重新稳定与平衡，减少犯罪给社会、家庭、个人造成的伤害等。对于战争与刑法，人类的反思一天也未停止。战争与刑法之间这种有趣的联系，促使笔者考虑这样一个问题：战争在转向，刑法也在转向，军事刑法应如何反映军事变革、刑法改革之现实，适应国防与军队转型发展需要？

2015年11月起施行的《中华人民共和国刑法修正案（九）》[以下简称《刑法修正案（九）》]取消了9种罪名的死刑，其中包括阻碍执行军事职

---

[1] 参见黄宏主编：《世界新军事变革报告》，人民出版社2004年版，第70页。

[2] 参见储槐植：《刑事一体化论要》，北京大学出版社2007年版，第25页。

务罪、战时造谣惑众罪。取消的标准是什么呢？按照《关于〈中华人民共和国刑法修正案（九）（草案）〉的说明》的说法，是这些罪名在实践中较少适用死刑，取消后整体惩处力度不减。虽然《关于〈中华人民共和国刑法修正案（九）（草案）〉修改情况的汇报》指出，在常委会初次审议后，经同中央政法委、原解放军总政治部等反复研究，认为草案的规定是适宜的，但也的确有常委会组成人员、部门认为，对取消阻碍执行军事职务罪和战时造谣惑众罪两个罪名的死刑需要慎重。在网络等场合，对取消这两个同属《刑法》第十章军人违反职责罪（以下简称军职罪）的罪名的死刑当时也有不同声音。那取消一种军职罪的死刑，除了看实践中的适用频率，还要看什么呢？要看它是否触及重要军事秩序、军事利益。[1] 阻碍执行军事职务罪、战时造谣惑众罪是特殊犯罪之特殊类型，危害特定军事秩序，所以在讨论有关军人违反职责罪的死刑取消问题时，对此要重点把握。

再往前推，2013年2月26日，最高人民检察院、原解放军总政治部印发《立案标准2013》，自2013年3月28日起施行，2002年10月31日原解放军总政治部发布的《关于军人违反职责罪案件立案标准的规定（试行）》（以下简称《立案标准2002》）同时废止。与《立案标准2002》相比，《立案标准2013》进一步对《刑法》第十章规定的31种军人违反职责犯罪行为的立案标准进行阐释和细化。在《立案标准2013》的形成过程中，笔者曾就《征求意见稿》提出若干意见和建议，涉及"军人"用语问题、财产损失的标准问题、有关"利用网络进行犯罪活动或泄密"的表述问题等方面。对比《立案标准2002》，《立案标准2013》适应了新形势任务，有相当的进步，但也仍旧留下了一些遗憾。在提出建议的过程中，笔者开始思考此次修订立案标准所秉持的理念和价值观问题。一般说来，罪名、刑种和刑罚幅度，反映着立法者对法益、社会秩序的态度；立案标准则反映了对刑法所保护的某种法益、某类社会秩序的重要性的认识和理解，反映了当前和今后一段时期的刑事政策。立案标准既要遵循立法原意，与罪名、刑罚所体现的秩序序列保持一致性，又要体现刑事政策精神。然而，此次立案标准的修订，却部分忽视了上述要旨。例如，在我国《刑法》中，"拒不救援友邻部队罪"的刑罚是"五

---

[1] 参见王全达、尹丹阳："论军职罪死刑取消的标准——由《刑法修正案（九）》取消两种军职罪罪名的死刑展开"，载《西安政治学院学报》2016年第3期。

年以下有期徒刑",而平时"擅离、玩忽军事职守罪"的刑罚是"三年以下有期徒刑或者拘役"(造成特别严重后果的,处三年以上七年以下有期徒刑;战时犯前款罪的,处五年以上有期徒刑)〔1〕。可见,从罪责刑相当原则看,"拒不救援友邻部队"是一种比不具有加重后果的平时"玩忽军事职守"要严重、比战时"玩忽军事职守"要轻的罪行。对这样的区别,立案标准要考虑多重因素加以体现,例如,考虑发案率、实际追责率,考虑军事秩序的重点,等等。《立案标准2013》在将"拒不救援友邻部队案"财产损失立案起点提高的同时,〔2〕将"玩忽军事职守案"财产损失的立案起点降低。〔3〕这种不一致的运动方向,固然有统一"擅离职守案"与"玩忽职守案"立案标准之本意,亦表明《立案标准2013》是在与最高人民检察院有关立案标准接轨。〔4〕但这种"统一"和"接轨"却无意中传达了容易让人误解的信息,使人难免对军事刑法所维护的各种不同秩序之间的序列、位次产生误读。实际上,现代战争是诸军兵种间的联合作战,对联合能力和意识要求很高。拒不

---

〔1〕《刑法》第 425 条、第 429 条。

〔2〕《立案标准2013》第 10 条规定:涉嫌下列情形之一的,应予立案:……(四)造成我方人员死亡三人以上,或者重伤十人以上,或者轻伤十五人以上的;(五)造成武器装备、军事设施、军用物资损毁,直接经济损失一百万元以上的……

〔3〕《立案标准2013》第 6 条规定:涉嫌下列情形之一的,应予立案:……(二)造成死亡一人以上,或者重伤三人以上,或者重伤二人、轻伤四人以上,或者重伤一人、轻伤七人以上,或者轻伤十人以上的……(四)造成武器装备、军事设施、军用物资或者其他财产损毁,直接经济损失三十万元以上,或者直接经济损失、间接经济损失合计一百五十万元以上的……

〔4〕笔者认为,此次军人违反职责罪立案标准修订,其指导思想之一就是与最高人民检察院有关立案标准接轨。体现在三个方面:1、制定发布主体。《立案标准2013》由最高人民检察院、原解放军总政治部联合制定并印发地方检察机关和军队执行。相比《立案标准2002》,《立案标准2013》少了最高人民法院、公安部的角色,突出了最高人民检察院的角色。2、排列形式。《立案标准2002》与最高人民检察院、公安部前些年发布的立案标准排列形式相近。但是近期的立案标准,如《最高人民检察院、公安部关于公安机关管辖的刑事案件立案追诉标准的规定》(二)和《最高人民检察院、公安部关于公安机关管辖的刑事案件立案追诉标准的规定》(三),则采取了按条排列的方式。《立案标准2013》也是按条排列,用 31 条规定具体案件的标准,用 9 条规定有关附则的内容。3、具体立案标准。在《立案标准2002》中,玩忽职守案的立案标准与擅离职守案的立案标准不同。《立案标准2013》将二者的人员伤亡标准统一:造成死亡一人以上,或者重伤三人以上,或者重伤二人、轻伤四人以上,或者重伤一人、轻伤七人以上,或者轻伤十人以上的。而这一标准,正是 2006 年发布的《最高人民检察院关于渎职侵权犯罪案件立案标准的规定》中玩忽职守案的人员伤亡标准。此外,在立案标准的修订过程中,曾一度在擅离、玩忽军事职守案的经济损失数额上区分个人财产与公共财产、法人或其他组织财产,而这一点正是《最高人民检察院关于渎职侵权犯罪案件立案标准的规定》的做法。而且在损失数额上,擅离、玩忽军事职守案也与玩忽职守案的立案数额一致。

救援友邻部队的行为，既严重损害了指挥秩序、协同秩序，又危害了平等互助秩序。现代战争条件下，军事刑法重视"单兵"行为对军事秩序的作用，更应重视"协同"行为对秩序的效用。虽然现行刑法考虑主观恶性等因素对这种行为比对危害战时职守秩序的战时玩忽职守行为的惩治相对较轻，但实践中这种以"集体"名义实施的行为却更容易不受惩治，而一旦实施造成的危害却往往很大。在这种情况下，立案标准更应坚持在立案起点上从严，尽力惩治该类犯罪行为、威慑潜在的犯罪人。而《立案标准2013》基于前述两个因素而作出"统一"的选择，看似"短痛"实则"长痛"！从修订结果整体看，《立案标准2013》不仅存在某些方面过于突出秩序价值而造成秩序与自由失衡的问题，也存在秩序价值维护不够、追求不足的问题。

自从1997年《刑法》修订以来，有关军事刑法立法模式、具体制度的批评之声不绝于耳，关于全面完善军事刑法的呼声始终不断。在这些声音的背后，笔者隐约看到了军事刑法价值尤其是秩序价值的影子。秩序是什么？秩序在军事刑法中地位如何？军事刑法维护什么样的秩序？立法者、司法者对秩序的感知、确认是否正确地得到反映？军事秩序如何得以形成和维系？为什么会有不同的犯罪和刑罚设计，如何实现军事刑法的秩序价值？我们应树立何种秩序观？等等。诸如此类的问题，困扰着笔者对军事刑法基本原则、具体制度和独特精神的理解。为此，笔者从更广的层面开始思考军事刑法的秩序价值问题，包括秩序价值的定位、秩序价值的实现、秩序价值与自由价值的冲突与互补、军事刑法秩序观，等等。

(二) 研究对象及问题

任何一项研究都有具体的研究对象，本书确定以军事刑法的秩序价值为研究对象。价值问题是现代哲学的基本问题，对法律科学来说同样"不能回避"[1]。古往今来，法学家们都在以自己的方式描述"法律能够在什么程度上实现社会秩序、公平、个人自由这些基本价值"[2]。价值问题是军事刑法的精神和灵魂，树立何种军事刑法观念，创制什么样态的军事刑法，

---

[1] [美] 罗·庞德：《通过法律的社会控制、法律的任务》，沈宗灵、董世忠译，商务印书馆1984年版，第55页。

[2] [英] 彼得·斯坦、约翰·香德：《西方社会的法律价值》，王献平译，中国人民公安大学出版社1990年版，第35页。

如何解释军事刑法，怎样适用军事刑法，回答诸如此类的问题无不与军事刑法价值有密切关系。在军事刑法价值体系中，秩序与自由是既对立又统一的一对最重要的价值，研究自由不可能绕开秩序，研究秩序也不可能无视自由。

只有发现研究问题，才能接近研究对象。关于军事刑法的秩序价值，首先涉及的就是军事刑法是什么的问题。本书研究的基础是对军事刑法及其秩序价值有明晰的定位。在当下中国，"军事刑法"仅是一个理论概念，在立法实践中并无使用。如此，就不免因为界定分歧而产生认识差异。然而，这种界定差异还不足以掩盖另一种争论：军事刑法在何种意义上属于军事法。如果这两个问题解决不了，研究将无法进入正题，因为价值冲突首先是认识和观念的冲突。本书认为，军事刑法在本质、秉性上首先是刑法，只有在这一前提和框架之下讨论军事刑法的价值才可能有正确的方向，在此基础上，才好对其部门、学科归属以及特殊性加以分析。本书认为，可在某种适合的角度或层面，将军事刑法归入军事法领域。但是，如果简单地以此种归属逻辑去推导军事刑法秩序价值的地位，并得出军事秩序与刑事法治"思维方式迥异""运行方式不同"等结论[1]，就可能失之偏颇。

其次，本书必须解决军事刑法的秩序价值是什么这个问题，涉及四个方面：何谓军事刑法的秩序价值？秩序价值在军事刑法价值体系中处于何种地位？军事刑法秩序价值有哪些内容？军事刑法中秩序的边界在哪里？本书认为，如果不对秩序价值本身进行深度研究，就可能将军事刑法秩序价值的讨论引入误区。[2]而如果不严密论证秩序价值在军事刑法价值体系中的基础地位，就难以为军事刑法的特殊性提供支撑；如果不能具体解析军事刑法的秩序内容，就无法为秩序排序提供可能，实现秩序就无以依托；如果不能界定军事秩序的内涵，把握军事刑法中的秩序与军纪、军事伦理以及国际刑法中的秩序之间的边界，讨论中的偷换概念就无可避免，论点就难以聚焦，共识就不会达成。

再其次，本书涉及军事刑法的秩序价值在军事刑法的关系范畴（原则）

---

[1] 孙宏："军事刑法基础理论问题研究"，吉林大学2007年博士学位论文。

[2] 例如，不考虑秩序的层次和边界，将军事刑法的秩序价值等同于一般军事法的秩序价值，等等。

和实体范畴（主要是犯罪和刑罚）中是如何实现的，其体现度如何，应如何建构等问题。本书认为，秩序价值作为基础价值，它的实现需凭借一些基础载体，既包括基本原则确定，也包括具体制度设计，还包括正当程序保障。研究秩序价值却不对军事刑法的关系范畴（原则）和实体范畴（主要是犯罪和刑罚）作深入分析，以此解剖现行军事刑法秩序价值的实现，不能算是真重视。考虑到论题，本书选择了以下重点：从时间性、空间性、地方性等层面解析犯罪设定与军事刑法秩序特性；从实行行为、危害结果、行为人身份以及单位犯罪等范畴探讨犯罪构成与军事刑法秩序追求；从国别的角度分析犯罪分层与军事刑法秩序序列；从军事刑罚死刑配置、资格刑配置、刑罚执行、刑种适用等方面分析军事刑法秩序价值的意蕴与实现。

最后，本书提出了军事刑法秩序价值与自由价值如何冲突、能否消解、可否互补的问题，应树立何种军事刑法秩序价值观的问题，如何看待和认识《立案标准2013》中的价值理念的问题，怎样进行军事刑法比较研究和军事刑法立法借鉴的问题。价值的冲突实际上是价值观的冲突，是人们在面对不同价值时的排序认识和优先选择问题。面对对立、冲突，在军事刑法领域不一定"以个人自由为优先选择，以社会秩序为第二选择"，但也不一定就是"秩序优先，兼顾自由"。军事刑法中的秩序价值与自由价值是对立统一的关系，对秩序与自由之间的价值冲突不应回避而应积极寻求消解，建立两者之间的价值互补。二者之间合理的关系应是：以个人自由为中心，以军事秩序为基础，强调二者的协调统一和价值互补。任何一部军事刑法都以具体社会特定的价值观为指导。本书认为，看待军事刑法在维护秩序方面的作用，必须考察秩序的历史决定性；选择军事秩序的维系路径，必须考量军事刑法的不完整性和最后性；进行军事刑法比较研究和军事刑法立法借鉴，必须考虑秩序观的差异性。

三、军事刑法秩序价值的研究目的与意义

在1997年《刑法》修订过程中，军人违反职责罪是单独立法还是纳入刑法典，始终存在不同意见，最后经过多次讨论才解决问题[1]。而军事刑法纳

---

[1] 参见敬大力主编：《刑法修订要论》，法律出版社1994年版，第221、222页。

入刑法典至今，军队法律界有关立法完善的讨论也很热烈[1]。为什么本应有普遍民意基础的军事刑法立法模式，却在确立后招致军队法律界的广泛苛责？是军事刑法立法模式出了问题，还是军队法律界对军事刑法有独到的认识或独特的要求？人们对军事刑法应该有怎样的期待？军事刑法应在多大程度上考虑人性、青年心理等问题？军事刑法是什么，它应该具有怎样的精神、品性，秉持何种观念、理念？军事犯罪的实质化标准是什么？军事刑法有何价值，是坚持秩序优先还是自由优先，两者如何平衡？军事刑法秩序与自由价值，是否可以区分平时、战时而确定何者优先？这种价值转换如何体现？等等。军事刑法价值关乎立法与司法，对军事刑法秩序价值的不同认识，直接导致人们对军事刑法的有效性、目的、精神、理念等问题产生疑问。看来，必须对军事刑法的价值进行深入研究，澄清这些疑问。否则，认识的不清醒必然导致行动上的盲目和错误。

在学习研究军事刑法的过程中，笔者开始思索这些问题。一方面，隐隐感觉到军事刑法制度后面肯定有一些东西，它主宰、支配军事刑法创制、运行；另一方面，也感触于军事刑法研究领域里的低层次（规范解释多，刑法哲学研究少）、研究方法上的多误区。于是，对军事刑法是否必须秉持重刑主义开始怀疑，对军事刑法所谓的工具主义、万能主义更有否定的倾向，甚至对所谓军事刑法是军事法与刑法的交叉、是军事法的分支这样的提法也产生了动摇和怀疑。其实，这种思维的链条是不连续的，结论是值得怀疑的。当下，国内对军事刑法秩序价值的研究成果不多、角度不够、挖掘不深，一方面是由于军事刑法的适用较窄，不太受学者关注；另一方面也是由于军事刑法的特殊性，使得相对缺乏军事知识、部队经历和服役体验的地方学者研究起来存在一定难度。这方面，军队的司法实践者、专家、学者具有一定的优势，但是也往往受职业使命、经历经验的影响，对军事刑法的秩序价值存在偏爱，尤其是容易先入为主地看待秩序与自由的关系，感情和感性多于学术

---

[1] 有关立法完善的论文主要有："论军人违反职责罪的立法完善""军事法体系的反思与重构""军事刑法并入刑法典之利弊分析""军事刑法的立法完善""军事刑事立法的现状与发展趋势""论军职罪立法的疏漏之处""论我国军职罪的立法完善""我国军事刑法的现状、不足及完善"等。有关军事刑法的争论及完善问题，张建田教授《中国军事法学研究的回顾与思考》一书中也有详细的论述。参见张建田：《中国军事法学研究的回顾与思考》，法律出版社 2003 年版，第 21、29、193、199 页。

和理性。对于秩序的特性、秩序价值与自由价值关系、立法以及司法对秩序价值的体现认识不清,对于军事刑法的秩序定位问题,秩序价值的实现问题,秩序价值与犯罪类型、犯罪分层、罪名设置的关系问题,秩序价值与刑罚配置、处罚原则、刑罚执行的关系问题等,缺乏精深的基础研究。可想而知,在这种缺乏对军事刑法的精神、观念、文化、价值等深层次的问题进行审视的情况下,单纯的规范分析和简单的价值取舍扬弃显然难以对军事刑法现象进行合理解释,更遑论提升军事刑法的立法、司法工作以及研究工作成效了。价值观具有一定程度的自发性和稳定性,所以发生变革并不容易,需要价值主体主动地控制、调整。研究军事刑法秩序价值的定位、实现问题,研究军事刑法秩序价值观,可以看成是对我们在维护军事秩序问题上存在的制度惯性、路径依赖现象的反思。它既可以填补这方面的空白,更能够对军事刑法的立法完善和司法实践有所裨益,进而对国防和军队建设发挥助推作用。从学术上说,借助比较法学、法社会学、心理学等学科的研究元素,利用立法实证分析、访谈调查等方法手段,可以找寻产生军事刑法的起点和归宿,搭建军事刑法秩序价值研究的平台,还原军事刑法作为刑法的本质,厘清军事刑法秩序的边界,深化对军事刑法秩序价值的认识,分析军事刑法秩序的层次,证明军事刑法秩序价值与其他价值的动态平衡性,阐明军事刑法价值的时空性、地方性等特性。从实践上说,盘点现行军事刑法的设计、现行立案标准对秩序价值的体现程度是否符合现实国防和军队建设需要,发现军事刑法在秩序价值实现方面的过与不及问题(对秩序价值追求不够、体现不足、维护不到位),消除对军事刑法不切实际的功利性期待和缺乏建设性提升的不痛不痒式的空洞关怀,拓宽军事秩序的维系路径,修正军事刑法研究和军事刑法立法借鉴移植中的偏位,有利于国防和军队建设。

四、有关军事刑法秩序价值的研究综述

一是关于军事刑法价值体系的研究。军事刑法价值体系也称为军事刑法价值系统,是指军事刑法有哪些价值。这方面的论述相对较多,当然划分的标准、具体内容不一。如孙宏的"军事刑法基础理论问题研究"、孙玉琢的"论军事刑法的价值构造"都认为军事刑法的价值包括军事价值和刑事法治价

值两方面。[1]张晶的"军事刑法价值研究"认为军事刑法价值包括正义、秩序、自由三方面。[2]白正春的"论依法治军视野下军事刑法的价值"认为军事刑法价值包括效率、秩序、正义、战斗力四种价值。[3]赵晞华的"论军事犯罪之刑事立法政策"认为军事刑法的价值取向不仅是军事行为、军队秩序,还包括军人人权以及约束规制等多种价值取向。有些论文还对军事刑法的价值体系划分了层次。陈金涛的"军事刑法特殊性的价值与范畴解读"认为,军事刑法的各种价值并不在同一层次上,其中基础价值是国防安全、国防秩序和人道性,核心价值则是军事正义[4]。白正春的"论依法治军视野下军事刑法的价值"也采用军事刑法的核心价值这个概念,但认为其他价值都服务于战斗力提升[5]。一般来说,军事刑法的价值是法的价值尤其是刑法价值在军事刑法领域的具体化,所以以上关于军事刑法价值体系的概括的确体现出了"特殊性",但又过于"特殊",所以很难说周全、严谨。至于认为军事刑法的价值包括刑事法治价值这种观点,实属同义反复之误。

二是关于军事秩序的研究。对军事秩序内涵进行界定的论文不多,主要是赵会平的"军事法的价值构成及其对立统一——军事法学价值取向的基础分析"、孙宏的"军事刑法基础理论问题研究"、陈金涛的"军事刑法特殊性的价值与范畴解读"。这三篇论文虽然一篇是从军事法的角度、两篇是从军事刑法的角度进行界定,但结论却大同小异:军事秩序的存在领域是军事社会,作用对象是人员、装备,表现形式是以规范规制军事活动,基本要求是规范、有序、稳定、一致,属性是反映基本军事规律和军事制度及其运动的社会联结方式[6]。多数论文都强调军事秩序的特殊性、重要性。陈金涛的"军事刑法特殊性的价值与范畴解读"认为军事秩序是科层秩序、半封闭秩序、角色秩序[7]。个别论文也注意对军事秩序的内容加以概括。孙宏的"军事刑法基

---

[1] 参见孙玉琢:"论军事刑法的价值构造",载《青春岁月》2012年第8期。
[2] 参见张晶:"军事刑法价值研究",载《法制与社会》2009年第10期。
[3] 参见白正春:"论依法治军视野下军事刑法的价值",载《法制与经济》2009年第12期。
[4] 参见陈金涛:"军事刑法特殊性的价值与范畴解读",吉林大学2011年博士学位论文。
[5] 参见白正春:"论依法治军视野下军事刑法的价值",载《法制与经济》2009年第12期。
[6] 参见孙宏:"军事刑法基础理论问题研究",吉林大学2007年博士学位论文。陈金涛:"军事刑法特殊性的价值与范畴解读",吉林大学2011年博士学位论文。赵会平:"军事法的价值构成及其对立统一——军事法学价值取向的基础分析",载《西安政治学院学报》2002年第6期。
[7] 参见陈金涛:"军事刑法特殊性的价值与范畴解读",吉林大学2011年博士学位论文。

绪 论

础理论问题研究"借鉴曲新久教授关于秩序内容的分类，将军事秩序区分为结构秩序和行为秩序，同时对《刑法》第十章规定的31个条文进行分类，概括出我国刑法主要维护军队领导秩序、战斗秩序、军事日常工作秩序、国（边）防守卫秩序、武器装备管理秩序、军事机密保守秩序、军用财产秩序、军事行动地区秩序等八种秩序。[1]《军事法理论与实务》一书从军人重要义务的角度概括出忠诚、服从、保密等方面。但是，多数论文都不对军事秩序的边界进行研究，把军事刑法中的秩序混同于一般军纪中的秩序，或者在论述军事秩序时直接以军事法代替军事刑法。白正春的"论依法治军视野下军事刑法的价值"在论述军事刑法的秩序价值时，出发点就是军事刑法的军事法属性、军事社会的特殊职能以及军法从严、追求秩序的先验价值预设[2]。其中的原因，既源于对秩序边界的忽视，也源于对军事刑法与军事法在部门法意义上和学科意义上关系的模糊认识。

三是关于军事刑法秩序价值与自由价值的关系的研究。有的主张军事刑法的最终价值目标是军事正义，在此前提下才有自由与秩序的辩证统一；有的主张秩序优先兼顾自由；有的则主张实现军事刑法价值的平衡要坚持以修正的刑法价值为本位，以军事社会关系为基点，并充分尊重实然法的原则，军事刑法的价值选择不宜在各价值要素中采用非此即彼或孰重孰轻或优先劣后的方式，而应当基于军事刑法的秉性，用中介性概念予以表达。[3]孙宏的"军事刑法基础理论问题研究"认为，合理的军事刑法价值取向，应当是以军事刑法实践为根基，优先服从军事秩序与理性尊崇刑事法治相均衡的务实选择，而要想保证军事秩序优先的合理空间，实现军事秩序与刑事法治的平衡，就必须确定一系列准则：相对优先、动态优先、冲突优先[4]。论文"论军事犯罪之刑事立法政策——以义务犯概念为中心"认为，军事刑法所追求之首要目标是自由而不是秩序。论文"我国军事刑法立法形式探讨"从军事刑法与普通刑法的价值比较中得出结论，认为军事刑法与普通刑法的价值存在重大差异。还有人认为，如果不能确保军事利益优先，就会干扰我军正常的军

---

[1] 参见孙宏："军事刑法基础理论问题研究"，吉林大学2007年博士学位论文。
[2] 参见白正春："论依法治军视野下军事刑法的价值"，载《法制与经济》2009年第12期。
[3] 参见陈金涛："军事刑法特殊性的价值与范畴解读"，吉林大学2011年博士学位论文。
[4] 参见孙宏："军事刑法基础理论问题研究"，吉林大学2007年博士学位论文。

事秩序，而这正是现代法治的不足之处。论文"军事刑法价值标准初探"认为，作为调整军事社会关系的军事刑法，不能也不应正面体现自由价值，军事刑法的价值标准应当是秩序、效率和公正，其中以秩序为核心标准。[1]论文"浅议我国战时军事刑事立法模式的不足及完善"，认为战时军事刑法价值取向以秩序和效率为首位，这与普通刑法价值取向不一致。有关观点，可概括为："秩序优先""自由终极""辩证兼顾"。各种研究普遍认同"辩证兼顾"，多数倾向"秩序优先"，少数坚持"自由终极"。可喜的是，有论文如"军事刑法秩序价值观初探"明确提出了军事刑法秩序价值观的问题，认为军事刑法秩序价值观应同时包含维护军事秩序兼顾军事效率和公平正义三个方面。上述观点，就是各种军事刑法秩序价值观的体现。

除了冲突之外，许多论著也注意到军事刑法秩序与自由的价值互补、自由价值之提倡等问题。论文"外国军人权利法律保障研究"对外国军事刑法保障人权方面进行了研究，发现各国旧有刑法以前普遍存在类推、绝对不定期刑等，现在都转向罪刑法定原则、与普通公民同罪同罚原则（如许多国家不再对军人刻意施以过于严厉的刑罚），并改变以往军事刑法强调维系军事权威，针对"下对上犯罪"给予较重刑罚，而"上对下犯罪"给予较轻刑罚的做法，增加对严重侵犯下属权利的上级的惩罚，强化军事刑法对部属权利的保障。论文"论军事犯罪之刑事立法政策"以义务犯概念为中心进行了研究，认为此种规范方式，对于军队团体秩序具有价值；军事刑法在维护军事秩序、保卫国家安全防卫的同时，应注重人权保障，对军人的基本人权进行妥当维护，这既是对"军人执干戈以卫国家"的回馈，也是维持军队秩序，使军人"尽忠职守，报效国家"的需要。除了军事刑法方面的论著外，一些军事法论著也对此予以关注，对于本书研究有借鉴意义。论文"两大法系惩戒性军事法概要"认为，当今多数国家军事刑法回应民主化、法治化趋势，对传统的惩戒性军事法进行了不同程度调整，如普遍的军事司法平民化，适当放宽对军人结社等权利的限制[2]。《军事法理研究》一书基于现代刑事法治理念，对军事刑法与军事法之间的关系进行重新定位，对军事刑法的自律品质进一

---

[1] 参见王登峰、刘慧："军事刑法秩序价值观初探"，载西安政治学院武装冲突法研究所主编：《军事法论丛》（第五辑），海潮出版社2006年版，第105~110页。

[2] 参见田友方："两大法系惩戒性军事法概要"，载《当代法学》2006年第3期。

步解剖,一方面认为我国军事刑法摆脱传统军法观念束缚,注重对人权的保障;另一方面又过于自律,导致军事犯罪范围过窄,背离现代军事刑法发展方向[1]。论文"澳大利亚军事法发展的历史回顾与未来展望",提供了有关军事法过于严厉、复杂导致军队士气低落、矛盾激化,不但没有发挥公正作用反而导致士兵仇恨、反抗的信息。美国《纪念美国统一军事司法法典颁行50周年委员会报告》,研究了彼时美国军队中军人间的自愿性交也构成犯罪这一问题,基本的立场仍是对惩治做法加以维护,认为性犯罪活动有损于军事秩序和纪律。报告还提供了美军在死刑案件中实行更多保护措施的信息,认为军队的死刑问题如同普通的死刑问题越来越受到重视,同样引起了人们的深切关注,反对死刑者开始质疑和平年代的现代军队是否还需要死刑,而美国政府正在致力于解决涉及军队军人事务的公平性和正义性问题。

四是关于军事刑法秩序价值观的实践意义研究。论文"军事刑法价值研究"已经认识到进行军事刑法价值研究的意义,认为价值是军事刑法的灵魂,确立正确的价值追求,能够有效指导实践,为军事刑法制度提供尺度和准据[2]。论文"浅议我国战时军事刑事立法模式的不足及完善",从战时军事刑法的价值取向比较中得出结论,认为现行军事立法模式有损国家刑法典的统一性和权威性。论文"论军事犯罪之刑事立法政策"研究了军事文化对军事刑法的影响,义务遵守是靠自觉遵守还是更多依靠武力强制,正义法理观念之于军事刑法改革的地位,军事刑法制定之科学性与政治性,以及是否因军人特定军衔与身份差别对待等问题。论文"我国军事犯基础问题研究"认为立法模式观念的偏离导致现实中出现军事司法机关对犯罪打击不力、保护战斗力意识淡化、犯罪案件数量变少等灾难性后果。《关系犯罪学》一书对我国军事刑法的刑量进行比较,认为有些军事犯罪的刑量偏低,而有些犯罪的刑量又过高,有些偏重,有些又偏轻,罪刑关系总体偏重,其中的原因是在刑法观念上重物质利益维护,轻个人安全价值保护。[3]

五是关于军事刑法秩序价值研究的态度和路径问题。当前有一些军事刑法价值研究,要么离开现行实在法规范谈价值,要么以价值为名寻求大规模

---

[1] 参见张山新主编:《军事法理研究》,解放军出版社2008年版,第221、234页。
[2] 参见张晶:"军事刑法价值研究",载《法制与社会》2009年第10期。
[3] 参见白建军:《关系犯罪学》,中国人民大学出版社2005年版,第556~560页。

立法与制度建设。它往往以军事刑法所谓的法律部门属性，直接推导军事刑法的基本原则，直接预设军事刑法的价值选择，并结合社会实效与理想价值实施法律批判。然而，对军事刑法的研究，应该重新审视这种态度和路径。军事刑法秩序价值的研究属于法哲学研究，关注价值哲学问题。同时，因为涉及权力问题，它又在一定意义上具有法政治学意味。[1]但刑法是一门实践科学，军事刑法秩序价值的研究不可能是纯粹的法哲学或法政治学研究。因此，就不能只谈价值不管规范，更不能以先验的价值观念去认识军事刑法的秩序价值。军事刑法秩序价值这样的一个论题，既涉及实然也涉及应然，既涉及规范又涉及文化，它影响军人行为而本身又受军队历史脉络左右，宏观上需要深度，微观上更需支持，脱离不了具体的生活状态。研究军事刑法的秩序价值，要注意规范的具体适用，强调透过规范发现、确定现行法秩序，通过对规范意义的解释与证明来具体化法价值。

---

[1] 卓泽渊教授认为，在权力与法律之间，如何认识权力是法律的政治基础，法律是权力的直接根据，是对二者关系的进一步思考。参见卓泽渊：《法政治学研究》，法律出版社2018年版，第139页。

第一章
军事刑法的价值体系与秩序体系

理解军事刑法的秩序价值，首先要从军事刑法的价值体系进行解析，为理解秩序价值在军事刑法价值体系中的定位打下基础。在考虑军事刑法的特质的同时，还要关注秩序本身的特性，把握军事刑法维护的秩序体系，涵盖军事刑法维护的秩序的内容，这样才能合理设定军事犯罪、区别罪责刑度。

第一节 军事刑法的价值体系

一、价值与法治的价值

（一）价值

"价值"（value）概念不仅在哲学意义上应用，也在政治学、经济学、美学、伦理学、法学以及日常生活等各种领域广泛使用。它首先是一个表征关系的范畴。"价值"主要是表达人类生活中一种普遍关系，即客体的存在、属性和变化对于主体人的意义[1]。价值是主客体之间的一种基本关系这一特征，显示了价值主体与价值客体之间的互动性，表明价值是关系范畴而不是某种实体存在。但这种关系是双向的，或说可以从两个方面去理解，一方面是"客体对主体需要的满足"，另一方面则是"主体关于客体的绝对超越的指向"[2]。这一点启示我们，在理解军事刑法的价值时，既要重视军事刑法所能发挥的功能、作用，理解它的重要性和对于军事秩序的意义，更要明确"人"才是军事刑法秩序价值与自由价值的主体，才是它满足的对象和目标，秩序是为人服务的，它的目标不是消除自由；同时，两种价值追求不但始终存在，而且会永远高于社会现实和实在的法，秩序的维护

---

[1] 参见李德顺：《价值论》，中国人民大学出版社2007年版，第8页。
[2] 卓泽渊：《法的价值论》，法律出版社2006年版，第11页。

和自由的追求不会是一劳永逸的。价值还是一个表征偏好的范畴[1]。不管价值一词在西方有多么复杂的含义,也不管我国对价值概念的使用如何多样,价值的基本含义都离不开一点:有用性。马克思就从经济学的角度出发,认为价值是从人们对待满足他们需要的外界物的关系中产生的[2]。价值还是一个表征统一的范畴。价值是指"客体的存在、属性及其变化同主体的尺度是否相一致或相接近",这是价值现象的本质[3]。从这个角度看,我们在理解价值时,一方面自然要考虑"主体的态度与评价",另一方面也要清楚价值评价离不开"事物的客观属性"作为"必要参考"[4]。这一点提示我们,研究军事刑法秩序价值,首先要对军事刑法自身、秩序本身有清楚的了解,掌握它们的基本内涵和属性,把握它们与我们所追求的价值目标之间到底有多少相似性和一致性,否则就有可能提出我们自己始终"不能够解决的任务"[5]。

(二) 法的价值

法律世界不仅体现为事实,还表现为与之相匹配、相适应的价值,二者相统一。因而我们对于法律领域的认识,既包括法律事实认识也包括法律价值认识;前者解决"是什么""怎么样"的问题,后者则解决"应如何""该怎样"的问题;故而前者更多地具有理性、精确、抽象的形式,后者则更具情感的、模糊的和直观的形式。[6]法的价值是相对于人而存在的,法的价值是人的价值追求的一种表现、一个方面。"法的价值"是西方法学中的常用词汇,现代西方法学普遍关心这一话题。[7]20世纪80年代,我国法学理论界

---

[1] 这是从语义分析的角度来考察的。参见张文显主编:《法理学》,高等教育出版社、北京大学出版社2007年版,第303、304页。

[2] 参见中共中央马克思恩格斯列宁斯大林著作编译局编译:《马克思恩格斯全集》(第19卷),人民出版社1963年版,第406页。

[3] 参见李德顺:《价值论》,中国人民大学出版社2007年版,第27页。

[4] 参见张文显主编:《法理学》,高等教育出版社、北京大学出版社2007年版,第305页。

[5] 参见中共中央马克思恩格斯列宁斯大林著作编译局编译:《马克思恩格斯选集》(第2卷),人民出版社1995年版,第31~35页。

[6] 参见卓泽渊:《法的价值论》,法律出版社2006年版,第19、20页。

[7] 例如,美国社会法学家庞德的《通过法律的社会控制、法律的任务》,美国当代法哲学家迈克尔·D·贝勒斯的《法律的原则》以及美国法律哲学家E·博登海默的《法理学:法律哲学与法律方法》等,都对法的"价值问题"进行了深入的探讨。

第一章　军事刑法的价值体系与秩序体系

从西方法学作品中引进这一概念,并表现出了浓厚兴趣,大量的研究成果使我们对法的价值问题的认识不断拓展[1]。对于本书来说,关注法的价值,应重点把握三点。

第一,法的价值的定义。我国学界对法的价值的定义基本上是围绕"表征关系""表征意义"等属性展开的,但在具体阐述上又有差别。[2]综合起来,国内法理学界主要有"意义、作用或效用说"[3]"功能作用之上的意义与绝对超越指向说"[4]"从属关系说"[5]"性状、属性说"[6]。笔者认为,虽然价值的定义本身是多元的,但法的价值的定义仍需借助"价值"这一"元概念",从"有用性"和"意义"上去理解,并赞同"绝对超越指向说"。

第二,法的价值的使用范围与指向。现在一般认为,法的价值有三种不同含义,虽然各种表述有一定差别,但立场是一致的:第一种是指法的本质与目的,指法能促进哪些价值,对人的追求与理想有何种助益,可称之为法的"目的价值";第二种是指法的特定价值,指法本身有哪些价值或说有何种值得追求的品质和属性,可称之为法的"形式价值";第三种意义上的法的价值关系到评价、选择、协调问题,是指在不同价值或同类价值发生冲突时,法根据什么标准来进行评价,可称之为法的评价标准或价值取向,即法所包含的价值标准[7]。法的这三种价值都各有其意义,但我们常说的法的价值是

---

[1]　例如,《法律的价值》《法律价值论》《法律价值》《法的价值论》《法的价值总论》《法的价值问题研究》《中国特色社会主义法的价值论》等法的价值一般论,以及《刑法的价值构造》《行政法的价值定位》《行政诉讼价值论》等部门法价值论的论著相继问世。

[2]　参见姚建宗:"中国特色社会主义法的价值论",载《辽宁大学学报(哲学社会科学版)》2013年第2期。

[3]　严存生:《法律的价值》,陕西人民出版社1991年版,第28页。孙国华主编:《法理学教程》,中国人民大学出版社1994年版,第94页。孙国华、朱景文编:《法理学》,中国人民大学出版社1999年版,第58页。张文显:《法哲学范畴研究》,中国政法大学出版社2001年版,第192页。

[4]　参见卓泽渊:《法的价值论》,法律出版社2006年版,第48、49页。

[5]　参见谢鹏程:《基本法律价值》,山东人民出版社2000年版,第28页。

[6]　参见刘金国、舒国滢主编:《法理学教科书》,中国政法大学出版社1999年版,第289页。

[7]　参见沈宗灵主编:《法理学》,北京大学出版社2001年版,第52、53页。张文显主编:《法理学》,法律出版社2007年版,第306、307页。

指法的第一种价值。

第三，法的价值体系。本书不仅分析制度状态的军事刑法，还分析观念状态的军事刑法，因而主要用"法的价值体系"而不是"法律价值体系"这一概念。法的价值体系，是指法作为客体而产生的价值所组成的价值系统[1]。对法的价值体系的构成，可以按不同标准进行分类[2]。而种种不同的看法，说明我们对法的价值的认识不断丰富和深化，也说明我们对作为表征"偏好"范畴的法的价值认识的视角存在差异。但无论如何，法的价值应该如日本学者川岛武宜所说是法"值得"保障（存在着这种必要性）的价值[3]。这里的"值得"反映了法的价值的层次性以及人的主观性。目前，在种种不同认识之下，自由与秩序、效率与公平、正义与平等以及人权这些价值普遍得到了承认，应该算是"值得"法保障的价值[4]。

人是法的价值存在的基础和前提，是法的价值的最终归宿。因此，在认识法的价值时，必须明确三点：第一，法的价值首先取决于主体及其需要。法的价值只有通过主体的实践活动才能产生，主体的需要决定着法的价值，是法的价值存在基础和前提。第二，人同时具有个体和社会的双重属性。法的价值的主体既包括个人，也包括社会。满足个人、社会的双重需要，是法的价值的最终归宿。其中，从个体的意义看，人的生命是法的首要价值；从社会的意义看，社会的秩序则是法的首要价值[5]。有人认为人的个体性与社会性是对立的[6]，但从人类社会的进化发展进程看，人的个体性与社会性应该是统一的。从这个角度说，法的社会秩序价值与个人自由价值在本质上应

---

[1] 卓泽渊：《法的价值论》，法律出版社2006年版，第125页。

[2] 严存生：《法律的价值》，陕西人民出版社1991年版，第151、152页。张文显主编：《法理学》，高等教育出版社、北京大学出版社2007年版，第308页。

[3] [日] 川岛武宜：《现代化与法》，王志安等译，中国政法大学出版社2004年版，第246页。

[4] 沈宗灵主编：《法理学》，北京大学出版社2001年版，第53页。卓泽渊：《法的价值论》，法律出版社2006年版，第237~461页。张文显主编：《法理学》，高等教育出版社、北京大学出版社2007年版，第313页。杨震："法价值哲学导论"，黑龙江大学2001年博士学位论文。姚建宗："中国特色社会主义法的价值论"，载《辽宁大学学报（哲学社会科学版）》2013年第2期。

[5] 卓泽渊：《法的价值论》，法律出版社2006年版，第4页。

[6] 杨震："法价值哲学导论"，黑龙江大学2001年博士学位论文。

该是一致的,而不应是存在强烈冲突的[1]。甚至可以说,自由本身就是和谐秩序的应有之义。实际上,的确就有学者对"将自由与秩序视为一对冲突的法律价值"的观点进行辨析,认为这种观点降低了自由的价值,容易造成法律排斥自由的误解[2]。对此,笔者将在后面的论述中作进一步评述。第三,法的价值是人对于法的期望,是法对人的意义。因此,法的价值既包含法的现实、即有价值,也包括法的未来、应有价值。研究法的价值,应立足揭示法的应然性[3]。不以应然标准为追求的法的价值终归要被时代所抛弃。

二、刑法的价值与军事刑法的价值

(一) 刑法的价值

刑法的价值类型多样。从刑法价值关系中刑法价值的来源看,表现为规范性价值和社会性价值[4];从刑法价值的形态看,表现为潜在的刑法价值和现实的刑法价值[5];从客体满足主体需求看,表现为正价值、负价值和零价值[6]。而根据刑法价值主体类型的不同,可划分为个人价值与社会价值[7];

---

[1] 对此,庞德进行了精彩的论述,认为"一种文明的理想、一种把人类力量扩展到尽可能最高程度的思想、一种为了人类的目的对外在自然界和内在本性进行最大限度控制的理想,必须承认两个因素来达到那种控制:一方面是自由的个人主动精神、个人自发的自我主张;另一方面是合作的、有秩序的、(如果你愿意这样说的话)组织起来的活动……我们无须再相信,在我们对人类生活的图画中,我们只能在个人的行动自由,或者合作的有组织活动这两者之中仅考虑其中的一个。我们不能被阻止去接受一个既容许有竞争也容许有合作的理想。我们不要因为承认合作是文明中的一个因素,而被迫牺牲在上一世纪由于建立了一种个人权利制度所取得一切成就,或被迫牺牲自从以保障个人自由作为基本因素的清教徒革命以来所取得的一切成就。"参见[美]罗·庞德:《通过法律的社会控制、法律的任务》,沈宗灵、董世忠译,商务印书馆1984年版,第69、70页。

[2] 参见龙文懋:"'自由与秩序的法律价值冲突'辨析",载《北京大学学报(哲学社会科学版)》2000年第4期。

[3] 参见陈兴良:《刑法的价值构造》,中国人民大学出版社1998年版,第11、12、15、40、42、45页。张小虎:《刑法的基本观念》,北京大学出版社2004年版,第175、180、181页。

[4] 参见康均心:"刑法价值界说",载《法学评论》1996年第6期。而侯宏林博士则是根据价值存在的层次与状态,分为目标性、事实性、规范性价值。参见侯宏林:《刑事政策的价值分析》,中国政法大学出版社2005年版,第12页。

[5] 参见康均心:"刑法价值界说",载《法学评论》1996年第6期。

[6] 参见康均心:"刑法价值界说",载《法学评论》1996年第6期。卓泽渊:《法的价值论》,法律出版社1999年版,第49页。

[7] 参见李宝忠:《刑法的价值体系及其取向》,人民出版社2010年版,第23~25页。侯宏林:《刑事政策的价值分析》,中国政法大学出版社2005年版,第13页。

根据刑法价值体系内部的相互关系，可划分为工具性价值和目的性价值[1]。本书所关注的刑法价值，主要是指刑法的社会性价值、潜在性价值和目的性价值。

　　刑法的价值内容多元。刑法所追求的价值不是单一的，而是多元的，例如生存、人权、自由、安全、正义、民主、效率等。但是，纳入每个学者视野的刑法价值却是有差异的。例如，有人认为刑法的价值，就是指刑法能够满足社会与社会成员对"正义的、和平的与安全的社会"的需要[2]。有人认为，刑法的价值包括刑法的公正性、谦抑性和人道性[3]。有人认为，刑法的价值应当是正义、自由、秩序与效益[4]。有人认为，刑法的价值在于正义、人道和秩序、功利的统一，即基于正义和人道而维护秩序，讲究功利；具体讲，就是在犯罪的认定和刑罚的裁量上坚持正义和人道，而在刑罚执行方面重视秩序和功利[5]。还有人从刑罚角度出发，认为刑罚的价值为公正、人道和效益[6]；刑罚的终极价值为自由、秩序和正义。[7]

　　刑法价值的多元性，并不代表刑法（至少是实在刑法）能够实际地、充分地满足主体需要，实际上刑法（即便是理想刑法）大抵只能实现部分刑法价值[8]。因此有学者提出了刑法的基本价值的概念，认为刑法的基本价值应是那些"体现个人和社会各自或共同关切的重要而迫切的需要的价值、体现满足对社会进步有重大促进作用的主体需要的价值"，包括"秩序、自由、效率、正义"四项[9]。当然，也有学者认为，刑法的基本价值是秩序、自由、正义，而将效率与效益、灵活、谦抑、人道等划为刑法的辅助价值[10]。还有学者认为，刑法的基本价值是公正和秩序；刑法的衍生价值是人道（包括谦

---

[1] 参见李宝忠：《刑法的价值体系及其取向》，人民出版社2010年版，第23~25页。
[2] 参见谢望原：《欧陆刑罚制度与刑罚价值原理》，中国检察出版社2004年版，第382~463页。
[3] 参见陈兴良：《刑法哲学》，中国政法大学出版社1997年版，第4~10页。
[4] 参见韩轶：《刑罚目的的建构与实现》，中国人民公安大学出版社2005年版。
[5] 参见鲁嵩岳：《〈慎刑宪〉点评》，法律出版社1998年版，第4页。
[6] 参见邱兴隆："死刑的价值分析"，载《华东刑事司法评论》2004年第2期。
[7] 参见谢望原：《欧陆刑罚制度与刑罚价值原理》，中国检察出版社2004年版，第382~463页。
[8] 参见李宝忠：《刑法的价值体系及其取向》，人民出版社2010年版，第28页。
[9] 参见李宝忠：《刑法的价值体系及其取向》，人民出版社2010年版，第30~34页。
[10] 参见康均心："刑法价值界说"，载《法学评论》1996年第6期。

抑）和功利（包括效益、效率、灵活等）〔1〕。可见，在刑法的价值中，有一些价值普遍得到认可，可公认为刑法的基本价值，例如秩序；还有一些价值，如公正、自由、正义、安全、效率、人道等，不同学者则有不同的使用偏好。但无论如何，很显然秩序在刑法价值中具有特殊、重要的地位，可称之为自刑法产生以来，个人与社会普遍关心、追求的且将来也不会消亡的价值。

（二）军事刑法的价值

此处，主要探讨军事刑法价值的以下两个方面。

第一，军事刑法价值主体问题。法的价值包括刑法的价值，应该是满足个人需要、社会需要的统一，军事刑法的价值亦应如此。现代刑法不会存在只满足个人需要而社会绝对不需要，或者只满足社会需要而个人绝对不需要的价值。具体到军事刑法来说，其价值不仅在于满足国家维护军事利益的需要，也在于满足个人作为社会成员的安全、自由的需要。所以，那种认为军事刑法的价值的主体是军队的观点是值得商榷的〔2〕。不论军事刑法如何实现社会保护机能，军事刑法的主体都不仅是军队；不管军事刑法怎样实现人权保障机能，军事刑法的主体都不仅仅是军人。军事刑法的价值主体以军事社会〔3〕、军人为主（包括但并不限于此），整个社会以及包括平民在内的一切个人，都是军事刑法的价值主体。

第二，军事刑法的目的价值系统。当前关于军事刑法目的价值系统的讨论，主要涵盖以下内容：军事秩序、军事正义、国防安全、效率、公正、人权、人道性、战斗力和刑事法治〔4〕。在层次上也有划分，如核心价值和基本价值〔5〕。从以上观点看，研究者普遍承认军事刑法的价值具有多元性、层级性，并都承认秩序价值。笔者认为，军事刑法的价值主要是自由与秩序、正

---

〔1〕 参见王明星：《刑法谦抑精神研究》，中国人民公安大学出版社2005年版，第157页。

〔2〕 参见白正春："论依法治军视野下军事刑法的价值"，载《法制与经济》2009年第12期。

〔3〕 军事社会，一般是指以军事活动为中心，以垂直社会关系为主线，以军事人员为主体形成的社会实体，它包含于整个社会之中，但有自己独特、独立之处。

〔4〕 参见白正春："论依法治军视野下军事刑法的价值"，载《法制与经济》2009年第12期。孙宏："军事刑法基础理论问题研究"，吉林大学2007年博士学位论文。

〔5〕 陈金涛将军事刑法的价值概括为两类，即"核心价值是军事正义，基本价值是国防安全、军事秩序和人道性"。参见陈金涛："军事刑法特殊性的价值与范畴解读"，吉林大学2011年博士学位论文。白正春认为，"秩序、效率、正义、战斗力，其中战斗力价值是核心价值"。参见白正春："论依法治军视野下军事刑法的价值"，载《法制与经济》2009年第12期。

义与效率，尤其是自由与秩序，这是与刑法的机能对应的。军事正义更多地交给了宪法去权衡，效率更多地交给了军事法去考量，而所谓安全与人道，笔者认为都不过是秩序的内容或表现。军事刑法所追求的秩序，必定是立法者认为能实现某种安全的秩序，与安全背道而驰的秩序不是立法者追求的；军事刑法所追求的安全，也必定是有秩序的安全，无秩序的安全不是安全。军事刑法所追求的人道，是国内军事法规以及国际人道法的重要内容。军事刑法惩治有关人道犯罪，一方面是履行国家担负的战争人道保护义务的体现，另一方面也是在战争中占领道义制高点赢得国际国内舆论支持的需要。正所谓"得道多助失道寡助"，惩治有关人道犯罪，就是维护国家所追求的道义秩序，就是通过惩治犯罪的方式将道义掌握在手中，占领道义制高点掌握道义话语权，防止在战争中道义秩序失控。

如前所述，军事刑法的确存在特殊之处。但是，这种特殊之处，并不足以影响到军事刑法的价值，或说影响到军事刑法与刑法的价值一致性。前述将军事刑法的价值区分为军事价值和刑事法治价值，或说从刑事法治和军事需要两个维度讨论军事刑法的价值的观点，就割裂了这种一致性。刑法机能可区分为社会保护机能和人权保障机能两个基本方面，以保护法益为目的的刑法，就是保障人权、保护社会的刑法[1]。刑法的价值是否与此有关呢？正如学者所说，刑事古典学派与刑事实证学派的对立，在一定意义上就表现为人权保障与社会保护的两个机能之争，从根本上来说，这是一种刑法价值之争[2]。所以，从军事需要与人权保障两个方面来认识军事刑法的价值，本身没有问题，但是如果把人权保障换成刑事法治的概念，问题就大了[3]。现代刑事法治的核心或说重心、方向，可以说是人权保障，但是它离不开社会保护的内容。如果把刑事法治作为军事需要的对立体，就意味着刑事法治就只剩下人权保障一个方面了，所谓秩序不再是刑事法治的内容。这样理解刑事法治就太狭隘了，是对刑事法治的误解。

---

[1] 参见曲新久：《刑法的逻辑与经验》，北京大学出版社2008年版，第21、22页。

[2] 参见陈兴良："刑法的价值构造"，载《法学研究》1995年第6期。

[3] 参见孙宏："军事刑法基础理论问题研究"，吉林大学2007年博士学位论文。陈金涛："军事刑法特殊性的价值与范畴解读"，吉林大学2011年博士学位论文。

第二节 军事刑法的秩序体系

如果热烈地讨论军事刑法的秩序价值却不深入挖掘军事刑法中秩序的内容，这种研究其实还是停留在表面，停留在口号阶段。如前所述，社会秩序可从多个角度、层次进行认识，而每一个角度、层次都很有价值与意义。必须明确，军事刑法维护的最高秩序是坚持党对军队的绝对领导。具体而言，这里探讨军事刑法所确认、维护的秩序，主要从结构秩序和行为秩序两个层次展开。这种角度有两个特点：一是静态与动态的结合，二是宏观与具体的结合。这种角度其实不能涵盖秩序的全部。比如，军事刑法的秩序还可以从多个角度认识：秩序的层次、秩序的领域，等等。但是，从结构秩序与行为秩序讨论，相对而言具有全局性。

曲新久教授认为社会秩序包括结构秩序和行为秩序两个方面，即社会结构的有序性和社会行为的有序性（社会秩序的这两方面内容与刑法的保护范围和控制范围有着密切的联系，其中刑法对社会结构秩序的保护，表现为对社会结构内"重要的具体的社会关系"的保护）[1]。高峰博士从社会哲学的角度将社会秩序分为"社会活动的一致性状态、社会关系的结构化状态和社会规范的约束性状态"三个层次[2]。周旺生教授在论述法律秩序价值时，也认为可以将秩序按其与作用对象（作用于主体的行为还是作用于社会关系）的关系分为行为价值和关系价值，前者称为法的行为秩序价值，后者称为法的关系秩序价值[3]。笔者认为，以上论述具有某种程度的一致性。"秩序并不是具象的，而是由具象的制度、规则、安排等形成的一系列关系的总和。"[4]无论是结构秩序、行为秩序，还是关系秩序、行为秩序，抑或是社会关系的结构化状态、社会活动的一致性状态、社会规范的约束性状态，都体现了唯物辩证法在秩序领域里的具体应用，相对其他划分角度来说，更能够透彻地揭示秩序的面目，因而对于本书的分析更有利。

---

[1] 参见曲新久："论社会秩序的刑法保护与控制"，载《政法论坛（中国政法大学学报）》1998年第4期。

[2] 参见高峰："社会秩序的本质探析"，载《学习与探索》2008年第5期。

[3] 参见周旺生："论法律的秩序价值"，载《法学家》2003年第5期。

[4] 参见杨雪冬："论作为公共品的秩序"，载《中国人民大学学报》2005年第6期。

一、受军事刑法保护的结构秩序

不仅秩序是有结构的,而且秩序的内容也包含结构秩序。所谓社会结构秩序,是指"人类共同体各基本要素之间相互联系、相互作用的过程中表现出的稳定性和一致性"[1]。

(一)军事刑法保护结构秩序的一般认识

社会结构是社会关系之整体,是不同领域、不同层次社会关系由于社会活动中交互作用而形成的社会生活各要素间的相对稳定关系模式[2]。社会结构是历史的,因而社会结构的有序性或说社会的结构秩序也是历史的。例如,1946年,美国极有影响的《美国社会学学刊》(American Journal of Sociology)登载了时任云南大学社会学教授的费孝通先生的论文"农民与士绅:中国社会结构及其变迁的一种解释",该论文与后出版的英文版《中国士绅》(China's Gentry)前后相继,是费孝通对于中国社会整体结构与功能运作机制的总结性论断。[3]农民与士绅的关系曾经是中国社会最基本的结构关系。但是,曾经在士绅与地道农民之间的这种结构性关系,突然之间被现实粉碎,一种相对来说比较稳定的社会关系被打乱了,这固然是由于20世纪不同文化之间的激烈碰撞,也是由于这种结构存在一定的问题。对此直到现在还有人在思考。后来费孝通先生的学生在一篇文章中讲了这个问题,题目就是"逝者如斯的结构秩序——译读费孝通英文版《中国士绅》"[4]。"逝者如斯"讲的就是这种结构秩序的历史性。结构秩序的历史性也是我们认识不同历史时期的刑法、评价不同国家刑法的重要工具。例如,同样是组织、实施武装叛乱、暴乱,在现代刑法中,涉及的是国家主权完整,而在封建时代的刑法中却是皇权。这也是以结构秩序为分析工具的价值所在。

结构秩序是社会凝聚力、集体观念和社会整体化的重要依托和平台。法

---

[1] 曲新久:《刑法的精神与范畴》,中国政法大学出版社2000年版,第5页。

[2] 参见高峰:"社会秩序的存在何以可能?",载《中共中央党校学报》2010年第4期。

[3] 参见赵旭东:"逝者如斯的结构秩序——译读费孝通英文版《中国士绅》",载《西北民族研究》2006年第3期。

[4] 参见赵旭东:"逝者如斯的结构秩序——译读费孝通英文版《中国士绅》",载《西北民族研究》2006年第3期。

国早期的社会学家迪尔凯姆（涂尔干）[1]认为，为了保持普通公民对社会结构的从属性，惩罚犯罪是必要的；对犯罪行为的否定反应是增强集体观念和促进社会整体化的因素[2]。曲新久教授说，刑法对社会秩序的保护首先体现为对结构秩序的保护。[3]在阶级对立的情况下，刑法是作为阶级统治的"刀把子"使用的，是较强调结构秩序价值的。这一点，从阶级社会刑法的罪名（如"擅兴"）、惩罚原则（如"八议"）上很明显能看出来。国家确定某些行为是重罪，既针对个人的具体行为，更在于传达一种宣示、表征国家统治秩序、军事统率秩序的强烈信号，防止出现类似行为而引发连锁效应。具体到一个犯罪，它展示了行为对有秩序团体的危害，不能当然看成改革或革命，看成一个阶级反对另一个阶级的行为。所以，对于具体犯罪而言，它往往被理解为个体行为的失范和越轨，因而"并非一个有秩序的团体沦亡的开端，而仅只是对这个团体的一项刺激，一项尚可补救的错误"[4]。但如果反对有秩序的团体的行为成为一股潮流，成为一个群体的行动，成为一个阶级对抗另一个阶级的自发自觉的主动行为，行为的性质当然会发生改变——革命或者其他运动。这时，评判标准可能要重新选择，即不能以对社会秩序的"叛离"本身作为进行否定性评价的标准，而是需要考察叛离与叛离对象的性质，"当所叛离的社会秩序和社会价值与历史发展趋势背道而驰时，此种所谓叛离便具有革命性质，代表社会前进力量"[5]。但是，从当时的刑法来说，它仍然是犯罪。可见，它所展示的不仅是个人行为的失序性，还展示了犯罪行为是如何对社会结构破坏甚至摧毁的。现代文明国家，刑法所展现的结构秩序也许只有宪法才可比拟。但它相对宪法来说，对个人、团体、阶级的结构意义更为明确、清晰、具体。尤其是军事刑法，它同样鲜明地展示出丰富、完整、系统结构秩序价值。对于刑法调整结构秩序的作用，曲新久教授认为"十分有限"，因为"社会结构秩序的形成具有极大的自发性"[6]。的确，刑法在社会结构秩序的形成方面也许如此，但在维护社会结构秩序方面却有其

---

[1] 本书尊重译者，因而有的地方使用了迪尔凯姆，有的地方使用涂尔干。
[2] 参见张远煌：《犯罪学原理》，法律出版社2008年版，第124页。
[3] 参见曲新久：《刑法的精神与范畴》，中国政法大学出版社2000年版，第13页。
[4] 周光权："论刑法学中的规范违反说"，载《环球法律评论》2005年第2期。
[5] 张远煌：《犯罪学原理》，法律出版社2008年版，第154页。
[6] 曲新久：《刑法的精神与范畴》，中国政法大学出版社2000年版，第13页。

空间。即使随着现代民主政治的发展，随着个体参与社会变迁运动的增加，随着人的理性因素在社会发展过程中越来越多地起作用，社会结构秩序的调控越来越不能靠强制，但刑法调整结构秩序的舞台依然存在，不仅行为秩序的调控要靠刑法，结构秩序的确立和维护也必须在法律的框架内进行。军事在历史进程中的地位和作用无可比拟，军事刑法在维护结构秩序方面亦具有独特价值。所以，研究军事刑法的结构秩序价值并非多余。

（二）军事刑法保护结构秩序的表现形式

社会结构秩序的形成是极其复杂的，刑法对于社会结构秩序所能起的作用主要是对人类社会的基本要素及其相互之间具体的重要关系加以保护[1]。对于这点，笔者要加以引申。为此，这里要引入一个关键词：节点。我们可以把社会结构的基本要素概括为节点。所谓节点，就是指构成社会结构的关键部位，包括人（以及人的延伸或集合）、物（包括实物和虚拟物）[2]。节点与关系共同决定社会结构。军事刑法调整结构秩序，主要关注以下节点：第一，人以及人的集合。现实的个人是参与军事刑法所保护的社会关系的主体，"是社会秩序的基础性主体，在社会秩序的主体结构中处于基础性地位"[3]。通过人这个节点，才能连接起各种各样的社会关系。社会秩序的主体主要有个人、组织、国家等类型，在军事刑法所调整的社会结构秩序中，作为节点的人主要包括军人、普通公民、预备役人员、军事行动区的无辜居民、俘虏。此外，还有人的集合，如单位、国家。正是由于各种各样的"人"处于军事社会关系中，才构成了一种较为稳定、平衡、持续的军事社会关系。第二，物，包括实物与虚拟物。物质基础是人类存在发展的基础，任何一种社会秩序都离不开一定的物质基础。军事刑法所调整的结构秩序中的物，主要包括两类：一是关系到武装部队权威的标志，如武装部队的公文、证件、印章、制式服装、车辆号牌等专用标志；二是涉及武装部队战斗力基础的信息、场所、物品，如军事情报、命令、军事秘密、军事通信；武器装备、军用物资、军事设施；军事禁区、军事管理区、战场；等等。在普通刑法中，物总是与

---

[1] 参见曲新久：《刑法的精神与范畴》，中国政法大学出版社2000年版，第13页。

[2] 例如费孝通先生所称的"农民—士绅—国家"的结构模型中的农民、士绅、国家就是节点。

[3] 高峰："关于社会秩序存在的前提性思考"，载《北京工业大学学报（社会科学版）》2009年第2期。

生产力联系在一起；在军事刑法中，物则是与战斗力联系在一起。当然，战斗力绝不是物本身，而是人与物的结合。

社会结构乃各种关系之整体，其中人与自然的关系、生产关系以及生产关系之上的各种社会关系是基本关系。社会秩序的存在前提是社会关系[1]，因而所谓社会秩序实际上是指"社会关系的有序状态"，从与混乱、无序相对的角度准确地说，"社会秩序是指处于张力平衡状态的社会关系"[2]。在某种意义上说，关系就是撬动秩序的杠杆，而节点就是杠杆的支点。一个政权，总是通过调整、控制社会关系来构建或重建社会秩序[3]。政治国家对社会关系的调整是全方位的，但是否由刑法来标定、动用刑法方法来保护，则反映了具体的刑事政策。军事刑法保护的社会关系，是指各节点之间的联系，或者说各节点在社会结构中所处的位置和相互关系，一般可分为三类：

一是内部关系。国家的武装力量在组织上职级明确、层次分明，平时或战时的各种内部关系主要有：（1）服从关系，体现为指挥员与部属之间的指挥与服从关系，即部属服从首长、下级服从上级、士兵服从军官、军衔低的服从军衔高的，等等；其基本要求是：服从命令、听从指挥、执行指示、完成任务。命令服从关系是武装力量内部关系的主体。（2）友邻关系，或说是互助合作关系。部门之间、分队之间，相互配合支援，及时通报情况，积极协同配合，按职能协调一致工作。友邻关系也是武装力量内部非常重要的关系，是战斗力的重要源泉和依托。（3）指导关系。武装力量内部上级机关对下级机关、联合机关对任务部队进行指导。指导关系是现代武装力量内部关系规范化的重要特征。（4）平等与尊重关系。处于领导、指挥位置的上级尊重部属、下级，军人之间相互尊重。平等与尊重关系是现代武装力量内部关系文明与进步的重要标志。在以上诸关系中，服从关系是军事社会最基本的

---

[1] 参见高峰："社会秩序的存在何以可能？"，载《中共中央党校学报》2010年第4期。

[2] 秦扬、邹吉忠："试论社会秩序的本质及其问题"，载《西南民族大学学报（人文社科版）》2003年第7期。

[3] 程龙的文章给笔者以启示。2012年美国"亚洲研究协会"年会为"东亚性别研究"论题专设圆桌会谈，会议建议学者关注"政治与性别之间的互动"，即某一政权通过调整性别关系从而实现自身的建立和维系。国内学者程龙在分析该点时，也认为"放眼东亚近现代史，这样的例子比比皆是"。参见程龙："'快乐女声'与'性别视角'"，载《读书》2013年第7期。

关系。军人以服从命令为天职，听从指挥是军队内部关系的准则。在阶级社会，军队是统治阶级镇压被统治阶级反抗、维持阶级统治的工具。为有效掌握和运用这个工具，统治阶级运用严厉的军法军纪，强调绝对服从，约束军人的行为，对妨碍掌握和运用军队者给予制裁。对于我们来说，军队是一个统一的整体，其内部结构非常复杂，为保证其内部各级、各部分的密切协同，也必须确立合理的内部关系，强调各级、各部分的职责、义务、管理和指挥权限。军队的主要任务是战时对外作战、平时保卫和建设国家。要取得作战胜利和建设成就，就要求全体军人积极勇敢、上下一心、服从指挥、令行禁止，对贪生怕死、心怀二志、不听指挥、违令擅为者给予处罚。

二是外部关系。主要是指与地方、平民、敌人、俘虏之间的关系。第一，国防保障关系。国防安全是一国全体国民之义务与责任，除了服役的军人直接投入军事行动外，普通公民在特定情况下也承担相应的军事任务，例如支前、参战等。第二，与无辜居民的关系。无辜居民是战争的最大受害者。军队与无辜居民之间的关系，是考验军人良心与武德的标杆，是衡量一支军队文明与人道的标志。第三，军队与俘虏的关系。军人是战争的直接受害者，俘虏则是这种"受害"之一种。给予俘虏人道待遇，是现代国际人道法的基本方面。第四，与冲突方军人的关系。与冲突方军人的关系也是军事社会关系的一个方面。但对这个问题的认识并不一致，有的军事刑法中涉及这一关系，有的军事刑法中则没有涉及。

三是个人与国家的关系。个人与国家的关系，在军事刑法领域主要表现为役务与忠诚。所谓役务，是指军人从应征入伍之日起，应该认真履行职责，承担起保卫国家的责任和义务。所谓忠诚，是指军人在战场上，应该英勇顽强，不怕牺牲，保持对国家的忠诚，而不能投降变节。作为军人，首要的是要忠于国家，这既是军队自身安全的内在条件，也是军队发挥战斗力的前提条件，如果没有了这种忠诚，军队反而成为威胁国家和人民的最大暴力。许多国家的军事刑法之所以将谋叛列为首要规定，即在贯彻忠诚使命之要求，并彰显捍卫国家安全之决心。我国军事刑法中涉及个人与国家关系的主要有"投降罪""战时自伤罪""军人叛逃罪""逃离部队罪"等。

（三）军事刑法保护结构秩序的核心内容

秩序的核心目标是安全；秩序的核心内容是阶级统治、政治统治。[1]国家所关心的社会结构秩序必然是政治统治关键的结构或关系。社会结构秩序既包括政治秩序，也包括经济秩序、军事秩序。国家控制或维护社会结构秩序离不开强制手段。秩序属于"直接关系到主导集团地位的公共品"，其"最终支持来自公共权力所垄断的暴力工具"，因而"失去了秩序也意味着主导地位的丧失"[2]。

英国哲学家伯纳德·鲍桑葵（Bernard Bosanquet）指出："国家的目的就是社会的目的和个人的目的；作为国家，它使用的手段总会带有暴力的性质，尽管这并不排除它还有其他方面的手段。"[3]但是，政治秩序的强制性不等于国家实施暴力手段，国家垄断暴力仅仅是政治秩序的潜在基础，而不是它的必然手段。实际是，暴力仅仅是权力的隐性要素而已。军事刑法所维护的结构秩序，主要是社会结构秩序中的军事秩序，其核心就是军事权。

军事权也可称为军权，是基于包括以国家为典型代表的各种人类政治生活的共同体，为组织军事事务、实现以共同体的生存为主要内容的职能而形成与实施的一种权力，是军事与政治、法律发生联系的逻辑节点，其主要内容和表现是建军权、战争权和军事统率权。[4]任何一种社会秩序的形成都离不开相应权力的分配和运行。军事权是国家权力的重要组成部分，是国家主权最重要的支柱和依靠，在国家权力结构中、在社会关系结构中处于重要位置，甚至在某些时候处于最重要的位置。军事权的归属是最重要的统治秩序，是军事秩序的内核。在我国，军事权是《中华人民共和国宪法》（以下简称《宪法》）规定的权力之一；而在美国等三权分立国家，军事权则是行政权的一部分。我们人民军队主要的使命任务是抵抗侵略，保卫人民的劳动果实。但从古代、近代历史上看，军事权威经常是最终结束无序并建立起新的秩序的最终手段，军事权威的"强制替代"对于填补权威真空，顺利实现社会秩

---

[1] 参见王惠岩：《当代政治学基本理论》，天津人民出版社1998年版，第18页。
[2] 杨雪冬："论作为公共品的秩序"，载《中国人民大学学报》2005年第6期。
[3] [英]鲍桑葵：《关于国家的哲学理论》，汪淑钧译，商务印书馆1995年版，第191页。
[4] 参见曾志平："论军事权"，中国政法大学2006年博士学位论文。

序的整合，有着很强的现实意义[1]。"一个社会不能没有分层秩序或等级秩序"，这种分层包括权力分层、经济分层和身份——地位分层[2]。而权力分层的实质就是权力对"人""物"支配与被支配关系，因此也可以说社会结构秩序的主要方面就是权力的分配与消长。军事权是军事社会领域内有关"人""物"的支配与被支配关系。军事刑法维护社会结构秩序的主要基点，就体现为对军事权的分配与支配。军事刑法对这种有关"人""物"的支配与被支配关系的调整，一般体现为保护和节制两个方面。所谓保护，是指军事刑法应强化领导统御。我国《刑法》第十章中"战时违抗命令罪""拒传、假传军令罪"等罪名的设立，就是对军事权的保护。所谓节制，是指军事刑法应确保军事权统一集中、有序贯彻、避免滥用。我国《刑法》第十章中规定的"虐待部属罪""指使部属违反职责罪"等罪名的设立则体现了对军事权滥用的节制。在古代，军事权归于皇权，军事刑法往往以维护皇权对军权的统御和节制将领对军队的把持为双重重心。在我国军事刑法中，强调领导统御、避免滥用的方面较多，对军事权的统一集中则强调不够。按照我国《宪法》，战争决定权属于全国人民代表大会。也许出于此种考虑，《刑法》第十章并未规定这种侵犯战争决定权的犯罪行为，而是把它交给《刑法》第一章"危害国家安全罪"去处理。

二、受军事刑法控制的行为秩序

行为是联结法律与秩序的纽带。军事刑法通过规定军事犯罪及其刑事责任，禁止为一定行为或命令为一定行为，从而实现秩序价值。实际上，军事刑法调整结构秩序，是通过对行为秩序的调整起作用的。战争是残酷的斗争，非赢即输的斗争格局、瞬息万变的战场环境、牵一发动全身的胜败因素，要求战场行为必须有序可控。尤其是作战力量多元、参战人员众多、武器装备复杂的现代战争，更必须确保令行禁止、指挥顺畅、保障有力、协同配合、管理严格。应对作为传统安全威胁的战争是如此，应对多种安全威胁、完成

---

[1] 参见熊志勇：《从边缘走向中心——晚清社会变迁中的军人集团》，天津人民出版社1998年版，第14、15页。

[2] 参见秦扬、邹吉忠："试论社会秩序的本质及其问题"，载《西南民族大学学报（人文社科版）》2003年第7期。

多样化军事任务也是如此,都需要维护正规、可控的行为秩序。行为秩序的维系是由军事伦理、军纪、军事刑法等共同完成的,军事刑法所调整的行为秩序,主要包括决策指挥秩序、军事职守秩序、战备保障秩序、协同秩序、部队管理秩序、信息传播秩序和道义秩序。

第一,决策指挥秩序。一是决策依据提供秩序。军事行动决策是依据一定的事实并结合科学规律做出的复杂推理,因而损害了决策依据提供秩序,就会危害决策指挥。决策的主要事实依据是军情。所谓军情,是指包括作战在内的与军事行动有关的各方情报及其他重要信息,例如各方的实力、部署、活动、意图等情况;行动区域的地形、地貌、水文、气象等自然情况,以及与军事有关的政治、经济、科技等方面的情况。如果隐瞒、谎报军情,就会"造成首长、上级决策失误",影响战斗、战役失利。二是决策内容下达秩序。决策内容只有通过命令的形式才能有序传递,到达执行层面。因而,决策内容下达秩序也称为命令内容传递秩序。命令不能有效传递,如被拒传、假传,命令就不能发挥作用,行动意图就无法实现。命令传递的本质,是决策内容的转移和变现。准确传达命令,是实施指挥、落实决策的基础。如果明知是与作战有关的命令、指示而故意拒绝传递或延误传递,就是拒传军令的行为。如果故意伪造、篡改命令并予以传达发布,就是假传军令的行为。无论是拒传还是假传军令,都无法使下级了解上级意图、要求,妨害指挥,影响作战和其他任务完成。三是决策结果执行秩序。决策结果就是命令,命令的生命在于执行。决策指挥的根本就在于部队严格依据指挥员下达的命令行动,实现指挥员意图和筹划。如果下级公然不接受命令,或者在接到命令后拒不按命令内容和要求执行,就侵害了命令执行秩序。无论是擅自改变行动方向、发动攻击、撤退等作为,还是拒不服从调遣、拒不按命令要求部署、拒不进攻或撤退等不作为,只要公然违抗命令,就是对命令执行秩序的侵害。

此外,决策指挥秩序还应该包括命令发布秩序。军事行动的特点要求必须确保指挥的集中统一,命令的发布必须具有权威性。如果令出多门,就会导致指挥多头、行动混乱。所以,对作战利益关系最大的就是严明的命令发布秩序。例如,《中华人民共和国戒严法》(以下简称《戒严法》)规定,全国或者个别省、自治区、直辖市的戒严,由国务院提请全国人民代表大会常务委员会决定;中华人民共和国主席根据全国人民代表大会常务委员会的决定,发布戒严令;省、自治区、直辖市的范围内部分地区的戒严,由国务院决定,国务院总理发布戒严令。严明的命令发布秩序,要求命令的发布要有权威性,符合法律授权,且不能滥用。例如,滥用职权,指使部属违反职责的行为就侵害了命令发布秩序。

第二,军事职守秩序。军人忠诚地对待自己的岗位,忠于职责,忠于操守,是部队战斗力生成的前提。军事职守秩序包括两个方面:一是可靠的防卫信任秩序,二是严格的职责履行秩序。所谓可靠的防卫信任秩序,或称忠诚秩序,是指军事人员在任何情况下都"绝不背叛祖国,绝不叛离军队",而国家、军队因这种充分信任授予军事人员与履行职责相应的防卫权力。投降行为,叛逃行为,为境外窃取、刺探、收买、非法提供军事秘密的行为,不仅危害了国防安全,更严重违背了政治使命和忠诚义务,危害了这种防卫信赖。所谓严格的职责履行秩序,是指作为高度集中统一的武装集团的成员,应刻苦训练、勇敢战斗、坚守岗位、履职尽责,保障部队自身安全,充分发挥军队职能,应对多种安全威胁,圆满完成各项任务。擅离、玩忽军事职守行为,阻碍执行军事职务行为,战时临阵脱逃行为,战时自伤行为,逃离部队行为等,都将直接破坏职责履行秩序,直接降低部队战斗力,对国家安全造成严重危害。

第三,战备保障秩序。包括两个方面:装备保障秩序和后勤保障秩序。强大战斗力的形成要靠人与武器的最佳结合。人是战斗力的灵魂,而武器是战斗力的基础。虽然战斗力的保障来源于多方面,例如人力资源保障、技术保障、制度保障、信息保障等,但对战争来说,制胜的保障很大程度上来自武器装备的保障。战时遗失武器装备、遗失武器装备影响重大任务完成的行为,违抗命令故意遗弃武器装备的行为,非法出卖、转让武器装备或者擅自改变武器装备编配用途的行为,盗窃、抢夺武器装备、军用物资的行为,武器装备肇事的行为,都是对战斗力保障秩序的危害。兵马未动,粮草先行,现代战争不仅是"打装备",在一定意义上还是"打后勤"。后勤保障是否有序、有力,将直接影响着军队建设进程和战争结局。我国军事刑法在维护武器装备保障秩序方面设定了较多的罪名,但是在后勤保障秩序维护方面只有"擅自出卖、转让军队房地产罪",应该说是极不协调的。

第四,行动协同秩序。战争尤其是现代战争,既是打"保障"也是打"协同",是体系作战、协同作战,取决于作战系统的整体对抗能力,往往不能用一城一池、一排一连之得失论定。战场上不同力量应团结协作，密切配合，既要独立完成任务，又要主动配合支援友邻，不仅进攻时要主动配合发展顺利且有决定意义方向上的部队行为，而且防御时要给主要防御方向和处境困难的部队以积极支援。这不仅是由战争的根本目标和利益一致性决定的，更是由战争的复杂性和全局性决定的。战场上拒不救援友邻部队的行为，既破坏了友邻关系，更危害到协同秩序，妨碍了全局作战意图的实现。但协同包括多级、不同层面的协同，既包括友邻部队间的支援配合，也包括同一军种、兵种内的协同，还包括诸军兵种的协同，因而协同秩序应包括战略、战役、战术等层面，甚至可以说战略、战役层面的协同秩序更为重要。显然，现行军事刑法在联合作战条件下的协同秩序方面考虑得并不多。

第五，信息传播秩序。军事的信息传播，既有主动的，也有被动的。只有确保主动、有序传播，防范被动、无序的扩散，才能牢牢把握信息传播的主动权，打赢军事信息传播战。信息传播秩序包括两个方面：秘密保守秩序、战时新闻管控秩序。所谓军事秘密，按照《立案标准2013》的规定，是指关系国防安全和军事利益，依照规定的权限和程序确定，在一定时间内只限一定范围的人员知悉的事项。古今中外，战争不仅是有形的，也是无形的，不仅有真枪实弹的对抗，也有隐蔽战线的斗争。保密就是保安全，保密就是保生命，保密就是保胜利。最大限度地获取敌方军事秘密，最严格地保守己方军事秘密，历来是双方较量的重点。如果秘密保守失序，军事秘密被不应知悉者知悉或者超出了限定的接触范围，不仅严重危害部队建设，甚至还会危害战争全局以致整个国家安全。当今世界，战场的透明度越来越高，使得过去原本是秘密的军事行动变成电视、网络直播。与此同时，战时信息传播也成为实施舆论战、争取国际道义支持的一种重要作战方式。2003年伊拉克战争中美军轻松拿下巴格达，就是高技术武器与新闻战共同作用的结果[1]。新媒体给最精良的军队组织增加了成本、增添了不确定性，现代军队一直在为公共领域信息的妥善处理而挣扎[2]。因此，在网络高度发达尤其是自媒体高度普及的今天，必须顺应信息化战争的变化与需要，维持战时信息传播的

---

[1] 参见黄宏主编：《世界新军事变革报告》，人民出版社2004年版，第84页。
[2] 参见［德］托马斯·里德、［法］马克·海克：《战争2.0：信息时代的非常规战》，金苗译，解放军出版社2011年版，第2、4页。

有序性，实施严格有效的信息传播控制。战时信息传播管控秩序如此重要，但在这方面，我国的军事刑法仍是空白。

第六，道义人心秩序。道义乃"多助"之源，兵民是胜利之本。战争之伟力最深厚的根源存在于民众之中，战争胜败取决于道义人心。道义人心秩序包括两个方面：一是国际人道保护秩序，二是国内军心士气秩序。所谓国际人道保护秩序，是指不仅"战争"启动符合国际法，而且具体的作战手段与方法也符合国际人道保护规范。维护国际人道法秩序，不仅是进行战争宣传、动员和法律战，赢取国际社会普遍支持的需要，更体现了我们这个国家、这支军队，作为礼仪之邦、文明之师，对努力减少战争灾难，避免肆意践踏人权、伤及无辜，维护人类尊严的基本态度。从这个角度说，国际人道保护秩序是我国军事刑法的重要价值目标，甚至可以说是特别重要的价值目标，虽然它在现行军事刑法中体现得还不够。"心"为军本，"气"为兵神。军心士气，作为战斗力构成的重要因素和克敌制胜的法宝，历来为军事上所关注。朱德曾指出，指挥员指挥正确，关心部下，甘苦共尝，以身作则，大公无私，因而获得部下之爱戴，虽挥之赴汤蹈火在所不辞。所谓国内军心士气秩序，是指保持军心统一、士气高昂的秩序。战争的需要，要求军队成员之间形成等级分明、绝对服从的指挥关系，指挥员与被指挥者之间的关系呈现出等级性、权威性和单向性。但这种关系，只是为决策指挥创造条件，是执行任务、实施作战的需要，不应该贯穿到官兵关系的其他方面。良好的军心士气，一靠荣誉激励、文化熏陶和精神提升，二靠密切官兵关系，三靠维护官兵合法权益，四靠法律军纪约束，五靠防护能力提升。军事刑法所关注的军心士气，主要是指容易受到侵害的官兵合法权益，包括侵害良好的官兵关系（如虐待部属）、侵害伤病军人合法权益（如拒不救治伤病军人、遗弃伤病军人）。

第七，部队管理秩序。部队管理秩序是确保部队常备不懈、快速反应的基本要求，主要是指日常管理的正规化，也包括训练、安全保卫、战时俘虏管理等事务的规范化。危害管理秩序主要有两类：一是渎职行为，如私放俘虏行为，指使部属违反职责行为；二是涉及部队安全稳定的行为，如造谣惑众行为。

第二章

军事刑法秩序的边界与价值定位

只有真正理解军事刑法秩序的边界和扩展,才能顺畅实现军事刑法秩序价值、发挥军事刑法功能;只有科学把握军事刑法秩序价值的地位,才能真正将军事刑法价值冲突消解、转换为价值互补。

第一节 军事刑法秩序的边界

秩序是有边界的,不同的生产生活单位产生不同范围的秩序[1]。秩序只有限定在一定边界内才能发挥其功能,所以军事刑法秩序的边界必须界定清晰。秩序的边界又是会扩展的,如果这种扩展顺畅,对于实现秩序价值具有重要意义。军事刑法功能的发挥,或者说军事刑法的秩序价值是在国家这个共同体或军事社会中的,这个共同体确定了军事刑法中秩序的边界。我们可以在秩序边界的意义上认识军事刑法秩序与军纪秩序、军事伦理秩序以至国际刑法秩序的关系。

军事刑法中的秩序是一种社会秩序,是一种披上法律外衣的法律秩序,是以军事刑法规范为载体并外化为人的行为方式、外化于行为过程之中的刑法秩序。这种秩序是否有一个统一的称谓,或说能否如我国刑法中的"社会主义市场经济秩序"一样有一个相对固定、普遍承认的指称,比如称之为具有中国特征的军事秩序?事实上,一些学者在讨论军事刑法的秩序价值时,的确在用"军事秩序"这个概念。如同将法对人的有用性和意义升华为"法的价值"这一概念,从而与"法的作用"等概念区分开来,深化了法的理论和法的实践一样,理论上对军事刑法秩序价值所指称的"秩序"进行概念化或理论概括,当然意义重大。军事秩序并不是一般军事法领域的独有概念,它在军事、法律、纪律等领域都有适用,因此在军事刑法的秩序价值

---

[1] 杨雪冬:"秩序的结构与边界",载《学习时报》2006年4月10日,第6版。

研究中使用这一个概念并无大碍。但是，如果因此而忽略了军事秩序的层次或边界，把军事刑法中所确认、实现的军事秩序混同于条令条例等军事法规、军事规章所确认、实现的军事秩序，那么无论对研究还是对实践都是有害的。

一、军事刑法秩序是军事秩序的法定部分

在百度、知网上搜索"军事秩序"一词，笔者发现，它的使用并没有像想象中那么频繁。[1]有关"军事秩序"的使用情景，大体可分为两类：一类是所谓的国际军事秩序或世界军事秩序，其内涵是指各国在国际战略、军事格局和态势中具有的相对稳定的军事活动机制和军事力量比较位次。例如，凤凰卫视的军事评论就曾使用"新的军事平衡"和"新的军事秩序"这样的概念。英国社会学家安东尼·吉登斯在阐述全球化理论时，强调军事力量现代性的制度特征向全球范围转变的结果便形成了全球军事秩序（world military order）[2]。再如，有外国学者在《欧洲国际关系》杂志以"全球军事秩序下的不安全与国家形成"为题发表论文[3]。显然，这里的"军事秩序"不是我们研究的重点。

另一类是国内军事法学界一些学者在论述军事法、军事刑法的价值时，用到"军事秩序"这个概念。例如，认为"军事法在诸法律价值的权衡中形成了军事秩序优先的价值取向"[4]。又如，认为军事法价值的主要内容是维护国防利益、军事秩序、军人利益和社会正义价值[5]。再如，认为战时军事诉讼合理的价值取向应当是兼顾结果公正与程序正义，优先选择战时"军事秩序"。[6]还如，认为"军事刑法的任务理所当然要定位于对军事秩序的创

---

[1] 题目中出现"军事秩序"一词的论文只有一篇——钟妤："论军事秩序与军事法的秩序价值"，载《贵州警官职业学院学报》2012 年第 6 期。

[2] 参见文军："90 年代西方社会学视域中的全球化理论评析"，载《开放时代》1999 年第 5 期。

[3] See Keith Krause, "Insecurity and State Formation in the Global Military Order: The Middle Eastern Case", *European Journal of International Relations*, Vol. 2, No. 3, 1996, p. 319.

[4] 柳华颖："我国军事犯罪基础问题研究"，吉林大学 2009 年博士学位论文。

[5] 参见宿晓："军事法价值研究"，载《黑龙江政法管理干部学院学报》2006 年第 1 期。

[6] 参见王庆："战时军事诉讼制度研究"，安徽大学 2004 年硕士学位论文。

第二章 军事刑法秩序的边界与价值定位

建和维护上"[1]。

作为一个概念,军事秩序主要存在于学术研究领域。在《刑法》中,有"聚众冲击军事禁区罪""聚众扰乱军事管理区秩序罪"。在《中国人民解放军内务条令(试行)》[以下简称《内务条令(试行)》]中,有"建立正规的战备、训练、工作、生活秩序"的规定。《解放军报》使用过"军营秩序"[2]"军事经济秩序"[3]的表述,却没有使用过"军事秩序"。那么,何谓军事秩序?仅有的几种论述大同小异,概括起来是:军事秩序是在军事活动中所形成的相对稳定的社会联结方式,是军事领域内的人员和装备遵守统一的行为规则而形成的一致性、连续性和确定性或稳定、有条理的社会状况;从运动和联系的观点看,军事秩序还应包括表面现象背后隐含的基本军事规律和各种具体军事制度及其运动等一系列综合因素[4]。

本书认为,所谓军事秩序,应该是指军事活动的主体、行为、结果所呈现的动态的有序平衡的状态。因而,它关注军事活动中具体的主体、具体的行为、具体的结果。其基本要求是:军事活动的规范性、可控性、有序性。社会秩序的生成是社会关系的形式化、规范化和制度化的过程[5]。在法学领域,我们一般首先"突出社会规范作为约束和限制行为主体活动的外部力量对社会秩序起着重要的作用"[6]。所谓规范性,是指军事活动一般应按照一定程式、方法、步骤进行,其成员的行为往往符合比较确定的标准和规范,例如内务整理规范、舰上通行规范、战斗规范等。规范性的基本要求就是正规化、法制化。正规化是指,按照"五统四性"的要求,加强组织性、计划性、准确性、纪律性,建立正规的战备、训练、工作、生活秩序,建立起符

---

[1] 孙宏:"军事刑法基础理论问题研究",吉林大学2007年博士学位论文。
[2] "新春欢乐祥和,军营秩序井然",载《解放军报》2013年2月13日,第1版。
[3] "加强国防合同立法,维护军事经济秩序",载《解放军报》2011年3月10日,第7版。
[4] 参见孙宏:"军事刑法基础理论问题研究",吉林大学2007年博士学位论文。陈金涛:"军事刑法特殊性的价值与范畴解读",吉林大学2011年博士学位论文。赵会平:"军事法的价值构成及其对立统一——军事法学价值取向的基础分析",载《西安政治学院学报》2002年第6期。
[5] 参见杨金颖、邵刚:"社会秩序的生成问题论析",载《前沿》2011年第11期。
[6] 当然,辩证的看法是,"注意强调各个要素经整合后对社会秩序共同作用的研究,以避免陷入片面的主观主义之中"。参见李超:"西方社会秩序理论发展理路探析",载《理论探索》2011年第2期。

合现代战争规律的组织结构和运行机制[1]。法制化，是指用法规制度规范各个方面，将行为规范、标准以较为严密、简明、明确的规范性文件固定下来，成为个人活动或军事行动的依据。按照法定的标准、步骤行动，军事活动就能处于结构相对稳定、要素相对均衡、运行相对有序的状态，就能实现军事活动的组织者对军事活动的有效控制，就能较好地落实组织指挥意图和安排，这就是军事秩序的可控性。如果某种军事秩序是不可控的，不是军事活动组织者所希望的，所能够主导、引导、控制的，就不能说这种军事活动是有秩序的。所谓有序性，是指军事活动的主体如何确定以及进入军事社会关系，军事活动的行为方式、行为路径、行为目标，军事活动的结果、效果，都具有规则性、可预测性、安全性、次序性，展现出稳定的、持续的先后关系、隶属关系、配合关系。例如，下级服从上级，部属服从首长，不同部分队之间互相合作等。

军事秩序是在军事社会中构建的一种特殊类型的社会秩序，由于其行为的规范性较为明显，因而它与一般社会秩序之间有区别这一点得到普遍承认。当然对于两者的区别点，各种研究的侧重有所不同。有的研究认为，军事秩序是军事组织通过集中指挥的方式建构起来的"人造的秩序"，与作为"自生自发"的普通社会秩序在有序性的产生方式、所依赖的协调手段、秩序实现的目标等方面存在不同[2]。而有的研究认为，军事秩序与一般社会秩序相比有自己的特点：军事秩序是科层秩序、角色秩序、半封闭性秩序[3]。这两种认识，一定程度上揭示了军事秩序的某些特征，有一定道理。但是，对于其中的一些认识，笔者认为值得商榷。人类社会演进至今，没有哪一种秩序是纯粹自发形成的，即使是伦理秩序，也有复杂的人为因素，融进了世世代代的人的"设计"。只不过很大程度上，这个设计者不一定是每一个具体的人，

---

[1] 参见王安："关于军队正规化建设作用的再认识"，载 http://www.chinamil.com.cn/site1/xwpdxw/2004-12/21/content_92547.htm，最后访问日期：2013年12月20日。1952年7月10日，毛泽东在给军事学院的训词中，概括了"五统四性"：与现代化装备相适应的，就是要求部队建设的正规化，就是要求实行统一的指挥、统一的制度、统一的编制、统一的纪律、统一的训练，就是要求实现诸兵种密切的协同动作。为此，就需要克服在过去时期曾经是正确的，而现在则是不正确的那种不集中、不统一、纪律不严、简单现象和游击习气，而必须加强整个工作上、指挥上，而首先又应该是从教育训练上来培养的那种组织性、计划性、准确性和纪律性。参见《毛泽东军事文集》（第6卷），军事科学出版社、中央文献出版社1993年版，第314页。

[2] 参见孙宏："军事刑法基础理论问题研究"，吉林大学2007年博士学位论文。

[3] 参见陈金涛："军事刑法特殊性的价值与范畴解读"，吉林大学2011年博士学位论文。

第二章 军事刑法秩序的边界与价值定位

而是一个组织、一个集体或一个阶层而已。我们经常提到的以资源自由配置为标志的市场经济秩序,既不能自动形成,也不能自动作用,其建立和维护必须有外在力量起作用。"自发性和人为性都是社会秩序问题的内在属性","社会秩序是人的理性和自身自发性共同作用的结果",西方社会秩序研究的路径表明,"既要看到理性的积极作用,尽量发挥人为的型构作用,又要看到理性的消极作用,尽量尊重社会秩序自身的自发生成规律"[1]。因此笔者认为,军事秩序与普通社会秩序的区别并不在于自发还是人造。同时,如果把军事秩序界定为科层秩序,而将普通社会秩序完全否定,则是不恰当的。因为历史上以及现存的任何社会都是"分层秩序或等级秩序",等级与多元之间的区分,不过是"内部秩序"与"外部秩序"的区别而已,任何特定社会组织内部的秩序都主要是一种等级秩序,况且"不同领域、不同时代、不同国家的社会秩序,在多元特征与等级特征的结构分布上,只有多和少的区分,而不是有和无的区别"[2]。当然,由于"在涉及人与人之间的直接性关系领域,由于各人在影响力与支配力上存在的差异",权力的存在使人际关系通过"权力整合"即所谓"命令——服从或统治——服从"模式,因而形成的秩序"以等级秩序为典型形式"[3]。因此,相对来说,在军事社会内部,社会秩序是典型的等级秩序,但却不是与普通社会秩序本质上的区别。实际上,军事秩序与普通社会秩序的区别倒是可以借用社会秩序的"团体格局"和"差序格局"区别作分析[4]。一方面,军队"作为整体性的权威存在对团体组织中的个体具有明显的约束力",军人"基于这个团体中共同信守的组织约定或事先存在的章程而安排自我的行为";另一方面,我国军事秩序的生成机制又表现出传统社会秩序生成机制或策略:通过单极权威为社会树立价值体系,"强化对公共价值体系的灌输"和对个体行为的指引,"日常生活权力

---

[1] 李超:"西方社会秩序理论发展理路探析",载《理论探索》2011年第2期。
[2] 秦扬、邹吉忠:"试论社会秩序的本质及其问题",载《西南民族大学学报(人文社科版)》2003年第7期。
[3] 参见秦扬、邹吉忠:"试论社会秩序的本质及其问题",载《西南民族大学学报(人文社科版)》2003年第7期。
[4] 梁漱溟认为西方社会以团体为本位,费孝通认为传统乡土社会秩序结构是差序格局的。参见梁漱溟:《中国文化要义》,上海人民出版社2005年版,第71、84页。费孝通:《乡土中国生育制度》,北京大学出版社1998年版,第26页。

化""私人空间与公共空间的界线模糊""权威统合了一切公共空间",整个军事社会整体呈现出相对稳定、静止的特点。[1]军事秩序一方面表现为"团体格局",另一方面又带有浓厚的传统"差序格局"的色彩,这应该是它与普通社会秩序的重大区别。此外,军事秩序虽然属于社会秩序之一,但是它是社会秩序中至为重要的秩序,它直接关系到国家安全和存亡。秩序的核心是安全[2]。国家利益作为全体国民利益之最高表现,作为国家内部各种利益集团之共同利益,最为明确地回答了国家军事行为之目的[3]。国家利益之根本与基础,不外乎领土完整、国家安全以及政治制度的稳定。而国家安全首先体现在充分的军事安全和稳定可靠的军事秩序上,过去如此,现在和将来亦如此。

二、军事刑法秩序与军纪秩序

"秩序延伸到军队即为纪律。"这句话有一定道理,一方面表达出军事刑法与军纪都有秩序价值这一共同点;另一方面,两者的秩序具有一定的重合之处。但是,这一论述不但颠倒了延伸的方向,而且忽视了两种秩序的差别。

军纪与军事刑法都具有确立、维护军事秩序的作用,但并不等于说军纪维护的军事秩序与军事刑法维护的军事秩序是一回事。有一种逻辑:军队的使命是打赢战争,打赢必须保持高度集中统一,如此必以军人严守纪律、放弃个人一定程度的自由为代价,因而军事刑法的价值取向必然是以秩序为第一要义[4]。军事犯罪固然与严重违反军纪行为有着必然的联系[5],但是军事刑法维护军事秩序,与军纪维护军事秩序,无论实现方式、保障能力和程

---

[1] 有研究者认为,传统社会的差序格局中,人们习惯于将某人的姓名后加上代表权力的具体职务,称张三为张总、李四为李处长等,尤其是在日常生活中也这么称呼;认为历朝历代的公共权力者都侧重对生活空间的进入,如通过各种机制来对人们的着装、发型作出统一要求等。参见田宝法:"对传统社会秩序生成机制的现代性反思",载《社会科学研究》2006年第5期。如果说在日常生活中,这种做法还只是习惯的话,在军队却已经是军事法明文规定的"军人礼仪"。例如,自2018年5月1日起施行的《内务条令(试行)》第51条第1款规定:"军人之间通常称职务,或者姓加职务,或者职务加同志。首长和上级对部属和下级以及同级间的称呼,可以称姓名或者姓名加同志;下级对上级,可以称首长或者首长加同志。在公共场所和不知道对方职务时,可以称军衔加同志或者同志。"

[2] 参见张文显:《法哲学范畴研究》,中国政法大学出版社2001年版,第197页。

[3] 参见军事科学院战略研究部:《战略学》,军事科学出版社2001年版,第45、46页。

[4] 参见李朝辉:"浅议我国战时军事刑法立法模式的不足及完善",载《军事法论丛》(第7辑),海潮出版社2007年版,第46页。

[5] 参见张建田:"论军人违反职责罪的立法完善",载《法学杂志》2008年第4期。

序运作以及内容、层次和平衡度上都存在差别。本来刑法学者就对刑法过分强调保护社会秩序提出异议，认为容易模糊刑法与行政法等的界限，将刑法变成了"社会管理法"，背离刑法的功能[1]；如果再进一步将它们在各自层面上维护军事秩序当成一回事，那真正是完全混淆了二者的边界，彻底把军事刑法当成了军队条令条例。

（一）秩序内容比较

经常所说的军纪，是一个泛称而非仅仅指纪律条令包括现行《中国人民解放军纪律条令（试行）》（以下简称《纪律条令（试行）》），它还包括有军事立法权的主体制定的其他涉及军队纪律的规范性文件。但是，鉴于其他规范性文件的处分项目，都是以《纪律条令（试行）》为遵循的，所以这里讨论军纪时，基本上专指《纪律条令（试行）》。

军纪的评价对象，既有可能是军事刑法评价的对象，也有可能是刑法其他部分评价的对象，还有可能不是刑法评价的对象。例如，现行《纪律条令（试行）》第121条规定的"作战消极，临阵畏缩"行为，第123条规定的"战时故意损伤无辜居民，或者故意侵犯居民利益"行为，第124条规定的"虐待俘虏"行为，同样也是军事刑法评价的对象，在军事刑法中分别对应着"违令作战消极罪"、"战时残害无辜居民、掠夺军民财物罪"以及"虐待俘虏罪"，二者的区别在于造成社会危害的严重程度不同。而《纪律条令（试行）》第159条规定的"盗窃、诈骗公私财物"行为，第149条规定的"贪污、行贿、受贿"行为等，则是刑法其他部分评价的对象，在刑法中对应着"盗窃罪""诈骗罪""贪污罪""受贿罪"等犯罪。再如，第133条规定的"转业、退伍、调动（分配）工作时，无正当理由不按照规定时间报到（离队）"的行为，第162条规定的"在战友、人民群众的生命财产或者国家公共财产遇到危险时，见危不救"的行为等，则一般不是刑法评价的对象。由此可见，与军事刑法相比，军纪的秩序内容范围较宽。军事刑法规制的对象是犯罪行为，是刑法特有的规制对象。军事刑法并不是对违反军纪的行为直接予以制裁，而是根据军事刑法自身的秩序价值标准来评判是否需要对某种行为予以刑事制裁。

---

[1] 参见何荣功：《自由秩序与自由刑法理论》，北京大学出版社2013年版，第212~216页。

军事刑法秩序的内容前面已做分析。军纪主要是规范军营内部的人员信息物资管理秩序、战备训练履职秩序、相互关系秩序等。概括起来,主要是指以下方面的正规、有序:一是政治纯洁性(不发表或实施政治错误性言行);二是战备训练(积极训练、作战,令行禁止);三是权利保障(禁止造谣诽谤诬陷、利用职权的打击报复、侵占士兵利益);四是人员管理(涉及干部选拔任用、出国出境、转业安置等);五是团结互助(禁止侮辱打骂体罚部属、见危不救、打击斗殴);六是证照管理(涉及证件印章管理,军车号牌、军服军用标志管理);七是装备物资管理(涉及武器装备及使用管理、房地产管理);八是财经管理(不偷税漏税、不参与经商,不盗窃诈骗公私财物);九是人道保护(善待俘虏);十是履职尽责(积极履职、不弄虚作假、不贪污受贿行贿);十一是军容风纪(保持良好的军容风纪、军民关系,不调戏侮辱妇女);十二是秘密保守(保守秘密,严格手机和互联网使用管理);十三是军营风气(涉及饮酒、赌博和违禁物品管理)。

(二)秩序结构与平衡度比较

第一,秩序类型比较。如前所述,军事社会是等级秩序的典型领域。军纪维护的秩序,是一种典型的等级秩序。等级秩序在军纪中体现为命令与服从的等级关系以及职务、军衔这样的等级制度。自古以来,军纪中的这种等级秩序就存在,只不过,现代军事社会的等级秩序是指挥等级秩序、管理等级秩序而不是政治等级秩序、地位等级秩序。军纪维护等级秩序,而"在等级秩序中,价值内核同样反映着秩序主体"在肯定和维护等级差别基础之上的"对稳定性与协调性的追求"[1]。同志关系这种政治上的平等并不否认因职务、军衔而产生的差别,而实际上,这种指挥、管理上的差别是军纪特别赋予的、特定追求的,这正是军纪秩序的特点和价值所在。军纪秩序从来不掩饰、也不否认这一点,甚至已经成了其固有的规律和内在品质。军纪秩序所追求的,正是这种命令与服从的稳定性和协调性,为此不惜以强制方式保证贯彻落实。但是,如果坚信军事刑法中的秩序也是等级秩序,则是混淆了两者的界限。军纪中的秩序,等级秩序意味明显。但军事刑法中的秩序,已经超出了军队内部秩序的界限,更多地体现为一种平等秩序、多元秩序,它

---

[1] 参见高峰:"社会秩序类型探析",载《内蒙古社会科学(汉文版)》2008年第4期。

不因犯罪人之身份地位、职务或军衔等级而发生变化，也不因涉及军事领域而比其他一般社会领域有更多的权威要素。现代刑事法治的特点是公正、谦抑、人道。军事刑法并不承认同类主体（例如军官与士兵之间）的政治权威地位，只承认这种同类主体的普遍法律意义（以法律面前人人平等的形式）。甚至，在刑法意义上，"指挥员"这种身份主要是作为定罪身份、加重身份出现的，体现着对处于等级秩序上游的指挥员、首长的更多的秩序要求。此外，军事刑法秩序所依托的社会规则制度是军事刑法，是以罪刑法定、罪责刑相适应、法律面前人人平等为原则的刑事法，虽然存在道德法律化的现象，却不存在以道德为直接内容的秩序。

第二，秩序层次比较。军纪中的秩序与军事刑法中的秩序具有层次差异。军事刑法之秩序可能更宏观、更基础、更关键以及具有决定性，它所要解决的秩序问题可能不是军纪有能力、有资格来解决的。反过来，军纪之秩序可能更微观、更具体、更宽泛，也更具有独特性。也就是说，军事刑法秩序层次较高，而军纪的秩序层次较低，两者之间是一种高等级秩序与下位等级秩序的关系。军事刑法秩序的范围较窄，军纪秩序的范围较宽。军事刑法秩序规范的是人的行为，且是具有严重社会危害性的行为，起点较高，对伦理道德的要求相对较低；军纪不仅涉及通常的行为，也涉及言论、观点，起点更低，要求相对更高。如果混淆这种层次差别，或者会出现军纪越界，或者会出现军事刑法成为"军事管理法"的现象。例如，《纪律条令（试行）》第136条规定："消极怠工，无故不参加学习、工作、训练、执勤等，情节较轻的，给予警告、严重警告处分；情节较重的，给予记过、记大过处分；情节严重的，给予降职（级）、降衔（级）、撤职处分。"如果有人认为《刑法》第十章也要与此相衔接，显然是混淆了两者层次差别。

第三，秩序平衡比较。军事刑法秩序与军纪秩序同自由价值的平衡度也不同。平等和自由作为价值内核涉及社会主体在现实生活中的权利义务关系的各个领域和层面，并通过社会制度安排体现出来。[1] 军纪重秩序，不突出考虑自由；军事刑法既重秩序，同时也保障自由，是保护社会与保障人权的统一。军事刑法追求秩序意味着稳定与协调的内在规定性，具有平等、自由

---

[1] 参见高峰："社会秩序类型探析"，载《内蒙古社会科学（汉文版）》2008年第4期。

的价值内核。因而，其虽以维护秩序这种稳定、协调、一致为基础，却受到平等、自由的制约、平衡，从而在根本意义上实现公正。对军纪来说，它更强调秩序为本，以秩序为先。它不仅不积极追求自由价值，而且还积极以秩序约束自由；不仅约束人身自由、行动自由，也约束言论自由、表达自由，甚至思想自由。军纪虽然也具有保障人权的功能，但这一功能是间接的，是从长远、终极意义上说的，并不是军纪本身所承载的价值。军纪严明之原委，在于"能与社会共存"；军人不论平、战时皆应严守军纪之目的，在于杜军纪之破坏，兼可振作军威，提升战斗效能。军纪上处分的目的在于严明纪律，教育违纪者和部队，加强集中统一，巩固和提高部队战斗力。军纪维护秩序的直接目标并不是公正，因为它的根本就是基于职务、军衔的差别而塑造一种一致性、连贯性和稳定性，可以说这种秩序的根基是差别而不是平等，是管制而非自由。虽然现代军事组织并非"高高在上的为满足少数社会主体的利益而随时使用暴力手段控制多数社会主体的机器"[1]，但是它对其成员的控制能力和水平却是任何社会组织不能比拟的。这种旗帜鲜明追求秩序的特点，也许在人类法制史上只有军纪才能具备，尤其是在"特别权力关系"理论盛行的时候。虽然二战后人权理念兴起，该种理论为民主法治国家所舍弃，但军纪强调秩序的特质却不会改变。军事刑法在保障社会、维护秩序的同时又保护、保障自由，这正是军事刑法公正性的表现。

军事刑法中的秩序是对军纪秩序的制约和限制，为军纪秩序划定边界，防止其越界扩展。军事权本身就够庞大，易膨胀，军纪已经是对军事权的维护，如果没有军事刑法的边界，反而不利于维护军事秩序。孟德斯鸠认为：从事物的性质来说，要防止滥用权力，就必须以权力约束权力。所谓"将在外君命有所不受"[2]，指挥员的临机处断行为很容易导致军令权滥用，军事刑法正是利用司法权来限制、约束军令权。所谓维护军事秩序，既包括维护其正能量，也要抑制其负能量，让其在秩序的框架内运行。实际上，军事刑法不是军纪的复制，其价值并不仅仅在于维护军纪，惩治任何违反军纪的行为。有一些军事刑法的内容，并不在军纪之列；而哪些违反军纪的行为会成为军事刑法否定评价的对象，其标准来自军事刑法而不是军纪。例如，《纪律

---

〔1〕 高峰："社会秩序类型探析"，载《内蒙古社会科学（汉文版）》2008年第4期。
〔2〕 西汉大将军周亚夫的门将对汉文帝的使者说："军中闻将军令，不闻天子之诏。"

条令(试行)》第 162 条规定:"在战友、人民群众的生命财产或者国家公共财产遇到危险时,见危不救,情节较轻的,给予严重警告处分;情节较重的,给予记过、记大过处分;情节严重的,给予降职(级)、降衔(级)、撤职处分。"这样的秩序取向,显然未全部为我国现在的刑法所复制。可以说,军事刑法只有在间接意义上才是军事法的保障法。事实上,只有那些符合军事刑法价值需求的秩序,才会被纳入军事刑法的视野,进入军事刑法秩序领地。此时,我们才可以说军事刑法秩序价值与军纪秩序价值的追求是同向的,才可以说前者是对后者的支持或保障。所以可以说,军事刑法在本质上是军纪的边界。例如,军纪不能规定剥夺人身自由的内容,因为这是军事刑法的"地盘"。再如,一旦行为构成犯罪,只能适用刑事诉讼程序,这是一种程序和实体上的双重保障。但现在一提维护军事秩序,更多的是强调保障,很少提到约束、限制也是一种维护。

第四,秩序边界比较。秩序的边界通常是动态清晰的,然而又不断调整,因为"秩序的各种的主导者为了扩大自己的利益,总是希望把自己主导的秩序扩展到更大的范围"[1]。在我国现行司法体制下,军纪与军事刑法的边界应该是清晰的。制定《军职罪暂行条例》时,《关于〈中华人民共和国惩治军人违反职责罪暂行条例(草案)〉的说明》就强调这一点:在草拟条例过程中,十分注意区分军人违反职责的犯罪行为与违反军纪的行为之间的界限,防止扩大化。但是,如前所述,秩序的主导者往往会积极调整这种边界。自20 世纪 80 年代后期,军队有关政法部门在实践中不断呼吁对《军职罪暂行条例》进行修订。自 1993 年起,中央军委开始组织专家对《军职罪暂行条例》从体例到内容作较大修改与补充[2]。"解放军军事法院《惩治军人违反职责罪暂行条例》修改小组"于 1994 年 10 月提出了"大修改稿"和"小修改稿",1995 年 4 月又提出了《中华人民共和国军人违反职责罪惩治法(草案)》(征求意见稿)(以下简称《征求意见稿》),并在"关于《征求意见稿》的说明"中着重强调了《征求意见稿》与刑法和军事法规的关系,认为《征求意见稿》是"军事法向刑事处罚领域的延伸,二者紧密衔接",对于严

---

[1] 杨雪冬:"秩序的结构与边界",载《学习时报》2006 年 4 月 10 日,第 6 版。
[2] 本部分有关立法资料参考黄林异、王小鸣:《军人违反职责罪》,中国人民公安大学出版社 1998 年版,第 217~331 页。

重违纪行为，如果没有刑事处罚作后盾，仅靠纪律处分往往难以遏制，对军队建设十分不利，因此基于部队迫切需要，设置一些刑法没有规定，或虽然规定但不能完全套用，或虽有规定但再作特别规定更有利加强对军事利益特别保护的条文。1995年9月，解放军原总政治部将该草案报中央军委审议。1995年9月，《〈惩治军人违反职责罪暂行条例〉施行以来遇到的主要问题》这一报告也认为，一些违反职责、危害军事利益应当受到刑罚处罚的行为，由于条例没有规定，从刑法中也找不到相应的依据，因而不能及时惩处或得不到应有惩处；一些明显违反军人职责的犯罪行为，条例没有规定，虽然能套用刑法定罪处理，但往往定性不准，罚不当罪，打击不力；近年来全国人大常委会、中央军委和总部颁布施行的许多军事法律、法规和规章的"法律责任"部分，往往都有"违反本规定，构成犯罪的，依法追究刑事责任"的明确规定，还有的直接规定依照《军职罪暂行条例》处罚，而刑法和条例却无相应的罪名可供援引；条例实施以来，有些罪名的刑期未及时与国家对某些犯罪的法定刑的调整同步调整，体现不出军法从严的原则。1995年12月，中央军委将《中华人民共和国惩治军人违反职责犯罪条例（草案）》提请第八届全国人大常委会第十七次会议审议。此次审议中，《关于〈中华人民共和国惩治军人违反职责罪暂行条例（草案）〉的说明》又对以上问题进行了重申。

从军事刑法的立法史可以看出，军事刑法修订的推动者往往是军队，立法意图是为了保障军纪的实施，维护军事秩序。尽管1997年我国修订了《刑法》，但关于军事刑法立法的不满意见并未因此停止。张建田教授对军纪与军事刑法的衔接问题有深入研究。他认为过去军人违反职责罪与军人违反军纪的罪与非罪二者之间，不仅政策的界限不够清晰，而且犯罪与违纪之间的责任衔接不够连贯，有的甚至缺乏衔接规范，以致许多违反军纪的行为由于缺乏相应条款无法"追究刑事责任"，这种情况在其他相关的专业性的军事法规中更为普遍，有损"军纪、军令的尊严和权威"。从军队的使命、任务角度，笔者对此表示认同、理解。但是，笔者同时考虑，两种秩序的边界是相对清晰的，动态调整要符合一定原则和条件。国家刑罚权的行使关系生杀予夺，现代法治国往往要对其严格限制。日本学者庄子邦雄曾说："刑法是具有强制力保证的国家法，担负着维护国家秩序的责任，为圆满完成维护国家秩序的使命,应该持续和谐地实现刑法的保护功能、规律功能、保障功能,不能过于强调某一个功能。"[1]我国的军事法规定了大量的纪律内容,这些内容十分庞杂,并非所有规定都可以与军事刑法衔接起来。例如,《中国人民解放军预防犯罪工作条例》(以下简称《预防犯罪工作条例》)规定军人必须严格遵守政治纪律"十不准"。如果军事秩序的主导者出于维护国家军事利益的考虑,积极主导推动军纪秩序向军事刑法秩序越界,可能会使军事刑法秩序的边界衰弱,打破秩序与自由两种价值之间固有的平衡。因为"当秩序内部大范围的交往被破坏时,相互信任减弱,整体秩序会被众多次级秩序所取代"[2]。对军事刑法立法来说,良好的军事刑法秩序就可能衰弱为破碎的"象征性合作"秩序,[3]结果反而损害军事刑法的权威,影响军事刑法的社会保护和人权维护机能,削弱军事刑法秩序价值的实现。

军事刑法必须控制好其秩序边界,防止将实质合理性建立在形式合理性之上。军事刑法所维护的军事秩序一定是经过筛选的与防卫社会、保障自由都密切相关的秩序。如果军事刑法保护一切秩序,边界无限扩大,军事刑法将不再是刑法,军事刑法的秩序价值也就不复存在。例如,剥夺军衔曾作为一种附加刑规定在《军职罪暂行条例》中,军事法院在长期审判实践中也广泛运用,然而我国1997年《刑法》却未将剥夺军衔正式设定为刑罚。虽然《中国人民解放军军官军衔条例》(以下简称《军官军衔条例》)仍有效力,且中央军委又制定了《关于剥夺犯罪军人军衔的规定》,但是在司法实践中有的军事法院对犯罪军人剥夺军衔,有的没有剥夺军衔。张建田教授认为,这是"人为减少刑罚手段的适用"的结果[4]。但笔者却认为,这一点正体现了军事刑法秩序边界的潜在控制效应:军事司法界对军纪秩序的这种强力越界行为的判断和态度,在很大程度上还是要依靠观察分析军事刑法的秩序边界的。如果军事刑法给出了清晰的边界,军事司法界在军纪秩序的越界问题

---

〔1〕[日]木村龟二主编:《刑法学词典》,顾肖荣、郑树周译,上海翻译出版公司1991年版,第11页。

〔2〕杨雪冬:"秩序的结构与边界",载《学习时报》2006年4月10日,第6版。

〔3〕"象征性合作"是H·布雷塞斯和M·霍尼赫提出的中央政策手段的可能结果之一,系指地方政府假装与中央政府合作而实际上并未合作。参见H·布雷塞斯、M·霍尼赫:"政策效果解释的比较方法",张蓉燕译,载《国际社会科学杂志(中文版)》1987年第2期。

〔4〕参见张建田:"论军人违反职责罪的立法完善",载《法学杂志》2008年第4期。

上就会变得迟疑、谨慎。刑罚只是最后不得已的手段，对于保护军事秩序，刑法的主要作用在于一般预防而不是特殊预防，因为在军事社会中，基于特殊的军事环境，犯罪人的再犯可能性并不大。其实，军纪秩序边界并非不能扩展，而在于扩展的方式，即军纪以军事刑法为扩展边界，军事刑法的核心内容以军纪为基础。例如，《纪律条令（试行）》第172条规定："对被依法追究刑事责任的人员，不适用本条令第一百七十一条规定给予开除军籍处分的，应当给予降职（级）、降衔（级）、撤职、除名处分。"而第171条规定："对违反纪律，有下列情形之一的，应当开除军籍：（一）已构成危害国家安全罪的；（二）被判处3年以上有期徒刑、无期徒刑、死刑的；（三）被判处3年以下有期徒刑的人员在服刑期间，抗拒改造，情节严重的；（四）隐瞒入伍前的犯罪行为，入伍后被地方司法机关追究刑事责任的；（五）在国（境）外、外国驻华使（领）馆申请政治避难，或者逃往国（境）外、外国驻华使（领）馆的；（六）违反纪律，情节严重，影响恶劣，已丧失军人基本条件的。"而且，从与2010年版相比，这种扩展有扩大的趋势。[1]再如，2011年《中华人民共和国兵役法》（以下简称《兵役法》）第67条规定，对现役军人有以逃避服兵役为目的，拒绝履行职责或者逃离部队的行为，且被军队除名、开除军籍或者被依法追究刑事责任的，不得录用为公务员或者参照公务员法管理的工作人员，两年内不得出国（境）或者升学。这些做法，才是较好的衔接，也才是军纪秩序的有效扩展。

（三）秩序保障手段与执行比较

军事刑法维护秩序的手段主要是刑罚，包括主刑、附加刑，最高可剥夺人的生命，最低可影响财产上的权益。例如，为了维护战场秩序，军事刑法设立了众多法定最高刑为死刑的犯罪，以极刑的形式，达到确立、宣扬战场秩序以及制止破坏战场秩序进而恢复被损害的战场秩序的目的。为了保护军事刑法中的秩序，军事刑法不仅给予犯罪行为以宣告性的否定性评价，还可能根据犯罪的社会危害性、犯罪分子的主观恶性等，施以现实的剥夺自由甚

---

[1] 2010年版《纪律条令》第120条规定："对违反纪律，有下列情形之一的，应当开除军籍：（一）已构成危害国家安全罪的；（二）故意犯罪，被判处5年以上有期徒刑、无期徒刑、死刑的；（三）被判处有期徒刑不满5年的人员或者过失犯罪被判处5年以上有期徒刑的人员在服刑期间，或者被劳动教养的人员在劳动教养期间，抗拒改造，情节严重的；（四）违反纪律，情节严重，影响恶劣，已丧失军人基本条件的。"

至剥夺生命的惩罚。军人虽然也是国家工作人员,但其特殊身份决定了军纪中的惩戒与一般的公务员惩戒不同。军纪除了可以影响、改变身份或财产上的权益,如撤职、降级、记过等,还有维护秩序之特殊措施,如行政看管等。

在军纪范围内,军事指挥权与赏罚权合一,以此确保统率权及军令之贯彻执行。在我军实施处分是由军队党的组织决定,批准单位正职首长实施[1]。而军事刑法维护秩序,是通过国家司法机关,包括军队保卫部门、军事检察院、军事法院。因而,两者在执行机关、强制力、程序等方面都存在很大区别。由于立法民主性、裁判程序性、机关制衡性等更注重公正,在军事秩序的维护方面,军纪有其效率方面的优势。但是,如果处分的实施办理缺乏有效的监督、限制,实施处分的办理程序能否确保公正、正义,则是有理由去怀疑的。

1988年,解放军军事法院提出《关于〈中华人民共和国惩治军人违反职责罪暂行条例〉的修改意见》,表示关于开除军籍可否作为军人犯罪的附加刑有两种不同意见,需要统一认识:一种意见认为,开除军籍是由行政上实施的最高惩戒项目,同时考虑到国家刑罚在附加刑中没有开除的规定,使开除军籍作为附加刑失去法律依据,因而不应将开除军籍作为刑罚手段加以适用;另一种意见认为,开除军籍在过去一段时期里,作为附加刑使用,效果很好,建议《军职罪暂行条例》应补充这一规定。这里的"过去一段时期里,作为附加刑使用"的依据是什么呢?1979年我国《刑法》"附加刑"没有"开除",1979年12月31日原总政治部下发的《中国人民解放军总政治部关于开除军籍的使用问题的通知》也明确规定今后开除军籍不应再作为军事法院判案的附加刑,但是,为了纯洁巩固部队,对于被判刑的反革命分子,一律应开除军籍;被判处五年以上有期徒刑的刑事犯罪分子,一般应开除军籍;被判处五年以下有期徒刑的刑事犯罪分子,一般不开除军籍;对于不追究刑事责任的反革命分子和其他坏分子,确已丧失革命军人基本条件的,必要时也

---

[1]《纪律条令(试行)》第189条规定,实施处分应当按照下列程序办理:(一)由首长组织或者承办机关负责,对违纪者的违纪事实进行查证,并写出书面材料;(二)党委(支部)召开会议,研究决定对违纪者的处分;超过本级处分权限的,逐级报上级党委审定;(三)根据党委(支部)决定,由批准单位的正职首长实施处分。在紧急情况下,首长可以直接决定对部属实施处分,但事后应当向党委(支部)报告,并对此负责。

可开除军籍;以上需要开除军籍的人员,均应以军以上政治机关名义作出决定。具体手续,被判刑的犯罪分子,由原判军事法院承办;不判刑的反、坏分子,由军以上政治机关的保卫部门按《纪律条令》第十六条的规定承办[1]。原来,一句"由原判军事法院承办"造成了争议和误导,模糊了军纪与军事刑法的秩序边界。现在,我们应清楚军事刑法秩序与军纪秩序需要不同的保障方式和手段,不能因为主观上的好意而混淆了两者边界。1986年1月1日起实施的《越南刑法典》第71条规定了开除军籍作为附加刑,并在第276条规定:犯有本法第250条至252条("违抗命令罪""不严格执行命令罪""妨碍其他军人履行义务、职责罪"),第256条至260条("投敌罪""被俘时向敌人提供情报或者自愿为敌人服务罪""临阵脱逃罪""开小差罪""逃避执行任务罪")、第262条至269条("故意、过失泄露军事秘密罪""侵占、买卖或者销毁军事秘密罪""遗失军事秘密罪""故意谎报军情罪""违反战备、指挥、日常值班制度罪""违反保卫规定罪""违反作战、训练安全保障罪""违反武器使用规定罪""毁坏武器、军事技术装备罪")条规定罪之一的,开除军籍。但是,2000年生效的《越南刑法典》则删除了该规定。

三、军事刑法秩序与军事伦理秩序

伦理与秩序有着天然的内在联系。从字义看,伦理与秩序近义,或者说伦理本身就是一种秩序。秩序之"秩"是指次序,伦理之"伦"是指条理、次序。军事伦理与军事刑法都是军人应遵守的行为规范。研究军事刑法的秩序,应该把相应的军事伦理秩序结合起来[2]。

(一)军事刑法秩序与军事伦理秩序的同一性

贝卡里亚曾说:"道德的政治结果不以不可磨灭的人类感情为基础的话,就别想建立起任何持久的优势。任何背离这种感情的法律,总要遇到一股阻力,并最终被其战胜。"[3]

---

[1] 1979年12月31日总政治部下发的《关于开除军籍的使用问题的通知》。

[2] 张山新教授主编的《军事法理研究》,专门用一章研究了"军事法与军事伦理的问题",给了笔者诸多启示。参见张山新主编:《军事法理研究》,解放军出版社2008年版,第56~81页。

[3] [意]切萨雷·贝卡里亚:《论犯罪与刑罚》,黄风译,北京大学出版社2008年版,第8页。

第二章 军事刑法秩序的边界与价值定位

秩序的最高层次是法律，伦理的落脚点是道德。在法理上，道德和法律虽然是两种不同的社会规范，却具有同一性。在发生学意义上，两者具有同源性，其母体都是远古社会混沌未分的习惯礼仪[1]。在使命属性上，两者同属上层建筑范畴，都反映了一定社会的经济、社会生活条件，具有体现和维护占统治地位的经济、利益关系的天然一致性。在基本精神上，两者互相体现、反映和贯通。无论是立法、执法还是司法，两者总是相辅相成、互相渗透。所谓立法模式、立法思想不是凭空产生的、纯科学技术的，无不反映了作为国家意志主体的立法者的伦理道德。正如恩格斯所说，立法者不是在创造法律、发明法律，而仅仅是在表述法律，他把精神关系的内在规律，表现在有意识的现行法律之中。

伦理研究在刑法秩序研究中具有重要的意义。虽然环境经验主义认为，"犯罪之所以是犯罪，主要不是由于它在伦理意义上的恶性，而在于其对社会秩序之有害性，在于它对处于同一分配关系中的社会成员构成的不同危险"[2]，但普遍认为，从一般意义上说，犯罪行为既是对刑法所维护的秩序的违反，也是对社会伦理道德的违反；犯罪行为，是伦理评价的对象，也是刑法评价的对象。犯罪意味着去秩序化，意味着对一定秩序的悖反；犯罪性的基本内容就是反秩序性。犯罪性问题上的本能直觉主义所谓的伦理之恶可以归结为伦理秩序的破坏，而环境经验主义所谓的秩序之害乃是一种利益关系之破坏。前者强调"反秩序性的伦理道德层面"，其所谓秩序乃道德伦理秩序，后者则强调"反秩序性的利益关系层面"，其所强调秩序是指利益分配秩序；所谓的犯罪是对社会秩序的破坏的论断，实际上是指"伦理秩序和利益分配秩序"都遭到了破坏[3]。因此，一方面，设定某种犯罪，应该既考虑其违背伦理性又要考虑其违背秩序性，在伦理性和秩序性的有机统一中寻找合适的答案；另一方面，"刑罚的存在必须具有充分的伦理根据"，其"发动必须具有必要的伦理价值"[4]。或者说，刑法的秩序价值应该具有适当的伦理基础，受伦理的适当制约。

---

[1] 参见黄立：《刑罚的伦理审视》，人民出版社2006年版，第5页。
[2] 白建军：《关系犯罪学》，中国人民大学出版社2005年版，第152页。
[3] 参见白建军：《关系犯罪学》，中国人民大学出版社2005年版，第157页。
[4] 黄立：《刑罚的伦理审视》，人民出版社2006年版，第13页。

刑法中的秩序从哪里来，到哪里去？是否需要从伦理秩序的关系中寻找答案？对军事刑法中罪名的设定、增删，是否既要考虑伦理方面也要考虑刑法秩序方面？例如，为什么"投降罪""叛逃罪"并不因意识形态不同而存在差别，几乎在所有国家的军事刑法中都有规定，而对诸如"违反抚恤政策罪"这样的罪名，却几乎找不到翻版？白建军教授的研究可提供一种思路，"伦理之恶与秩序之害共同构成了犯罪性的基本面，互相补充对于犯罪性的描述"，典型的、真正的、犯罪性十足的犯罪，应该是反伦理秩序和反利益分配秩序"都十分显著的行为"，对秩序之害的解释"往往离不开道德约定的被毁弃"，而伦理之恶的外在表现"往往就是社会秩序受到破坏"[1]。像"投降""叛逃"这样的行为，在任何社会中都是反人类社会普遍、主流思想、观念的，几乎所有国家的军事刑法都作了规定。像违反抚恤政策规定以及违反训练、飞行规定这样的行为，却主要体现了军事资源、权力、利益的分配关系，关乎军事社会基本的运行结构，因而更多地体现了特定的秩序性，所以基于各国对军事秩序的不同理解和重视程度，有的规定为犯罪，有的没有规定为犯罪。绝大多数犯罪并不会是只反伦理而不反秩序，或者只反秩序而不反伦理，只是哪面是显性哪面是隐性而已。对于军事犯罪来说，反秩序性较反伦理性（普通伦理）更突出一些，可称为反秩序犯罪，犯罪人可称为反秩序犯、法定犯。

军事刑法所要维护、追求的秩序，绝不是凭空产生的，也不是仅靠刑罚就能实现的，两者总是相辅相成的。政治国家的价值，一方面通过道德的形式植入当时的社会成员头脑中，成为约束社会成员思想进而影响其行为选择的思想、道德规范；另一方面，又通过法律的形成，使这种价值、秩序观上升为国家意志，进入社会成员的行为体系，成为社会成员最重要的行为规范。道德素养对立法工作的制约和影响，主要表现为对立法者良心的塑造。[2]但是，伦理与法律所体现的国家决心、意志却不一样。军事伦理所强调的是一种内心自我克制、自我约束，使之成为自觉自在的习惯性行动，以整个社会的惯性力量来规范成员的思想和行为。例如，服从命令是军人的天职。这是一种军事伦理，它强调的重点是这种秩序的天然性、不可怀疑性。而服从命

---

[1] 参见白建军：《关系犯罪学》，中国人民大学出版社2005年版，第157、158页。
[2] 参见张山新主编：《军事法理研究》，解放军出版社2008年版，第71页。

令也是军事刑法所追求的秩序价值之一，它强调的重点则是这种秩序的国家意志性、不可违反性，其后果是刑罚惩罚。

那么，是先有伦理规范，然后上升为国家意志体现为刑法还是因为它首先是一种刑法价值，而后为确保这种价值得到认同、实现，才被确立为伦理规范？科学地说，是应该先有秩序这种天然要求，然后进入伦理规范，最后才进入刑法规范。以忠诚为例，战争是以武力赢得安全的活动，然而为了安全必须首先确保自身安全，避免临阵倒戈。所以，确保士兵忠于国家、军队不投降、叛变是基本的秩序要求。于是，这种朴素的秩序需求，经过转化，确立为军人伦理规范，最后才上升为规范化、制度化的法律法规。二者的同一性，还表现为以下两个方面：

一是，军事刑法的秩序追求、维护要符合军事伦理。军事刑法的基本功能是维护秩序。军事刑法通过刑罚的方式实现这一功能，但是即使是对军事犯罪的"打击和惩罚本身也必须符合社会所推崇的道德规范和道德价值，必须经得起社会舆论的追问"[1]。那种认为军事犯罪的很多规定与人们普遍的道德观念不符，甚至违背通常的人性的认识是肤浅的。[2]一般来说，刑法中的自然犯与伦理的关系更明显、密切。像一般的法定犯，如虚开增值税发票罪等，其伦理意味稍淡些。军事刑法规定的犯罪几乎都是法定犯，但是，其中的伦理（军事伦理）意味反而非常明显。甚至在一定程度上说，军事的极端特殊性和重要性使得军事犯罪的伦理意味相对其他法定犯更浓。军事犯罪所体现的秩序价值，一般都有深厚的军事伦理基础。例如，刑法规定的"战时违抗军令罪"，隐含着指令贯彻秩序，其伦理基础是"军人以服从命令为天职""服从领导"的军事伦理；军事刑法规定的"投降罪"，隐含着忠诚秩序，其伦理基础是"忠于党""忠于祖国""永不叛国""决不叛离军队""英勇顽强、不怕牺牲""誓死保卫祖国"的军事伦理；军事刑法规定的"拒不救援友邻部队罪""拒不救治伤病军人罪"，隐含着协同保障秩序，其伦理基础是"互相爱护、互相帮助""密切协同""积极支援、协同配合""同心协力完成任务"的军事伦理；军事刑法规定的"侵害无辜居民罪"，隐含着人道保护秩序，其伦理基础是"热爱人民""军民一致""全心全意为人民服务"的军

---

[1] 黄立：《刑罚的伦理审视》，人民出版社2006年版，第2页。
[2] 参见孙宏："军事刑法基础理论问题研究"，吉林大学2007年博士学位论文。

事伦理；军事刑法规定的"虐待部属罪""指使部属违反职责罪"，隐含着部队管理秩序，其伦理基础是"官兵一致""互相尊重""在政治上一律平等"的军事伦理。可以说，缺乏军事伦理基础的秩序价值不应该成为军事刑法积极的追求。试想，如果在我国的军事刑法里规定一个"侮辱上级罪"可能就不合适，因为对于上下级之间关系秩序的维护，其伦理基础是官兵平等、官兵一致以及三大民主基础上的尊重、爱护、帮助、自觉等军事伦理，而不是身份地位伦理，所以对我军来说，只能有"虐待部属罪"，而不可能规定"侮辱上级罪"。

二是，军事刑法秩序追求的实现离不开军事伦理作用的发挥。秩序的构建、维护，需要多方面的共同作用。其中，既有法律因素，也有非法律因素。军事刑法的秩序价值，体现了法律在秩序构建、维护中的作用。军事刑法通过发挥教育、惩治、预防等功能，尤其是通过惩治已然之罪行、威慑未然之罪念，起到确立社会对相关秩序的认同、尊重，维护相关秩序的正常运行，以及恢复遭破坏的秩序的作用。相比较纪律条令这样的军事法规，军事刑法对秩序的维护具有特殊而重要的价值。而非法律的因素，则包括伦理、文化等。其中，伦理对秩序的构建也具有独特的价值。实际上，一定社会的伦理规范往往是先于刑法规范而产生的，并与刑法规范一起在社会发展中发挥相辅相成的作用。而伦理规范往往较刑法规范更为宽泛、更为深入人心，在人的行为影响因素中起更为深层的作用。尤其是对军事伦理来说，有军事刑法难以发挥作用之处。所以，军事刑法秩序追求的实现离不开军事伦理作用的发挥。军事刑法在预防和打击军事犯罪中所起的作用，往往要受军事伦理作用的影响。如果一部军事刑法的规定，在当时的军事伦理中找不到映照，甚至与一支军队所秉持的军事伦理相违背，那么这样的军事刑法规定显然是不得人心、难以为继的，在实际执行过程中必然会受到消极对待甚至积极对抗。例如，如果军事伦理中奉行骑士精神，鼓励匹夫之勇，那么军事刑法就很难去追求协同秩序；如果规定了违背协同秩序的犯罪，自然会与特定的个人英雄主义伦理不符，实践效果必然尴尬。

（二）军事刑法秩序与军事伦理秩序的适当距离

军事刑法与军事伦理是两种层面上的规范，因而具有差异性，甚至矛盾性。军事刑法首先关注的是人的现实行为、国防与军事利益关系，与一国现存的社会制度、政治状况甚至政党与军队的关系都有直接关系。因而，军事刑法的功利性、利导性比较明显。而军事伦理相对更受长期以来的军事文化、军事思想、军事传统的影响，有些军事伦理规范是本民族独有的，而有些军事伦理规范则是各国通行的。同时，军事伦理规范较宽，只有一部分上升为国家意志，成为刑法规范。军事刑法中的秩序，总是那些重要、齐整、适合以法律的形式表现出来、适合以刑法规范的秩序；军事伦理中所包含的秩序，则往往较为宽泛、原则，更强调对人之内心的约束、协调而不是对行为的直接、现实约束，并非都完全适合上升为刑法。例如，军事伦理中强调"爱兵"，是一种具有积极取向的伦理规范，可以体现为关心、爱护士兵健康成长，耐心说服教育，妥善解决与士兵的矛盾、尊重士兵意见，热情接待来队的士兵家属等方方面面。但是，军事刑法却只能追求、维护最低限度的官兵关系秩序，即不虐待、不指使部属违反职责，因而是一种消极的规范。在秩序层次上，军事伦理秩序与军事法秩序之间很难以区分，说一种军事行为或军事活动是有秩序的，那只能是一种秩序，而这种秩序一定是既符合军事法的要求，又符合军事伦理的要求〔1〕。虽然军事刑法秩序与军事伦理秩序具有相通性，却在层次上比较分明。军事刑法秩序与军事伦理秩序之间的这种距离，是由军事刑法作为最后法、保障法的性质决定的，是由犯罪的行为性、刑罚的严厉性甚至死刑的不可恢复性决定的。两种秩序保持适当距离，是有历史过程的。例如，美国自殖民时期以来因"良心反对"拒服兵役者（conscientious objectors）面临着不同程度的骚扰和虐待，在一战期间，至少有17人在军事监狱因虐待或忽视死亡。〔2〕虽然美国对"良心反对"的态度在转变，但海湾战争期间也有42人被监禁在Lejeune营地，其中一些人被指控"战时擅离职守"，直到1992年底才被释放。〔3〕但从美军律师的叙述看，这件事情之所以会这样，是有原因的。美军律师认为，许多部署到波斯湾的美军部队都出现了至少一两起这样的情况，这对指挥官来说是个意外，认定和解决的程序也比较复杂。美军律师则给出了相当严厉的建议与意见。他们一方

---

〔1〕 参见张山新主编：《军事法理研究》，解放军出版社2008年版，第80、81页。

〔2〕 See *Report of the Commission on the 50th Anniversary of the Uniform Code of Military Justice*, May 2001.

〔3〕 参见 http://www.wri-irg.org/programmes/world_survey/country_report/en/United％20States％20of％20America，最后访问日期：2014年2月20日。《美国统一军事司法法典》规定"擅离职守"应按军事法庭指示给予惩罚。

面建议指挥官把所有申请者毫不迟延地提交到特别法庭以待调查;另一方面,通告各指挥员,申请者的处理程序并不影响正常的军事部署,也就是说这些人要先服从派遣命令,如果情况属实,再调回也不迟。美军律师认为,总体上这种情况从未得到很好的解决,主要原因是各基层部队的申请程序缓慢。我们从律师的建议看,美军似乎是认可"良心反对"的,之所以会出现擅离职守的行为,可能是因为这些士兵等不及正常程序,而部队的申请又非常缓慢。在1916年,英国实施了历史上第一次的强制征兵的《兵役法案》,而此前英国武装部队通常是由志愿者组成的。1916年的这个征兵法案没有对"良心反对"行为给出明确定义。只有少量的因良心反对拒服兵役者被政府认可为"反对真正基于宗教或道德信念",从而免除服役,大多数人不得不在转任非战斗角色或上军事法庭[1]。

(三) 两种秩序的中西方版本

西方军事伦理的历史脉络是:古希腊带有悲剧色彩的英雄主义,中世纪富于理想的骑士精神,近代是军人主体性及其智慧、人道的道德诉求,当代则是和平主义。《荷马史诗》为我们展现了丰富的战争道德观和英雄伦理精神,它是古希腊军事伦理的萌芽。参与战争是《荷马史诗》中英雄群体获取荣誉的主要渠道,厮杀于战场是英雄们展示自身价值、展现英雄本色的行为表现。在神话语境中,古希腊人发动战争是为了维护神所指定的秩序和公正原则,具有一定的正义性。所以,在荷马看来,战争和战争中的行为不可能允许参与战争的人,特别是军队的最高统帅,任意妄为。同时,在荷马的英雄视界中,是英雄就应该珍视荣誉,不贪生怕死、怯懦偷生。色诺芬是古希腊著名的军事家、思想家,他认识到民主自由并不等同于无组织纪律无约束,鉴于有人因个别将领的怂恿而对塞拉苏人和一些使节使用暴力,他马上进行军纪整肃;色诺芬认为,如果将帅做事不公道正派,就是对秩序和正义的破坏,最终要受到众人的谴责和神的惩罚。[2]苏格拉底既是一位思想家,也是

---

[1] 参见 Revealed: The man who was excused going to WWI because he had already lost four brothers to the conflict, 载 http://www.dailymail.co.uk/news/article-2543881/World-War-Ones-conscientious-objectors.html, 最后访问日期:2014年2月1日。

[2] 参见顾智明主编:《西方军事伦理文化史》,解放军出版社2010年版,第71、73页。

第二章　军事刑法秩序的边界与价值定位

一位军事伦理践行者。他曾与战友一道冒着生命危险坚守岗位。[1]

　　古罗马征服古希腊后,军事伦理也逐渐开始转化。古希腊人注重自由与民主,而古罗马则强调敬畏与服从。例如,在遵守纪律方面,古希腊主要以自觉为基础,因而常有纪律涣散的时候,而古罗马则以法制为基础,纪律一直十分严明。在古罗马靠武力征服的过程中,严酷的纪律是取胜的关键。在早期的古罗马军事伦理中,任何人只要在战斗中离开自己的岗位或丢弃自己的武器,就要受被处死的惩罚。历史上,古罗马将领处死即使取得胜利却违背命令的儿子的故事数不胜数,成为教育后来古罗马军队的经典事例。《文明的征程》就记载了"一位前执政官在接到独裁者的停战令后自作主张率兵打了一场胜仗,独裁者依据法律以对抗上司命令罪判了他死刑"的事[2]。最能体现秩序的则是,如果整个部队在作战中胆怯脱逃,则实行"什一抽杀律"。甚至哨兵在站岗时睡觉,也要用石头或木棍打死。这种秩序要求与罗马的民族精神紧紧联系在一起,化为军事伦理。所以美国学者伯恩斯说:"勇敢荣誉、自我克制、对神和自己祖先的虔诚以及对国家和家庭的义务感,忠于国家高于忠于其他一切,为了国家利益公民不仅必须牺牲自己的生命,而且必要时还要牺牲其家庭和朋友的生命。"[3]但是到古罗马共和国中后期,军事伦理严重僵化,军队忠于国家的使命感趋于泯灭,古罗马军团的战斗精神开始衰退,军队混乱,公民兵堕落,投敌、逃跑者大有人在,甚至许多公民为了逃避服兵役而宁愿把手砍掉[4]。军队中的惩处也不再是按条例执行,军官、士兵都相继免除了夜间设防的职责[5]。执政官马略针对军纪败坏、战斗力急剧下降的问题,对士兵进行知耻教育,使士兵知耻,而不单纯使用惩罚的方

---

[1]　参见[古希腊]柏拉图:"申辩篇",载《柏拉图全集》(第1卷),王晓朝译,人民出版社2002年版,第16页。

[2]　[美]J·H·布雷斯特德:《文明的征程》,李静新译,北京燕山出版社2004版,第383页。传说在公元前340年的拉丁战争中,罗马执政官曼利乌斯的儿子,因为违反统帅的禁令,在侦察中同敌军指挥官单独决斗而被判处死刑。

[3]　[美]爱德华·麦克诺尔·伯恩斯、菲利普·李·拉尔夫:《世界文明史》(第1卷),罗经国等译,商务印书馆1987年版,第284页。

[4]　参见李雅书、杨共乐:《古代罗马史》,北京师范大学出版社2004年版,第170页。

[5]　参见[古罗马]弗拉维乌斯·韦格蒂乌斯·雷纳图斯:《兵法简述》,袁坚译,解放军出版社2006年版,第38页。

法[1]。这其实就是把军事伦理和军事秩序的建立有机结合在一起。而且，从犯罪与刑罚的规定看出，秩序与伦理是关系密切的。意大利学者桑德罗·斯奇巴尼选编的《公法》第二部分是"军事法"。其《论告示》第六篇中因丑行而被"驱逐出伍"自成一类；《论军务》第二篇中违反诚实义务和丧廉耻（违法行为或做假誓言）是驱逐士兵的两个原因，如果丧廉耻被驱逐出伍，则不能在罗马以及别的地方居住，将丧失选举权、被选举权，剥夺服兵役权。[2]可见伦理与秩序实实在在联系在一起。而《公法》中列举的执行刑罚的方式，则是以国家态度的方式反映了国家对秩序、对伦理的评价。例如，对于叛逃敌方的逃兵以及间谍，用火刑或绞刑；而对叛逃后又回来的，则将被处以不对军人实行的刑罚，如酷刑、弃于荒野喂食野兽、绞死等不体面的方式。对于自残者，如果因逃避作战而自残则处死刑，其他原因则应被羞辱驱逐出伍。

对中世纪军事伦理的最重要影响就是骑士精神。骑士精神的核心是忠诚、勇敢、荣誉。他们为荣誉而战，因而可能"全然无纪律"，例如在17世纪"纪律"就是一个不受欢迎的概念[3]。但是，随着战争方式、战争形态的变化，尤其是英国资产阶级革命和欧洲王朝战争中常备军的建立，真正推动了西方军事伦理文化的形成。一是集体合作精神不断强化，二是服从意识和纪律观念得到确立，这使得士兵接受严格训练、严守纪律要求成为可能。遵守上级制定的规章成为常规，这不仅因为士兵害怕违反纪律会受到严厉处罚，而且因为普通士兵从不假思索地服从和仪式化的日常军事训练中得到真正的心理满足[4]。但是，由于此时的常备军不是国家军队，所以只能通过近乎残酷的刑罚来维护纪律，即"从外在和上层强行施加秩序"。这一点说明，军事伦理的底蕴不足，往往导致对军事刑罚的过度和畸形依赖。在历史上，建立起被恩格斯称之为"历史上无与伦比的骑兵"的普鲁士腓特烈大帝，特别强

---

[1] 顾智明主编：《西方军事伦理文化史》，解放军出版社2010年版，第118页。

[2] 参见［意］桑德罗·斯奇巴尼选编：《公法》，张礼洪译，中国政法大学出版社2000年版，第79~81页。

[3] 参见［英］迈克尔·霍华德：《欧洲历史上的战争》，褚律元译，辽宁教育出版社、牛津大学出版社1998年版，第59页。

[4] 参见［美］麦尼尔：《竞逐富强：西方军事的现代化历程》，倪大昕、杨润殷译，学林出版社1996年版，第139页。

调"不要任何人去想,却要所有人去做"的团队精神。当然,执行这种"没人思考,个个执行"的精神,腓特烈依靠的是严厉、残酷的纪律与刑罚,利用刑罚来贯彻绝对服从的原则。当时的军法规定:违抗军官或士官命令者,不管是顶撞还是争辩,均处以鞭刑;视冒犯者的身体状况和当时情况,最多可处罚此刑30次;以刀剑或其他武器威胁长官、违抗命令者处死刑,不得赦免;士兵偷窃上级物品或者仆从偷窃长官物品者处绞刑;拦路抢劫者处裂刑;发伪誓者,断其手指以示惩戒;施法术者施以火刑;执勤酗酒者,佩戴镣铐并剥夺其全部军人荣誉[1]。当然,之所以实行如此严格的纪律,主要基于对军队成分的认识,尤其是担心雇佣兵一开战就会当逃兵,不信任;认为严格的纪律在短时间内能取得立竿见影的效果,表现出极高的战斗力,通过军纪、刑法和不懈的训练,塑造出军队的团队精神。但是,如果士兵的勇敢顽强是因为惧怕刑罚而不是出于爱国、忠诚的军事伦理,这样的秩序肯定基础不牢。彼时的军队在社会上地位很低,军人缺乏荣誉感和勇气,服役多是征兵官靠金钱、诡计、暴力进行,服役者很难管理,容易逃跑,劫掠时有发生,所以连散兵式阵形都不敢采用。尽管1797年的新军法规定减轻体罚,但仅仅针对军官,士兵仍被视为军事机器之零件,靠严格的军纪和严酷的刑罚来维持[2]。而法国早就在1798年颁布了征兵法,实行普遍义务兵役制。因此,1806年普鲁士军队一遇到富有爱国热情、军事伦理底蕴深厚的法军就失败了。普法战争失败后,普鲁士进行改革,团队精神仍在,但严酷的纪律和刑罚被废除。这说明,军事秩序的维护不是单凭严刑峻法就能做到的。

俄军的元帅苏沃洛夫强调勇敢,强调调动士兵主动性、积极性,主张尊重士兵,激发爱国精神,启发自尊心、荣誉感和英雄主义精神,同时也强调纪律,认为命令是保持部队纪律严明和秩序的基础,认为秩序的维护不能单靠残酷手段,坚信使人感到绝望的惩罚对一个有自尊心的士兵来说是不合适的[3]。

在大革命和拿破仑战争中,欧洲近代军事伦理得到进一步发展。在当时的欧洲军队中,维护秩序多是靠残酷的军纪刑罚。这一时期,出现了极度重

---

[1] 参见顾智明主编:《西方军事伦理文化史》,解放军出版社2010年版,第330页。
[2] 参见戴耀先:《德意志军事思想研究》,军事科学出版社1999年版,第207页。
[3] 参见顾智明主编:《西方军事伦理文化史》,解放军出版社2010年版,第335页。

视军事伦理秩序的拿破仑,主张用荣誉而不是皮鞭管理军队;也出现了强调服从、守纪与勇敢、意志并重的克劳塞维茨。克劳塞维茨认为:"勇气是军人应该具备的首要品质。"[1]但是,在克劳塞维茨看来,"武德不同于单纯的勇敢,更不同于对战争事业的热情,军人的勇敢既不同于普通人那种天赋之勇,非经后天艰苦锻炼和培养无以形成,又不同于匹夫之勇,只有摆脱了随心所欲和不受控制才行,军人必须服从命令、遵守纪律、遵循规则,这是对军人更高的要求。"[2]从这里,我们可以找到"军人以服从命令为天职"的依据,可以找到"战时违抗命令"是犯罪的依据。

而在古老的东方,在古巴比伦王国和古印度王国,也展现了丰富的军事伦理,并成为军事刑法的道德基础。在古巴比伦王国,军人的义务仅有一条,就是忠诚于国王,为国王的国家作战。因此《汉谟拉比法典》规定,列杜或柏以鲁奉国王之命出征而不行,或雇人以自代,列杜或柏以鲁应处以死刑。为保证国家兵源的稳定和战斗力巩固,法典规定,军人只能由专职士兵列杜或柏以鲁充任。为此,军官应恪守职责,不营私舞弊,不以征募兵或代人服役的雇佣兵顶替列杜或柏以鲁,不克扣、侵吞军人财产,或使士兵成为其债务人将士兵人身出雇。[3]

如果说西方的军事伦理更多地体现为以功利为根本目标的话,那么中国古代的军事伦理则聚焦以仁为本的武德。国学大师张岱年曾指出:"中国传统文化,不但重视发扬文德,而且重视发扬武德。"[4]中华民族有悠久的武德文化传统。上古时期的炎黄氏族融合时代,就产生了与武德的有关内容。先秦时期,《尉缭子·兵教》就有"开封疆,守社稷,除患害,成武德"的提法。中国的军事伦理,主体比较突出,标准比较清晰,往往把忠义等道德规范与守制等军事刑法规范结合在一起。例如,《孙子兵法》所提的"智、信、仁、勇、严",《六韬》所提的"勇、智、仁、信、忠",《孙膑兵法》所提的"忠、信、敢、智、勇",汉代《黄石公三略·下略》所提的"道、德、仁、义、礼",诸葛亮《将苑》所提的"信、义、忠、仁",戚继光《练兵纪实·

---

[1] [德]克劳塞维茨:《战争论》(第1卷),商务印书馆1978年版,第67页。
[2] [德]克劳塞维茨:《战争论》(第1卷),商务印书馆1978年版,第192页。
[3] 参见周健:《外国军事法史》,法律出版社2008年版,第11、12页。
[4] 张岱年:"《中华武德通史》序",载《学术月刊》1998年第8期。

练将》所提的"尚谦德、坚操守、爱士卒、明恩威、严节制"等,其中的"仁、义、忠"等体现了伦理规制,而"赏罚有信、严于治军、节制有方"等体现了军事刑法规制。可以说,中国古代的军事家往往把严刑峻法作为塑造军事伦理的重要手段。在这方面,主要有两个特点:第一,认为必须"令文齐武"[1],即在秩序内容上突出军事伦理秩序与军事刑法秩序的交集和叠合,用最严格的刑罚约束和最高尚的道德引导来解决军事秩序问题。第二,认为必须"赏罚必信、赏罚必明、赏罚必公",即在秩序实现上表现为以军事伦理秩序达成军事刑法秩序。《吴子·励士》的"进而有赏,退有重刑,行之以信"和《六韬·赏罚》的"凡用赏者贵信,用罚者贵必",说的是赏罚必信。《吴子·励士》也同时强调"赏罚必明"。如果赏罚不明、必杀可生,其后果必如《诸葛亮集·十六策·赏罚》所说,则令教有不从,众奸不禁。在赏罚必公方面,诸葛亮的论述更是典型:"赏不可不平,罚不可不均。""赏罚必信、赏罚必明、赏罚必公"三个方面,已经体现出现代刑法"法律面前人人平等、罪刑法定原则、罪责刑相适应原则"这三个基本原则的端倪,甚至还涉及刑法的不可避免性、犯罪预防、刑法的道德基础等刑法问题,已经很好地处理了伦理秩序与刑法秩序的关系。中国古代固然注重以军事刑法反映、维护阶级军事伦理、阶级军事秩序价值取向,而从我军武德人格塑造的历史经验看,首要的一条也是"以制定武德规范为基本前提"[2]。这里的武德规范,既有"三大纪律八项注意""军人道德规范"这样的基本形式,也有武德法律化,成为军纪、军事刑法的形式。例如,一切行动听指挥、不打骂士兵、不虐待俘虏等,是军人的武德规范;而军事刑法中的"战时违抗命令罪""虐待俘虏罪""虐待部属罪"则是武德刑法化的具体体现。当前,我军积淀的武德人格形象,体现为八个方面:听党指挥的忠诚战士、热爱人民的武装集团、报效国家的和平卫士、英勇善战的胜利之旅、尊干爱兵的团结之师、严守纪律的模范部队、艰苦奋斗的杰出表率、无私奉献的典型代表[3]。这些武德人格形象,体现了我军特有的军事伦理秩序。这样的军事伦理秩序与我国现行军

---

[1] 孙武最先提出"令文齐武",其后《司马法》对"令文"方面、《尉缭子》对"齐武"进行重申。

[2] 徐星:《武德人格论》,国防大学出版社2009年版,第120页。

[3] 参见徐星:《武德人格论》,国防大学出版社2009年版,第132~152页。

事刑法秩序相比，内容更宽泛，不可能都上升为军事刑法秩序。也就是说，虽然武德法律化在实践中会带来许多积极效应，如增强国防观念、弘扬爱国精神，等等[1]。但是，军事伦理刑法化，因为秩序的边界扩展规律问题，不可能完全重合。

四、军事刑法秩序与国际刑法秩序

这里要讨论的军事刑法秩序属于国家层次的秩序，国际刑法秩序属于国际层次或全球层次的秩序。涉及的两个秩序分别是军事刑法秩序体系中的命令秩序与国际刑法秩序体系中的人道秩序，焦点是军事命令的执行问题。

（一）一个行为与两种秩序

如果把战场比作血液的话，战略决心与指挥意图就是氧气，而命令则是运输这些氧气的红细胞，必须通过命令的传递才能将这些氧气送至战争机器的全身。命令执行行为既是军事刑法评价的对象，也是国际刑法的评价对象。从执行命令这一点说，军事刑法维护战时命令的顺畅传递，而国际刑法维护无辜的人不受违反人道的命令执行的侵害。

对国际刑法的产生时间，学术界仍存在不同看法。有的认为，古代社会就存在国际刑法规则；而有的则认为，国际刑法只能是近代的产物。我们这里要探讨的国际刑法，主要是指一战以来尤其是二战后形成的国际刑法规则，包括《纽伦堡原则》《罗马规约》等。现代国际刑法上的战争犯罪，与执行命令有关的犯罪可分为两类：一类是反人道罪、灭绝种族罪，这类犯罪虽然可以由军人构成，但通常是大规模的、系统的、有组织的当局政治、军事行动的组成部分；一类是战争罪、侵略罪。有关这类犯罪的国际刑法的产生、发展是战争的产物，虽然在某些时候往往沦为"国家间用来保持胜利或翻转现有力量关系的一种手段"，成为对战争中表现出来的力量不平衡的确认和继续[2]，但是它在名义上是向战争犯罪宣战，或者说在"执行命令不免责"这一点上，虽然国际刑法在实质上仍是维护国际军事力量对比秩序甚至毫不

---

[1] 参见孙君、徐忠华："论军事立法中的道德法律化现象"，载《西安政治学院学报》2006年第6期。

[2] 参见齐文远、周详：《刑法、刑事责任、刑事政策研究——哲学、社会学、法律文化的视角》，北京大学出版社2004年版，第130、131页。

客气地说是在维护战争秩序，但在积极意义上、在应然价值上，却是在维护人道秩序。同样是调整执行命令行为的规范，国际刑法与军事刑法对命令秩序的维护是不同的。

以我国的军事刑法为例。我国军事刑法中的犯罪，与执行命令有关的可分为两种：一种是涉及国际人道法的犯罪，如"战时残害居民、掠夺居民财物罪""虐待俘虏罪"；一种是主要涉及国内法（军事法规）、关系战争胜负的犯罪，如"战时违抗命令罪""违令作战消极罪""拒传、假传军令罪""拒不救援友邻部队罪""投降罪""战时临阵脱逃罪""擅离、玩忽军事职守罪""遗弃伤病军人罪""战时拒不救治伤病军人罪""私放俘虏罪"等。这里要讨论的，主要涉及造成人道主义灾难的军人执行命令行为，包括军人执行上级命令实施的战时残害居民、掠夺居民财物的犯罪行为，军人不执行包含战争犯罪内容的命令而构成战时违抗命令犯罪的行为，以及国际刑法中的全部两类犯罪。

我国军事刑法中的命令秩序是以军人职责为基础和原点的。内务条令和纪律条令规定了作为军人服从指挥、执行命令的职责规范和违抗命令的行政罚则。例如，军人应宣誓"服从命令""坚决完成任务"；军人必须做到"服从命令，听从指挥，勇敢顽强，坚决完成任务""部属、下级必须服从首长、上级""部属对命令必须坚决执行"。《纪律条令（试行）》第122条规定："不执行上级的命令和指示，有令不行，有禁不止，情节较轻的，给予警告、严重警告处分；情节较重的，给予记过、记大过处分；情节严重的，给予降职（级）、降衔（级）、撤职处分。"

作为法定犯，军事刑法中的"战时违抗命令罪"，是以军事法规为基础的。在军事法中，这种秩序是典型的等级秩序。在层次关系上，其维度是简单、垂直的；在方向上，是自上而下。这种秩序的层次少，秩序结构相对简单，是一种通过强制力量维持的秩序。现代军事社会关系中，士兵、部属在这种秩序关系之中虽然已经不再处于非主体地位，但是在面临命令时，仍然没有太多可供选择的余地。例如，我国《内务条令（试行）》在军人"相互关系"一节虽然规定"中国人民解放军军人，不论职位高低，在政治上一律平等，相互间是同志关系"，但是"部属、下级必须服从首长、上级"，"首长有权对部属下达命令"，而"部属对命令必须坚决执行"。唯一的例外是，如果认为"命令有不符合实际情况之处",可以提出建议,"但在首长未改变命令时,仍须坚决执行"。概括起来,第一,军人必须坚决执行命令,不管命令是否是越级下达的;第二,即使认为命令与实际不符且提出建议,但在命令未改变前并不停止执行;第三,执行中如果"情况发生急剧变化,原命令确实无法继续执行而又来不及或者无法请示报告时,应当根据首长总的意图,以高度负责的精神,积极主动地机断行事,坚决完成任务,事后迅速向首长报告"。从这三点看,不存在因考虑命令包含犯罪内容而不执行的问题。军纪中命令执行秩序与军事刑法中的指令贯彻秩序叠合。在我国刑法的秩序价值意义上,军人坚决执行上级、首长命令的行为与秩序价值的关系是正向的,而战时违抗命令行为,与秩序价值的关系则是逆向的。对于战时违抗命令的犯罪行为,军事刑法给予否定性评价。《刑法》第421条规定:"战时违抗命令,对作战造成危害的,处三年以上十年以下有期徒刑;致使战斗、战役遭受重大损失的,处十年以上有期徒刑、无期徒刑或者死刑。"而所谓违抗命令,"是指主观上出于故意,客观上违背、抗拒首长、上级职权范围内的命令,包括拒绝接受命令、拒不执行命令,或者不按照命令的具体要求行动等"[1]。这里的"职权范围内"也许包括了"不包含战争犯罪内容"这一点,但无论从战场环境、士兵素质,还是命令下达的单向性、个别性、秘密性等实际情况看,在定罪时都实难把握,或者说对执行命令者来说不存在期待可能性。

但也许,军人执行命令行为的两难性就出现在这里。一方面,执行命令受层级森严的军事系统、严格严谨国内法的规制[2],另一方面,军人执行命令行为也受国际刑法的规制。战争的残酷性和人道主义保护的兴起,使得战争正朝着秩序化的方向发展,战争法的出现和发达就是对战争的制约和限制,和平、正义、人道成为国际社会和平爱好者的追求。国际社会领域的战争伦理法律化,对于维护国际安全与和平、降低战争给人类带来的人道主义灾难发挥了重要的积极作用。[3]国际刑法对那种基于执行命令而造成人道主义灾

---

[1] 最高人民检察院、解放军原总政治部印发的《军人违反职责罪案件立案标准的规定》第1条第2款。

[2] 参见赵白鸽主编:《中国国际人道法:传播、实践与发展》,人民出版社2012年版,第171页。

[3] 参见孙君、徐忠华:"论军事立法中的道德法律化现象",载《西安政治学院学报》2006年第6期。

难的军事行为,同样采取了否定态度。事实上,几乎所有的、正常的军事行动都是基于执行命令的行为。对于有些执行命令实施的军事行为,违反了军事刑法的同时也违反了国际刑法。例如,执行上级下达的残害居民命令的行为,当然是战争犯罪,但这种行为也是我国军事刑法规定的一种犯罪。但对于有些执行命令实施的行为,可能并不违反国内军事刑法,却违反了国际刑法。例如在战时上级下达杀害俘虏的命令,如果执行了,是符合国内法(军事法规)的,却构成战争犯罪,将来可能受到国际军事法庭的追究。但如果不执行,则可能构成国内犯罪,例如我国军事刑法规定的"战时违抗命令罪"。

(二)两种秩序的边界问题

秩序的边界是秩序扩展的基础,也是各种秩序发挥其功能的范围。目前"并不存在一种能无限扩展、适用的秩序",因而如果某种秩序超出了一定"共同体或社会",就失去其发挥功能的空间[1]。这一理论可以用来分析以上军事刑法和国际刑法中秩序。此前我们在探讨有关国内军事刑法与国际刑法问题的时候,并没有太多地关注两种刑法所维护的秩序边界问题。如前所述,国内军事刑法肯定评价命令执行强调的是一种国内军事秩序,而国际刑法否定评价命令执行强调的是国际军事秩序。前者是国家层次的秩序,后者则是国际或全球层次的秩序。从层次上来说,前者通过民族国家建构,具有较高的强制力。现代法治国家的军人,当然会被要求接受国际人道法的教育,负有国际人道主义义务,但国内军事秩序对其约束力更强,作用形式更直接,效力也更明显,加之严格的纪律教育和严酷的战场环境,以及军人的知识和能力局限,其对国际军事秩序的遵从可能会相对弱化或消极。因为,即使在今天,国际刑法仍被认为不过是"战争的一种工具","永远不可能建立起公平、合理的法律秩序"[2]。况且这种国际军事秩序仍处在形成之中,其发展也是在民族国家秩序的支持下进行的,并与民族国家的态度和行动密切相关,受到后者的限制与制约。时至今日,国际社会也并未就执行上级命令行为的责任模式达成一致[3],包括我国在内的一些国家,并未加入国际刑事法院公

---

[1] 参见杨雪冬:"秩序的结构与边界",载《学习时报》2006年4月10日,第6版。
[2] 齐文远、周详:《刑法、刑事责任、刑事政策研究——哲学、社会学、法律文化的视角》,北京大学出版社2004年版,第130页。
[3] 参见卢有学:《战争罪刑事责任研究》,法律出版社2007年版,第247~266页。

约这一事实就是证明。从国内军事秩序到国际军事秩序边界的扩展，民族国家是主要支持者，却也是主要障碍。因为目前来说，国家层次的秩序仍是制度意义上最有普遍意义的秩序，所谓国际或全球层次上的秩序都无一例外受到民族国家秩序的限制、制约，可以说后者是前者的支持者，也是前者实现的关键[1]。各国士兵虽然按照其国家参加的国际人道法条约，要接受全面的战争法教育，国家也负有这种传播义务，但事实未必如此。一方面，基于军事安全的考虑，人道主义保护原则在某些时候与军事必要原则发生冲突时，两种秩序的较量可能会使秩序的天平朝国内军事秩序一边倾斜，因为民族国家是秩序这种特殊公共品的首要提供者，它首先会考虑国内军事秩序的需要。另一方面，民族国家可能会认为，其他国家会以维护国际军事秩序的"世界警察"面目出现，对国家主权构成侵害。此时，它会阻碍国际军事秩序对国内军事秩序的越界行为，为两种秩序划定一个清晰的边界。

国际刑法缺乏如军事刑法那样的强制力，因而在结构维持方式上，可能更多地强调合作维度而非强制维度。军事刑法中的指令贯彻结构是一种典型的强制型秩序结构，而国际刑法的执行结构则可被看作是一种合作秩序结构。合作型秩序中，各行为者之间是平等关系，这种平等既存在于个体与个体之间，他们拥有完整的权利义务且受规则保护，也存在于他们所结成的团体或组织平等地参与秩序构建之中[2]。例如，是否加入《罗马规约》取决于民族国家的意志本身，甚至规约本身就是合作的结果，这一点从规约最后同时采用绝对责任原则和条件责任原则这一混合责任模式上就能看出来。但是，如前所述，国际刑法的这一秩序却是实实在在地要靠权力、力量来推动。国际刑法秩序的实现要依靠许多因素。对于军人来说，这种秩序的强制力是遥远而软弱的。大的方面来说，历史证明，只有成为战败国才有这种厄运。而如果军人不严格执行上级命令，这种厄运就可能很快降临。所以，两种秩序根本上是逆向的秩序。军人对秩序强制力的感知使其主动选择适应国内军事秩序而非国际军事秩序。所以，在历史发展的现在阶段，无论是对民族国家还是对执行命令的军人个体，这种国际军事秩序的追求和实现都还有很大潜力和空间。

---

[1] 参见杨雪冬："秩序的结构与边界"，载《学习时报》2006年4月10日，第6版。

[2] 参见杨雪冬："秩序的结构与边界"，载《学习时报》2006年4月10日，第6版。

第二章 军事刑法秩序的边界与价值定位

人类社会是朝着文明、人道方向发展的。可能有一天,这一出于人道目的的国际军事秩序的边界会越向国内军事秩序发展,甚至成为其上的秩序,且将这一点深深地印刻在每位手中握有武器的军人身上。但是,在此之前,民族国家在该种秩序的支持与阻碍之间,需要有大智慧。秩序边界的扩展形式有两种,一种是随社会前进和人类进步而自然扩展,原来的秩序突破、调整原有边界从而建立新的秩序边界;另一种则是秩序的主导者为扩大自身利益而进行的强制扩展[1]。因此,就两种秩序来说,民族国家的态度和行动至关重要。一方面,如果军事刑法不能有效起到维护指令贯彻的作用,在军事力量的对决中失利,国际刑法中的人道保护将以被迫、被动接受的方式得到确认和维护;另一方面,如果军事刑法主动接受国际军事秩序的越界,并以自己能接受的方式作出主动安排,则即使在力量对决中处于不利地位,对战争的直接受难者军人来说,也会因主动认同、接受该秩序而免责或减轻处罚。"没有一种法秩序追求绝对的服从原则,但也没有一种法秩序完全不保护下属。"[2]例如,《俄罗斯联邦刑法典》第42条规定:1.行为人为了执行义务性的命令或指令,而对刑法保护的利益造成损害的,不是犯罪。造成损害的刑事责任应由发出不法命令或指令的人承担。2.对于执行明显不法的命令或指令的行为人,按照一般原则承担故意犯罪的刑事责任。不执行明显不法的命令或指令的,不负刑事责任。再如,《塞尔维亚刑法典》第430条规定了"因执行上级命令而犯罪的刑事责任":下级军人执行上级按职权发布的命令的,则该执行命令行为不构成犯罪。但如果被执行之命令涉及战争犯罪或者其他依法可能被判处5年或者更严厉刑罚的犯罪的,或如果其明知执行该命令会构成犯罪的,则应对其适用刑罚。[3]《加拿大刑法典》第32条也规定了关于命令"显然违反"(manifestly unlawful)与服从命令的行为正当与否的判断问题。可以说,判断命令是否显然违法不是基于事实,而是基于法律,因为对于上级的军事指挥行为,下级是无法就事实进行判断、也难以判断的。我国也曾做过这种尝试和努力。1994年10月,有关部门提出的《中华人民共

---

[1] 参见杨雪冬:"秩序的结构与边界",载《学习时报》2006年4月10日,第6版。
[2] [德]汉斯·海因里希·耶赛克、托马斯·魏根特:《德国刑法教科书》,徐久生译,中国法制出版社2001年版,第599页。
[3] 本书有关塞尔维亚军事刑法的条文参考王立志编:《塞尔维亚共和国刑法典》,中国人民公安大学出版社2011年版,第176~191页。

和国惩治违反军事职责罪法》（大改修改稿）第 10 条规定：因执行命令且不知道该命令违反法律，而造成危害后果的，不负刑事责任。1995 年 4 月 18 日《中华人民共和国军人违反职责罪惩治法（草案）》（征求意见稿）第 5 条规定：军人执行命令的行为，不负刑事责任。执行命令造成不应有的危害的，应当负刑事责任；但是应当酌情减轻或者免除处罚。第 6 条规定：军人履行职责造成危害的，不负刑事责任。履行职责不当造成危害的，应当负刑事责任，但是应当酌情减轻或者免除处罚。而第 52 条又规定了"滥用指挥权罪"：擅自指挥部属进行与职责无关的活动，情节严重的，处三年以下有期徒刑或者拘役。[1]这些规定，能够一定程度上保证执行命令和履行职责的行为不受法律追究，同时又不放纵个别军人借口所谓执行命令、履行职责行为而实施的犯罪行为。当然，这些尝试本身就有不足，例如缺乏"命令的不法性不明显"等规定。[2]从我国刑法的正当化事由来说，依照法令的行为应该是内含于其中的。但对于军人执行上级命令如口头命令的行为，由军人来判断命令在不在指挥员"职权范围之内"，显然是不公平的。或者说，战时执行命令免责的理由不论是"不知道具有犯罪内容"[3]，还是"不明显违法"，国家不能把这种责任推给执行具体任务的军人。在特定的战场环境下，不适当地加重军人的责任，使其面临双重伤害是不人道的。因为士兵并非法律顾问、职业律师，他们有权推定上级命令在签署、下达和执行之前已进行了合法性审查[4]。而军事行动的合法性审查，笔者认为就是在军事刑法修订时机到来之前可用来解决这一两难境地，而且需永久适用的一种较为直接的方式。如果有这种合法性审查，就可能一定程度地消除执行命令却构成战争犯罪的情形，就可以信任无虞地执行命令，就可以有效避免两种秩序的冲突，也避免了在军事刑法完善之前将含有那些战争犯罪内容的命令"认定为明显违法的命令"的问题[5]。所以，两种秩序之间的调整、调和点就在这里。作为军事刑法和

---

[1] 参见黄林昇、王小鸣：《军人违反职责罪》，中国人民公安大学出版社 1998 年版，第 231 页。

[2] 参见卢有学：《战争罪刑事责任研究》，法律出版社 2007 年版，第 266 页。

[3] 卢有学：《战争罪刑事责任研究》，法律出版社 2007 年版，第 266 页。

[4] 参见赵白鸽主编：《中国国际人道法：传播、实践与发展》，人民出版社 2012 年版，第 174 页。

[5] 柳华颖："论军人执行违法命令行为的刑事责任"，载《法学杂志》2009 年第 7 期。

国际刑法秩序链上的重要环节,这样一种制度的存在,将使两种秩序的冲突消解和边界扩展变得更为顺畅。

第二节　军事刑法秩序价值的定位

"一种法律或法律制度可能并不追求所有的法价值,但它却不能不追求秩序。"[1]在军事刑法的价值体系中,秩序与自由是最重要的两种价值,其中秩序价值处于基础地位,是军事刑法的基础价值,它是军事刑法产生、存在、发展的意义,也是实现军事刑法价值体系中其他价值的前提和保障。讨论秩序价值的出发点,并不是为秩序而秩序,而是从秩序与自由两种价值的关系中,找到秩序价值在军事刑法价值体系中的定位。

一、秩序、法律秩序与法律秩序价值

(一) 秩序

古代汉语中,"秩"乃规范之意,"序"则主要表示次序。现代汉语中,秩序是指"有条理、不混乱的情况"[2]。博登海默从自然界基本规律出发,探讨了人类社会的秩序问题,最终得出结论,认为"在自然进程和社会进程中都存在着某种程度的一致性、连续性和确定性"[3]。对自然界,有序性是基本规律;对人类社会来说,有序则是"大多数成年者"基本的心理倾向和占优势的"生活方式"[4]。秩序是人类社会生存、发展的基本前提,人类要实现自己的价值就必须以有秩序的生活为前提。但是秩序往往会因各种人为的、自然的风险而受到威胁、冲击和挑战,社会总是断续陷入混乱和无序。人类自古至今始终都在同无序作斗争,为有序而努力,维护秩序成为人类社会的进行时而永远不会是过去时。秩序成了人类"对未来或对社会的理想保持

---

[1]　邢建国等:《秩序论》,人民出版社1993年版,第572页。
[2]　中国社会科学院语言研究所词典编辑室:《现代汉语大词典(汉英双语)》,外语教学与研究出版社2002年版,第2476页。
[3]　[美]E·博登海默:《法理学:法律哲学与法律方法》,邓正来译,中国政法大学出版社1999年版,第219页。
[4]　参见[美]E·博登海默:《法理学:法律哲学与法律方法》,邓正来译,中国政法大学出版社1999年版,第225、234页。

信心与乐观的基本依据和可靠理由"[1]。以至于拉德布鲁赫、斯坦、香德这样的法学家都声称,"宁可要不公正的秩序,也不容忍混乱"[2],"必须先有社会秩序,才谈得上社会公平"[3]。正是因为有了人的积极追求,秩序才不仅作为事实而存在,它还是一种价值、一种追求,人们一方面愿意遵守一定的秩序,另一方面又把一定的秩序作为价值追求[4]。但是,正如博登海默所说,"人类事务中的秩序并不是自动生效的"[5]。追求秩序的努力必须借助一定载体才行,这个载体就是规范。它只有依凭社会规范这个载体,且只有"外化为人的行为方式",外化于"人的行为过程",才能实现所谓的有秩序[6]。人类社会产生至今,社会规范多种多样,且具有不同的层次性,例如,法律规范、宗教规范、伦理规范、政治规范、习惯规范等。这样,人们按照社会发展规律并结合自身主观努力,便形成了由法律秩序、宗教秩序、伦理秩序、政治秩序、习惯秩序等不同层次秩序构成的社会秩序体系。

  为了认识的便利,对于秩序可按照一定的标准分类。例如,按照显现秩序的领域不同,分为自然秩序和社会秩序,前者是由于物质依自然规律而内在、自发形成,后者则是人类社会共同体在自觉、有目的物质生产活动中,人为形成的"社会结构和社会活动的相对稳定、协调的一种状态"[7]。社会秩序的形成是人主观追求、客观实践活动与社会发展规律三者相互作用、结合的结果。再如,按照人的主观努力在秩序形成中发挥作用的程度,可以分为自生自发的秩序和人为秩序。前述自然秩序是自生自发的秩序,社会秩序中既包括自生自发的秩序,也包括人为秩序。又如,可以将秩序划分为共同体秩序与社会秩序:前者建立在"意志的协调一致"基础之上,"并通过习俗

---

[1] 姚建宗:"中国特色社会主义法的价值论",载《辽宁大学学报(哲学社会科学版)》2013年第2期。

[2] 张文显:《二十世纪西方法哲学思潮研究》,法律出版社1996年版,第52、168页。

[3] [英]彼得·斯坦、约翰·香德:《西方社会的法律价值》,王献平译,中国人民公安大学出版社1990年版,第38页。

[4] 参见曲新久:《刑法的精神与范畴》,中国政法大学出版社2000年版,第3页。

[5] [美]E·博登海默:《法理学:法律哲学与法律方法》,邓正来译,中国政法大学出版社1999年版,第230页。

[6] 参见曲新久:"论社会秩序的刑法保护与控制",载《政法论坛(中国政法大学学报)》1998年第4期。

[7] 曲新久:"论社会秩序的刑法保护与控制",载《政法论坛(中国政法大学学报)》1998年第4期。

和宗教产生和改良";后者则是"以聚合一起的、联合的选择意志即惯例为基础的,通过政治的立法获得其安全"[1]。迪尔凯姆则从社会分工入手,依据连带关系的基础划分出机械团结和有机团结这两种秩序类型,认为它们一个基于相似性、一个基于差异性,故而前者强调个人与社会的直接同一,后者强调个人被社会的"整合"[2]。

英国社会学家科恩认为社会学意义上的秩序具有五种与社会生活有关的规定性:社会生活中的调控性、社会生活中的相互性、社会生活的重复性、社会生活的一致性、社会生活的稳定性[3]。张文显教授对此也作了描述:秩序意味着某种程度的关系稳定性、结构有序性、行为规则性、进程连续性、事件可预测性以及人身财产安全性。[4]笔者认为,社会秩序的特性还可以从三个方面去理解[5]:第一,历史性。既然社会秩序是人类实践的产物,那么这种实践活动就会因其主体和载体的历史性而呈现演变和进化。不同时代、不同历史阶段的社会秩序可能会有很大不同。第二,民族性。社会的内涵十分丰富,主要是指由国家来加以控制和维系的社会,但也可指整个国际社会。这里所谓的秩序的民族性,则是指社会秩序体现了对社会加以控制和维系的作为代表的国家特性,亦可称为地方性。第三,空间性。秩序本就是指事物在实践、空间或者逻辑联系上相对固定的结构。因而对于治国理政来说,必须顺应秩序潮流和发展方向,塑造和维系适合本民族的秩序,并考虑结合区域特点;对于学术研究来说,必须历史地、辩证地、具体地对涉及社会秩序的问题作比较分析。

对于社会秩序,则同样可以从多个角度进行分类。如,可以从秩序的一

---

[1] [德]裴迪南·滕尼斯:《共同体与社会:纯粹社会学的基本概念》,林荣远译,商务印书馆1999年版,第328页。

[2] [法]埃米尔·涂尔干:《社会分工论》,渠东译,生活·读书·新知三联书店2000年版,第32、89、183页。

[3] 参见张文显主编:《法理学》,高等教育出版社、北京大学出版社2007年版,第335页。

[4] 张文显:《法哲学范畴研究》,中国政法大学出版社2001年版,第196页。

[5] 有学者从社会秩序评价尺度的角度讨论了社会秩序的显著特征:第一,时间的在场性,秩序总是在"当下"的历史境遇中被定位的;第二,空间的当下性,秩序总是在确定的民族、地域与文化传统中生发并被推演到另一种异质性空间的;第三,社会秩序的协作性,所有的社会秩序都体现为社会关系,既是内在的同时也是建构性的;第四,社会秩序的建构性,社会秩序的主体要求根据社会情势的变迁将各种现象情境化,以期获得最理想的和谐秩序。参见曲波:"马克思主义哲学视域下的社会秩序研究",东北师范大学2012年博士学位论文。

般性质的角度分为分层秩序、多元秩序[1]。可以根据人们所竞取社会资源的不同类型,分为政治秩序、经济秩序、文化秩序、社会秩序、身份秩序等[2]。可以从社会秩序赖以形成的制度或规则分为法律秩序、纪律秩序、道德秩序、宗教秩序、习俗秩序[3]。此外,还可划分为静态秩序与动态秩序、冲突秩序与和谐秩序、内部秩序与外部秩序、实然秩序与应然秩序等[4]。在社会秩序的网络体系中,法律秩序虽然只是其中之一,却是基本社会秩序。与其他一般的社会秩序或非基本秩序相比,法律秩序以法律制度、法律规则形成运行,以权利义务为基本内容,以最基本社会关系为调整对象,以国家强制力为后盾,具有实在性、现实性、国家强制性以及确定性、普遍性、稳定性、连续性等优点,因而成为对人类社会影响最大的社会秩序类别。[5]

(二)法律秩序与法律秩序价值

社会秩序一旦受到法律的保护和控制,便穿上了法律的外衣,具有了法律的属性,就成了法律秩序[6]。在自然法学派眼中,法律秩序应符合某种道德秩序,在分析实证主义者看来,法律秩序乃是一种历史秩序,到了马克思主义法学家笔下,法律秩序又是特定的阶级统治秩序和具体的生产生活秩序。虽然对法律秩序的认识各异,但法的确与秩序有着天然的缘分[7]。甚至可以说,社会秩序天然不是法律秩序,但法律秩序天然就是社会秩序之最基本、最重要的形式。

---

[1] 参见秦扬、邹吉忠:"试论社会秩序的本质及其问题",载《西南民族大学学报(人文社科版)》2003年第7期。而有研究又对此细化,认为可以基于起主导作用的社会力量的不同状况而分为单元秩序和多元秩序;从社会关系的角度依据平等或不平等的原则分为平等秩序与等级秩序。参见李超:"当代中国社会秩序研究",中共中央党校2011年博士学位论文。

[2] 参见李超:"当代中国社会秩序研究",中共中央党校2011年博士学位论文。秦扬、邹吉忠:"试论社会秩序的本质及其问题",载《西南民族大学学报(人文社科版)》2003年第7期。

[3] 参见秦扬、邹吉忠:"试论社会秩序的本质及其问题",载《西南民族大学学报(人文社科版)》2003年第7期。实际上,依照该标准或说依照作为社会秩序的内核与实际内容的社会规范的区别,还包括政党秩序等。

[4] 参见如刘作翔教授在考察了当代中国社会秩序结构后,提出了"应然社会秩序"与"实然社会秩序"这一认识当代中国社会秩序结构的认识方法和视角。参见刘作翔:"转型时期的中国社会秩序结构及其模式选择——兼对当代中国社会秩序结构论点的学术介评",载《法学评论》1998年第5期。

[5] 参见周旺生:"论法律的秩序价值",载《法学家》2003年第5期。

[6] 参见曲新久:"论社会秩序的刑法保护与控制",载《政法论坛(中国政法大学学报)》1998年第4期。

[7] 参见周旺生:"论法律的秩序价值",载《法学家》2003年第5期。

第二章 军事刑法秩序的边界与价值定位

法之所以产生,其初始动机与直接目的就是社会的秩序需求和秩序维持;法之所以存在,其首要目的就是建立必要的社会秩序;而法的持续存在更是必须以维护一定的社会秩序为重要考量因素。[1]社会形成、调控秩序的方式是多元的,有道德的、习惯的、宗教的,还有法律的。但是,法律作为社会的基本道德观念和行为模式的承载,以其稳定性、公开性、明确性、严谨性、简洁性、连续性、权威性、普遍性等形式价值,在人类历史长河中逐渐被自然选择为最重要、最有力的社会秩序调控方式,这是人类的胜利,也是法律的胜利。正如斯坦和香德二人所强调的:"社会秩序要靠一整套普遍性的法律规则来建立,而法律规则又需要整个社会系统地、正式地使用其力量加以维持。"[2]维持必要的秩序是任何常态社会法律制度的最基本社会职能,在现代法治社会,法更是预防、消除无序状态的基本手段甚至是首选手段,至少在现在还未出现一种比法律更适合秩序的东西。

法律秩序的重要地位不仅体现在社会秩序网络体系中,也体现在法的价值体系中。一方面,秩序价值是法的各种价值的基础,"是法的其他价值得以实现的前提环节"和重要平台。[3]秩序可能不是法的最高价值、全部价值,却是法的最基础、最前提、最直接、最突出、最外显的价值。无论是法的公平价值、正义价值,还是法的自由价值、效益价值,它们的实现,均离不开秩序价值,均需要以确立与实现一定的社会秩序为先决条件。否则,"不仅仅是作为法的重要价值的秩序根本无法体现和实现,而且也必将导致法的其他重要价值流于虚妄"[4]。在这个意义上,法的秩序价值与法的其他价值之间,是手段与目的、最低要求与终极追求、"初级阶段与高级阶段"的关系[5]。这就是法的价值的层次性依据。另一方面,法在建立、维护秩序的过程中成了

---

[1] 参见姚建宗:"中国特色社会主义法的价值论",载《辽宁大学学报(哲学社会科学版)》2013年第2期。

[2] [英]彼得·斯坦、约翰·香德:《西方社会的法律价值》,王献平译,中国人民公安大学出版社1990年版,第38页。

[3] 参见周旺生:"论法律的秩序价值",载《法学家》2003年第5期。

[4] 姚建宗:"中国特色社会主义法的价值论",载《辽宁大学学报(哲学社会科学版)》2013年第2期。

[5] 参见周旺生:"论法律的秩序价值",载《法学家》2003年第5期。

秩序的象征和化身，成了"秩序的一种外在符号"[1]。亚里士多德就认为"法律和礼俗就是某种秩序"[2]，凯尔森也说"法是人的行为的一种秩序"[3]。法的秩序价值的这个特点提示我们，在社会共同体中，要及时将成型的行为规范上升为法律规范，这对于塑造社会秩序具有积极意义。

二、秩序价值是军事刑法的基础价值

现在一般认为，刑法有两种机能：社会保护机能和人权保障机能[4]。刑法一方面是被组织起来的社会力量，即国家用来维持社会秩序的控制手段；另一方面则是对作为统治力量的国家本身进行控制以保障国民的权利和自由的手段[5]。在1997年《刑法》制定之前，我国刑法所期待、强调的机能一直是社会秩序维持机能[6]。1997年《刑法》引入罪刑法定主义，人权保障机能得以凸显。但是，刑法的社会保护或说是社会秩序维护机能并不因此而消失。相反，只要刑法是作为刑事法律规范而存在发展，社会秩序维护机能就不会消失，"维护社会秩序"就会作为刑法的价值基础而一直存在下去。秩序价值在刑法价值体系中占据重要地位，这一点在军事刑法价值体系中可能更为突出，甚至可以说是具有底线意义。

法的秩序价值的重要地位由前述论述可知。周旺生教授所言为此作了很好的注释："在法的众多价值之中，恐怕没有哪一种价值比它的秩序价值能够给予社会生活以更直接、更广泛、更基本的影响了。"[7]正因如此，合乎逻辑的结果是：一定的社会秩序是社会普遍认可、接受的结果，于是对少数背离、

---

[1] 姚建宗："中国特色社会主义法的价值论"，载《辽宁大学学报（哲学社会科学版）》2013年第2期。

[2] [古希腊] 亚里士多德：《政治学》，吴寿彭译，商务印书馆1965年版，第353、354页。

[3] [奥] 凯尔森：《法与国家的一般理论》，沈宗灵译，中国大百科全书出版社1996年版，第3页。

[4] 有的学者用"机能"一词，如陈兴良教授关于"刑法机能二元论"的论述，张明楷教授关于刑法"机能"的论述；有的学者用"功能"一词，但认为"功能"也可以说是"机能"。参见陈兴良：《当代中国刑法新视界》，中国人民大学出版社2007年版，第16页。张明楷：《刑法学》，法律出版社2007年版，第26页。曲新久主编：《刑法学》，中国政法大学出版社2009年版，第16页。

[5] 参见 [日] 曾根威彦：《刑法学基础》，黎宏译，法律出版社2005年版，第5、6页。

[6] 参见王充："比较刑法的几个维度——以犯罪成立理论为考察对象"，载冯军主编：《比较刑法研究》，中国人民大学出版社2007年版，第308页。

[7] 周旺生："论法律的秩序价值"，载《法学家》2003年第5期。

破坏这种秩序的行为，社会要采取一定的防范、纠正乃至惩罚措施。以历史的眼光看，刑法所维护的是社会有序化要求的底线，所确立的是社会存续所必需的最基本的道德规范和行为模式。自古以来，刑罚就是以刑事法律规范为依据的最重要的一种社会秩序维护工具和手段，"社会秩序需要并且始终离不开刑罚以及相类似的强制措施的保护"[1]。古典犯罪学派就认为，赋予国家刑罚权是保卫社会的需要，是为了防止"所有人反对所有人的战争"，是人们基于自愿而与国家签订契约并出让部分权利，从而使国家或政府得以合法地使用国家刑罚手段处罚犯罪，进而维持社会和平[2]。这里的防止"所有人反对所有人的战争"、维持社会和平，实际上就是国家垄断暴利手段，以强制力为后盾建立、维持或恢复秩序。刑罚手段的严厉性、恐怖性使其对社会秩序的维护较之其他法律手段或非暴力手段更直观、更深刻。刑法的秩序价值，在刑法价值体系中处于基础、基本地位，这一点非常突出、鲜明。虽然如曲新久教授所言，社会秩序"并不天然需要刑法"[3]，而且在个人自由产生以后，法律具有了独立的理性品格，刑法不仅是保护社会秩序的手段、工具，更具有限制和控制刑罚以保障人权的目的，甚至可以说在刑法领域，个人自由应置于最前面[4]，但是即使是在法的价值二重性下，在自由与秩序的统一中，刑法包括军事刑法的秩序价值的基础地位也不能改变。秩序为"刑法首要满足之价值"[5]，同样也是军事刑法必须满足、追求、负载的一种价值。对于秩序价值在军事刑法价值体系中的基础地位，可以从三方面来解析。

（一）军事刑法起源于战场秩序的维护

秩序是传统中国的法律价值[6]，维护秩序是军事刑法产生的最原始冲

---

[1] 曲新久：《刑法的逻辑与经验》，北京大学出版社2008年版，第59页。
[2] 参见张远煌：《犯罪学原理》，法律出版社2008年版，第86页。
[3] 杨雪冬认为，秩序有四种起源方式：内部合作演生、内部强制形成、外部合作赋予、外部强制赋予。共同体或社会的规模、所处环境等因素促成了这四种秩序起源方式的形成。参见杨雪冬："论作为公共品的秩序"，载《中国人民大学学报》2005年第6期。张康之认为，对政府的社会秩序供给来说，其途径主要有通过强制性的高压手段来获得社会秩序；通过建立稳定的规范、合理的政治经济制度，金字塔式的权力等级结构和组织体系，凸显出法制精神；通过伦理精神的张扬来获得社会秩序。参见张康之："道德化的政府与良好的社会秩序"，载《社会科学战线》2003年第1期。笔者认为，刑罚是一种外部强制赋予形成秩序的手段，但不是唯一手段。
[4] 参见曲新久：《刑法的逻辑与经验》，北京大学出版社2008年版，第58、59、65、66页。
[5] 许发民：《刑法文化与刑法现代化研究》，中国方正出版社2001年版，第75、76页。
[6] 参见陈晓枫主编：《中国法律文化研究》，河南人民出版社1993年版，第218页。

动。远古时期，神农氏为"天子"，但其后代子孙道德衰薄，致社会混乱、部族争夺，于是轩辕"乃习用干戈，以征不享"，讨伐那些不向天子朝贡的部落首领[1]。轩辕的目的是恢复、维护各部族朝贡天子的秩序，口号是"代行天之罚"，也就是说是按照上天的意愿来组织军队、从事战争的。蚩尤部由于兵器优良而经常能打胜仗，土地、财富、人口随之不断增加，但也因此招致内部矛盾不断膨胀。部族内部出现了互相欺诈、抢夺财物、违反传统礼仪的行为需要制裁和整肃等种种情形，显示旧的传统习惯已经"不宜于时用"了，必须创制新的行为规范以维护秩序[2]。这个新的行为规范就是法，蚩尤正是兵、刑、法的创造者。于是在频繁的战争中，蚩尤部的刑罚手段逐渐完善起来，最后定为"五刑"[3]。这是中国刑法的最早起源。

可以说，从源流和形成上看，"兵刑一体""刑起于兵"，中国的刑法最早就起源于军队的刑罚。远古时期，战争是伟大而神圣的事业，关系到部族成员的生存发展。先民在最原始的体力竞争中，为了赢得生存空间，部族首领往往以残酷的强制力来保障其意志得到贯彻实现。这种强制力就是"刑"。而刑是分为大刑、中刑和薄刑的。正如《汉书·刑法志》所记载的：大刑用甲兵，其次用斧钺；中刑用刀锯，其次用钻凿；薄刑用鞭扑。大者陈诸原野，小者致之市朝，其所由来者上矣。学者钱钟书考察后认为，兵与刑乃一事之内外异用，其为暴力则同，兵之于刑，二者一也，因为刑罚之施于天下者，即诛伐也；诛伐之施于家、国者，即刑罚也[4]。兵与刑的关系，可分为两个方面：一是兵是刑的手段。施刑有三种，分别是用大刑、中刑和薄刑，其中大刑就是动用甲兵、斧钺在原野也即是战场上去征服敌对部落，从肉体上消灭敌人，此乃最大的刑罚。二是刑是兵的条件。为了组织好军事行动，维护战场秩序，达成战争目的，必须创制、实施严格的号令、军律，制定严格的生杀予夺刑罚。例如，《尚书·甘誓》记载，夏启在平息有扈氏叛乱时，曾于甘地发布"誓"，以此约束全体从征人员，宣布"用命，赏于祖，弗用命则戮于社，予则孥戮汝"。《周礼·秋官·士师》记载，逆军旅者，与犯师禁者，

---

[1] 参见余子明：《中国军事法律思想史》，解放军出版社2005年版，第21页。
[2] 参见武树臣等：《中国传统法律文化》，北京大学出版社1994年版，第119页。
[3] 《尚书·吕刑》记载：蚩尤作五刑之虐。
[4] 参见钱钟书：《管锥编》，生活·读书·新知三联书店2007年版，第465页。

而戮之。《费誓》记载,军士要准备好粮草准时出发,否则就有"大刑"。从文献看,上古时期的刑就是处死,甚至族诛,极其残酷。可以说,对军士的刑罚"是一种权力,是达到保护社会秩序之目的的手段、工具"[1]。

如果可以把古代这些包含对军人施以刑罚内容的规范称为军事刑法的话[2],那么当时的军事刑罚权主要是依附于军事统率权的。"刑起于兵"这一点已经非常明确地展示出来。至于从春秋战国开始,一直到近代的军事刑法,基本上也是以军事统帅权为重要依据的。古代战争为冷兵器战争,将帅的体力、智谋等个人因素往往是影响战争胜负的关键性因素,所以历来有"射人先射马,擒贼先擒王""千军易得,一将难求"的说法。为了赢得战争胜利,维护战场秩序,往往要赋予军事指挥员高度独立集中的统帅权,甚至包括对军中将士的生杀予夺大权。这种生杀予夺大权往往缺乏一定的程序作为公正性保障,其主要目的是赋予指挥员在军中最高的指挥权威和临机处断能力,确保军令畅通、令行禁止。所以,古代军事刑法往往以残酷为特点,死刑、族诛、连坐成为常态,维护战场秩序成了根本甚至是唯一诉求。

(二) 军事刑法秩序价值是实现军事刑法其他价值的基础

军事刑法追求的价值很多,这些价值之间互相依存、互相影响,当然也会存在一定冲突,甚至在一定时期、某些问题上冲突还很激烈。在这众多的价值之中,军事刑法的秩序价值比较特殊,是其他价值的基础。这一点无可非议。这是本书论述军事刑法秩序价值的一个前提基调。可以说,当下在军事刑法领域偏爱秩序价值是不会受到非难的,这是因为:一方面,没有不为一定秩序服务的法,而法也"没有不为一定秩序服务的";[3]另一方面,"军事秩序决定战争胜负""军事秩序优先"的观点现在是主流,正当其时,可以说只有重视军事秩序价值够不够的问题,不存在应否重视的问题。但是,许多关于秩序优先的讨论中,并不曾有多少涉及秩序价值的基础地位这一论题。这些关于秩序的讨论,往往都是围绕秩序与自由的冲突、平衡而展开的,缺乏秩序作为基础、作为对自由的保障和促进的讨论。所以,这里仍有必要讨

---

[1] 曲新久:《刑法的逻辑与经验》,北京大学出版社2008年版,第59页。
[2] 诸多著述中,都是以军事刑法、军事犯罪等概念来概括的,如"夏朝的军事犯罪与刑罚""西周军事刑法"、春秋战国"军事刑法"等。参见周健:《中国军事法史》,法律出版社2008年版,第28、54、100页。
[3] 参见卓泽渊:《法的价值论》,法律出版社2006年版,第393页。

论秩序价值与军事刑法其他价值关系的问题。实际上，确认、维护、恢复秩序，是实现军事刑法其他价值的先决条件。没有秩序，所谓自由、安全、效率、正义都是脆弱的，无从得到长久的保障，要么无从得以确立，要么容易受到威胁、破坏，要么一旦受到冲击、毁灭就难以恢复。军事社会关系与普通社会关系相比具有特殊性，尤其是在复杂的战场环境下，个人面临的考验可能指数级增大，人的心理、生理承受能力既会因外界刺激增大而增强，也会因外界刺激增大而变得脆弱。处变而应变是人的本能，但遇险而求生也是人的本性。军事是这样一种活动、事业：它的成功需要以一些人甚至说是无数人付出生命为代价。这样的一种活动、事业，天然地需要以有序为基础，以有序为条件。只有有序，代价才可能最小，而收益才可能最大。因而，自由、正义、效率、公平、安全、人权等军事刑法的其他价值，都必须以秩序价值为基础，它们的实现必须建立在军事刑法秩序价值的一定实现之上。没有军事秩序，无论是军人个人的自由，还是社会上普通公民的自由都将无从保障。实际上，以秩序为基础，也是秩序本身的要求，反映了秩序的本质。例如，军事刑法所追求的自由，必定是秩序的要求，是某一种秩序下的自由，即秩序是自由秩序，自由是有秩序的自由。从这个意义上说，甚至自由也是秩序之一种。实际上，不包含自由的秩序只能是低层次的秩序。当然，本书所讨论的自由与秩序还是相对独立的。后文讨论秩序与自由价值的冲突与互补问题，也都是建立在上述这些看法之上。

（三）军事刑法秩序价值是军事刑法产生、存在、发展的条件

秩序之所以是军事刑法价值的基础，也是由秩序的属性决定的。军事秩序表现为规范性、正规性和一致性，作为一种社会互动的结果，它既是军事刑法存在的前提、依据，又是军事刑法确认、维护、恢复的结果。可以说，没有一定的秩序作为前提，军事刑法也就无从存在和确立。而军事刑法的机能之一，就是以法的形式确认、维护并在一定情况下恢复被破坏的秩序。也就是说，没有一定秩序，军事刑法无从产生；而军事刑法一旦产生，首先追求的即是秩序，并"在一定的秩序中发挥自己作用，追求自己的其他价值"[1]。军事刑法之所以产生、存在、发展，之所以被普遍承认相对比较独立存在，

---

[1] 卓泽渊：《法的价值论》，法律出版社2006年版，第394页。

就在于其能够满足维护国家军事利益需要，在确认、维护、恢复秩序中具有独特地位。

　　历史上的军队是劳动密集型单位，今天的军队又朝着技术密集型发展。无论是劳动密集型还是技术密集型，军队始终都是暴力集团，都存在着复杂的人际关系、人与武器的关系。在人际关系中，不但要处理正向的内部关系还要处理逆向的敌我关系。而在内部关系中既有平等关系又有等级关系，既有指挥关系又有协同关系，既有保障关系又有管理关系；在敌我关系中既有消灭与被消灭的关系又有优待与转化关系；在人与武器关系中，不但有人与武器的使用关系，而且有武器与武器的编配关系。这样的群体，是一个高度复杂化、集团化、协同化群体，管理好这样的群体，管理好这样一个全体从事的建设、作战行动，基础的要求就是秩序。战场无亚军。缺乏合理的秩序甚至秩序混乱，指挥、协同、保障都成问题，安全、正义、效率、自由更无从谈起，甚至"枪口"朝谁都会出现问题。军队以战斗力为名分，战斗力的物质条件是人与武器，精神因素是秩序与精神，而精神也不过是规则化了的秩序而已。作为武装集团的秩序，军事秩序比一般的社会秩序更难以确立，也更容易垮塌，正所谓"兵败如山倒"是也。"能打胜仗是核心"，这是军队的根本职能和军队建设的根本指向。信息化条件下的战争是高技术领域各种军事资源优化组合的较量，法纪不严、管理松懈，装备再先进也形不成战斗力；信息化条件下的战争又是高度合成对抗，是诸兵种联合作战、共同参与的结果。面对这样的情形，军事刑法自然突出秩序价值的地位，这样才能确保军事秩序得以形成。如果军事刑法不能担负起建立并维护秩序的重任，军事刑法也就失去了其存在的价值和必要性。

第三章
军事刑法秩序价值的实现：犯罪与秩序

通说认为，犯罪的本质、刑罚的依据是社会危害性，是客观危害与主观责任的统一[1]。所谓客观危害，是指犯罪行为对刑法所保护的社会利益的具体损害，其中包括秩序的破坏。恩格斯指出："蔑视社会秩序最明显最极端的表现就是犯罪。"[2]把犯罪理解为秩序之害，与经验主义道德学说的指向有关：犯罪行为所蕴含的攻击性主要指向与行为者共同生活交往的其他社会成员，指向人们组成的某种社会关系[3]。环境主义的攻击性实验，也给我们理解犯罪性以启迪：对社会而言，攻击意味着环境遭受侵犯[4]。社会为保护自身生存条件，要设定犯罪、惩治犯罪，实现秩序。军事刑法的秩序价值，是通过犯罪、犯罪人这些实体范畴实现的。本章将从犯罪构成、犯罪类型、罪名设置等方面，具体讨论军事刑法秩序价值的实现问题。

第一节 犯罪设定与军事刑法秩序特性

犯罪是一种严重的越轨行为，刑法的犯罪设置，体现了对这种越轨行为的感知程度，反映了对无序的恐惧和对秩序的需要。人类的刑事制度史显示，"无论刑事制度产生的历史背景有多大差异，也无论刑事制度的具体内容如何不同，均毫无例外地表现出对危及社会基本秩序和善良愿望的暴力和不诚实行为的严厉禁止"[5]。但是，在这个前提之下，刑法具体罪名设置在古今中外却有很大差异。这种差异，来源于不同民族、不同阶段、不同空间对秩序

---

[1] 参见曲新久：《刑法的精神和范畴》，中国政法大学出版社2000年版，第209页。
[2] 中共中央马克思恩格斯列宁斯大林著作编译局编译：《马克思恩格斯全集》（第2卷），人民出版社1957年版，第416页。
[3] 参见白建军：《关系犯罪学》，中国人民大学出版社2005年版，第156页。
[4] 参见白建军：《关系犯罪学》，中国人民大学出版社2005年版，第155页。
[5] 张远煌：《犯罪学原理》，法律出版社2008年版，第533页。

第三章　军事刑法秩序价值的实现：犯罪与秩序

的不同认知。军事刑法对军事犯罪的设定，既根源于此，又受制于此；反过来，考虑不同民族、不同时期、不同地域对秩序的特定需求，又可以影响军事犯罪的设定，影响军事刑法秩序价值的实现程度。

　　社会学对犯罪的看法来自对涵盖更广泛的越轨行为的研究。越轨是指违反社会规范并激发负面社会反应的行为。犯罪就是由于其足够有害而被刑法禁止的行为，显而易见是一种极重的越轨类型。研究认为，越轨是一个相对的概念，并不是某个行为固有的特质，而是社会对该行为的看法，是他人对一个"冒犯者"采用规则或制裁的结果[1]。或者说，一个行为及其规则违反者，只有当其被他人标定为越轨时才变成越轨[2]。贴标签是因为行为离开、越过了轨道、正轨，给某种行为贴上越轨或犯罪标签，"也是一种建立在不同权力分配基础上的政治行为"[3]。权力分配的目的或结果是形成秩序，尤其是统治秩序。统治秩序往往是一个阶级、社会集团、群体的主观理想追求[4]。这种理想追求，或说有序的生活状态，是作为社会主体的人趋利本性的直接结果，是社会主体根据需求进行选择的结果。人对这种有序生活状态的选择既不是盲目的，也不可能是任意的，它是在历史、空间、民族等维度下，社会成员在一定范围内、一定程度上达成的共识，不得不按一定标准进行。这个标准，从习惯、道德、组织规则到最具规范意义的法律，既体现了秩序需求，也体现了秩序层次，更是秩序合力作用的结果，本身也是秩序的表征，是社会选择的最佳结果。法律作为社会成员对秩序的条件反射结果，体现了民族心理、特定文化、历史特性、社会规律、空间差异、地域区别这些特定维度的影响。正如哈耶克在《自由秩序原理》中所说，所谓社会秩序"在本质上便意味着个人的行动是由成功的预见所指导的，这亦即是说人们不

---

〔1〕　参见［美］斯蒂芬·E. 巴坎：《犯罪学：社会学的理解》，秦晨等译，上海人民出版社2011年版，第13页。从犯罪学角度看，凡是反对现存社会秩序的行为都是政治犯罪行为，但是如果社会普遍接受这一行为，就不再是犯罪。一旦它成为新的社会秩序，原有的秩序则是反常行为，维护旧秩序的则成为政治犯罪。可见，犯罪概念也是相对的、变化的。参见严景耀：《中国的犯罪问题与社会变迁的关系》，北京大学出版社1986年版，第40页。
〔2〕　参见［美］戴维·波普诺：《社会学》，李强等译，中国人民大学出版社1999年版，第219页。
〔3〕　犯罪标签理论的观点。参见张远煌：《犯罪学原理》，法律出版社2008年版，第136页。
〔4〕　有学者认为，早期现代化的历史发展进程中，存在着两种类型的政治犯罪：一类是力图恢复已失去的旧政权、旧秩序的政治犯罪；一类是力图建立新政权、新秩序的政治犯罪。参见李锡海：《现代化与犯罪研究》，中国人民公安大学出版社2009年版，第44页。

仅可以有效地运用他们的知识，而且还能够极有信心地预见到他们能从其他人那里所获得的合作"[1]。不同民族对不同秩序的刺激作出的"反射"大小不一，而不同历史阶段甚至会对某种秩序视而不见、充耳不闻，同样不同空间、不同地域也会在不同方面作出不同反应。正因为不同时间、民族、地域造就不同的社会秩序需求，故而军事刑法秩序价值也会呈现不同特点。因此，社会成员对秩序的条件反射不是一成不变的，需要根据具体时空条件及时修正"法律与秩序"之间的关系。反过来，在特定的时空、民族条件下，社会成员以法律为标准实施行为，又是对秩序合理性的认同和维护。因此，作为严重社会越轨行为的犯罪与秩序两者之间所具有的天然的密切联系中，重要的共同点就是相对性[2]，或说是否定性评价的相对性。

一、犯罪与秩序的空间性

空间可以区分为物理空间和心理空间。所谓物理空间，是指战场、军事行动区、非战场或非军事行动区等。这里讲的空间，专指物理空间。

秩序的空间性与犯罪的空间性之间具有一定的对应关系[3]。无论秩序的内容如何，秩序都只能在一定空间范围内展开、体现。一般来说，如果认为是严重危害社会的行为，刑法往往都要给予否定性评价，不论行为主体是否在特定空间内（如本国领土）。但是，确定哪些行为是危害社会的行为，并进而对这些危害行为进行评价却具有空间性。可以说，行为被认定为越轨的根据，并不仅仅在于行为自身，还要看其发生的环境：在一种环境中所谓的越轨行为在另一种环境里也许就是可接受的。例如，尼日利亚的刑事法律根据不同的地理区域规定了不同的刑事责任，算是典型的例子。尼日利亚的刑法典（1958年《刑法典》和《刑事诉讼法》适用于南部各州）与刑事法典

---

〔1〕 [英]弗里德利希·冯·哈耶克：《自由秩序原理》，邓正来译，生活·读书·新知三联书店1997年版，第201页。

〔2〕 秩序是一个相对的范畴，犯罪本身也具有一定的相对性。这一点，国内外学者都有论述。参见蔡道通：《刑事法治的基本立场》，北京大学出版社2008年版，第67、77页。

〔3〕 犯罪学也重视地理与犯罪的研究，例如城乡差别对犯罪的影响、特殊空间对犯罪学的意义以及特殊人文地理环境与犯罪的关联等。参见许章润主编：《犯罪学》，法律出版社2007年版，第191页。但是，犯罪学研究地理空间等因素，重点在于确定这些地理空间内犯罪是如何产生、诱发的，有何规律，与我们这里讨论的某些行为在不同空间里发生导致不同的评价这一问题是有区别的。

(《刑法典》、1960年《联邦条例》和1969年《刑事诉讼法典》普遍适用于北部各州）虽然均具有强烈的英国普通法色彩，但前者特别注入了诸如通奸、酗酒、侮辱妇女名节等传统的伊斯兰罪行。

确定行为是否具有社会危害性，要考察空间因素。对同样具有社会危害性的行为，法律是否将其确定为犯罪进行否定性评价，也要考察空间因素。例如，同样是自动投奔敌方的行为，是否发生在战场上，将决定对其做何种规定。我国《刑法》第423条规定："在战场上贪生怕死，自动放下武器投降敌人的，处三年以上十年以下有期徒刑；情节严重的，处十年以上有期徒刑或者无期徒刑。投降后为敌人效劳的，处十年以上有期徒刑、无期徒刑或者死刑。"该条规定的是"投降罪"，要求投降行为发生在战场上。然而，如果军人投奔敌方，不是发生在战场上，未实施危害国家安全的活动，只是有一般变节行为的，不以投敌叛变罪论处[1]，也不构成"投降罪"。再如，我国《刑法》第429条规定："在战场上明知友邻部队处境危急请求救援，能救援而不救援，致使友邻部队遭受重大损失的，对指挥人员，处五年以下有期徒刑。"该条规定的是"拒不救援友邻部队罪"，也要求行为发生在战场上。如果这种拒不救援行为发生在战场以外的空间，就不能构成该种犯罪。又如，我国《刑法》第444条规定："在战场上故意遗弃伤病军人，情节恶劣的，对直接责任人员，处五年以下有期徒刑。"如果遗弃伤病军人的行为发生在战场以外，则不构成该罪。还如，我国《刑法》第446条规定："战时在军事行动地区，残害无辜居民或者掠夺无辜居民财物的，处五年以下有期徒刑；情节严重的，处五年以上十年以下有期徒刑；情节特别严重的，处十年以上有期徒刑、无期徒刑或者死刑。"这里也特别限定了空间范围——"军事行动地区"。

正是因为秩序具有空间性，所以某种行为是否损害了秩序，要看行为的空间。行为如果发生在特定空间里，就可能损害某种秩序；反之，就可能无损这种秩序。对行为的评价也一样。行为如果发生在特定空间里，无论这种行为是导致物质方面的变化还是非物质方面的变化，立法者就认为该行为会导致既有秩序遭到破坏。如果这种社会危害性到达严重程度，就被确定为犯

---

[1] 参见曲新久主编：《刑法学》，中国政法大学出版社2009年版，第262页。

罪。因此，行为之所以被纳入刑法视野确立为犯罪，往往与秩序的空间性有关。我国军事刑法中关于"战场""作战区域"的规则，专门为确保军人在特定空间履行特定职责而设，说明规范对特定空间的"职责"履行有着特殊考虑。

二、犯罪与秩序的时间性

广义上的时间，首先是指平时、战时以及四季轮回、早中晚这样较短的时间段[1]。某些行为，在平时不构成犯罪，但在战时却构成犯罪。如军人自伤行为，平时并不构成犯罪，但战时军人自伤的，却要构成犯罪。其次，时间还指历史时期这样大跨度的时间段。相应地，我们称之为犯罪与秩序的历史性。

秩序具有强烈的历史性。在奴隶社会、封建社会，强调等级结构秩序。资本主义上升时期，则追求一种使自由而平等的竞争和人道主义生活成为可能的秩序。进入垄断阶段后，又强调一种"社会本位"的秩序，即强调"社会统合""社会连带""个人与社会的和谐"。犯罪也具有历史性。有些行为，如逃离部队、间谍行为、战时自伤、临阵脱逃、抗拒命令等，在古罗马时期就被认为是军事犯罪[2]，今天仍未改变。而有些行为，在某个时期被认为是越轨行为，但在另一时期则被认为是正常的；或者正好相反。

这里以对军队同性恋行为的评价与认识为例进行探讨。20世纪中叶以后，一些国家刑法对同性恋的干预逐渐消失[3]。但在军队，同性性行为却一直被

---

[1] 与前面一样，犯罪学也研究时间与犯罪的关系，如昼夜周期、自然周期、社会周期和季节周期等时间段落与犯罪原因和犯罪预防的关系。参见许章润主编：《犯罪学》，法律出版社2007年版，第184、185页。但这里的犯罪与时间的关系，则是从时间因素如何成为人们对某种行为作否定性评价的依据这一层面去考虑的。

[2] 参见[意]桑德罗·斯奇巴尼选编：《公法》，张礼洪译，中国政法大学出版社2000年版，第87～91页。

[3] 英国1967年的《性犯罪法》不处罚21岁以上男子之间发生的自愿且秘密的同性恋行为，1994年又规定年满18岁的两个人在私下发生的两愿鸡奸是合法的。参见[英]J·C·史密斯、B·霍根：《英国刑法》，马清升等译，法律出版社2000年版，第532页。法国也在1980年对同性恋作非犯罪化处理。参见[法]卡斯东·斯特法尼等：《法国刑法总论精义》，罗结珍译，中国政法大学出版社1998年版，第99页。德国1969年《第一部刑法改革法》废除了对成年男子同性行为进行刑事处罚的规定，1994年完全废除了对同性恋进行处罚的规定。参见何秉松主编：《刑事政策学》，群众出版社2002年版，第456页。20世纪60年代，美国的刑事政策发生转变。1962年的《模范刑法典（草案）》，主张将同性恋、通奸等除罪化。1976年，加利福尼亚州把成年人之间自愿的私人性行为合法化，成年人鸡奸等之类的无被害人犯罪行为从刑法中删除。

严格禁止，即使仅仅公开同性恋取向的军人也会受到处罚甚至被强制退伍。例如，秘鲁军队曾规定，军队人员无论在军营内外都不能和同性发生性关系，否则将受到开除军籍甚至监禁的惩罚[1]。阿根廷1951年的法律也对军中同性恋行为问罪。乌拉圭法律曾禁止同性恋入伍，美国亦是如此。美国还在1951年颁布的《统一军事司法法典》中规定了"鸡奸罪"。按照该法典第125条的规定，"受该法典管辖的人员，与同性或者异性的他人或者动物作非自然性交的，构成鸡奸罪，即使轻微接触，也构成犯罪既遂，应当由军事审判法庭惩处"。1981年，美国国防部从严规定，同性恋一律开除。

进入21世纪以来，各国对同性恋的态度发生很大变化，军队也在悄然改变。1999年，哥伦比亚根据宪法法院裁决取消军事法对同性恋者入伍的限制。2004年，秘鲁宪法法院废除禁止军中同性恋的规定，赋予军中同性恋者发生性关系的权利[2]。2005年，澳大利亚政府同意同性恋伴侣与异性恋伴侣在军中享有相同的权利待遇。2008年阿根廷最高法院宣布对军中同性恋的问罪行为违反宪法，国会通过新的军事法律。2009年，乌拉圭修改军校招生条件，同性恋将不再是入伍限制[3]。2013年，西班牙武装部队表示要严格执行军事刑法，彻底根除仇视同性恋的心理。在美国，1993年，克林顿推出"Don't Ask, Don't Tell"政策，规定同性恋军人只要不公开性取向，就可继续服役。2008年，奥巴马竞选总统时也作出废止"禁令"的竞选承诺。2010年5月，众议院表决通过废除禁令。9月，加州联邦法官菲利普斯裁定，军中禁止同性恋的规定带有歧视性、违反宪法，"Don't Ask, Don't Tell"政策违反了言论自由且侵犯了原告享有正当法律程序的权利，禁止未来继续实施该禁令[4]。12月，解除禁令的表决在美国参议院通过。2011年7月，时任国防部长宣布取消禁止同性恋公开在军队服役的政策。据统计，目前全球至少25个国家允许同性

---

[1] "秘鲁法院为同性恋开绿灯：军中同性性关系合法"，载http://news.sohu.com/20041112/n222960029.shtml，最后访问日期：2021年8月15日。

[2] "秘鲁法院为同性恋开绿灯：军中同性性关系合法"，载http://news.sohu.com/20041112/n222960029.shtml，最后访问日期：2021年8月15日。

[3] 本部分关于南美洲各国军队中同性恋问题的数据，都来自"南美洲四国开始取消同性恋者当兵禁令"一文。参见管彦忠："南美洲四国开始取消同性恋者当兵禁令"，载http://news.sohu.com/20101222/n278461512.shtml，最后访问日期：2021年8月15日。

[4] "美国军中同性恋禁令被裁定违反宪法"，载http://news.sohu.com/20100910/n274856328.shtml，最后访问日期：2021年8月15日。

恋服役而不受是否公开性取向限制[1]。

西方国家历史上对同性恋的犯罪化与宗教、伦理密切相关，宗教的一面表现为确信犯罪是对神意的违反，伦理的一面则表现为视犯罪为伦理上的恶[2]。而军队对同性恋的严格禁止，除了上述原因，还与对军事秩序的认识有关[3]。例如，在哥伦比亚司法部门讨论军队同性恋问题时，内政部支持当时有效的准则，以便使士兵的行为和纪律无可非议[4]。在美国，国防政策曾认为"同性恋者的存在，会对维持武装部队纪律、良好秩序及士气产生不良影响"[5]。1993年克林顿政策推出之际，一些高级官员认为同性恋对安全构成威胁，不适合作战，且会危及军中秩序。最有力的说辞是，军队生活不同地方，有特殊的生活工作条件，取消禁令将带来很大麻烦。2000年，美国《考克斯报告》指出军事领域中仍然存在着基于自愿的性交也构成犯罪这种情况，并认为性犯罪活动妨碍军事使命的履行，破坏军事单位的士气和信任，这种犯罪设定适宜军队这样的组织。[6]甚至在2011年国防部解除禁令后，一些高级军官担心会使士兵不睦，影响战场凝聚力。但是，无论如何，为什么曾经的"罪行"终于非罪化甚至在有些国家成为"权利"了呢？笔者分析，一个重要的原因就是，随着时间的推移，形势任务发生了变化，人们可能发现同性恋行为在今天不会危害到军事秩序，或者说与军事秩序相比，其他秩序更为重要，甚至消除对同性恋的歧视可能有助于更好地形成和维护军事秩序。美国加州海军研究机构的报告从心理学的角度驳斥了同性恋构成安全威胁的观念[7]。美国国防部的调查报告和高级军官的保证则从纪律维持与作战能力层

---

[1] 美联社援引加利福尼亚大学帕姆研究中心数据报道。载 http://news.cntv.cn/20101220/100517.shtml，最后访问日期：2013年2月1日。

[2] 肖怡："'无被害人犯罪'立法的比较研究"，载冯军主编：《比较刑法研究》，中国人民大学出版社2007年版，第353页。

[3] 当然，古希腊曾鼓励袍泽间的同性恋关系，认为这种私下的性倾向同军事技能没有太大关系，相反对战斗部队有好处。参见阿旭："美军中严禁同性恋的政策将面临挑战"，载《国际人才交流》1993年第4期。

[4] 管彦忠："南美洲四国开始取消同性恋者当兵的禁令"，载 http://news.sohu.com/20101222/n278461512.shtml，最后访问日期：2021年8月15日。

[5] 阿旭："美军中严禁同性恋的政策将面临挑战"，载《国际人才交流》1993年第4期。

[6] "美国统一军事司法法典颁行50周年委员会报告"（the Report of the Commission on the 50th Anniversary of the Uniform Code of Military Justice），由审核《统一军事司法法典》的考克斯委员会提交。

[7] 阿旭："美军中严禁同性恋的政策将面临挑战"，载《国际人才交流》1993年第4期。

面，说明"解禁"不会影响军队的"协同作战的能力"[1]，不会对美军产生不良影响[2]。南美各国宪法法院关于禁令违宪的裁决[3]以及澳大利亚国防部长关于"使所有劳动者不遭受歧视"的表态，说明了允许同性恋服役的人权保障价值。而关于禁令"导致人才流失"[4]的数据，则显示了"解禁"背后的国家目的。从军队对同性恋问题态度的历史转变可以看出，为何一种行为在不同历史时期有不同的评价，重要原因就在于犯罪与秩序的历史性，或说是：立法者对某种秩序的认识决定了某种行为的犯罪化与否，而这种认识与历史阶段有关（包括认识的历史局限性和特定历史阶段的秩序态势两方面，尤其是后者）。

三、犯罪与秩序的地方性

犯罪或越轨行为具有鲜明的地方性或说是民族性、共同体性[5]。在同一时期，世界上不同的国家、地区、共同体也总是存在不同的秩序[6]。这种不同，体现出不同的共同体对秩序的不同认识和要求。犯罪与秩序的这种特性与"这个地方"的历史、文化、传统、认知、精神、制度、结构等都有一定关系。

以军人关系秩序犯罪为例。官兵关系是军事秩序的基础。古今中外，没有哪支军队不重视维护官兵关系秩序。无论是"上对下"还是"下对上"，

---

[1] "美军被除名同性恋士兵将重返军营"，载http://xmwb.news365.com.cn/jjlw/201109/t20110908_3130818.htm，最后访问日期：2013年2月1日。

[2] "美国国防部长同意废除美军同性恋禁令"，载http://news.qq.com/a/20110722/001079.htm，最后访问日期：2013年2月1日。

[3] "南美洲四国开始取消同性恋者当兵的禁令"，载http://news.sohu.com/20101222/n278461512.shtml，最后访问日期：2021年8月15日。

[4] 赵帅："美军开除770名同性恋者——包括大批核武器、生化武器和导弹专家"，载《环球时报》2004年6月23日，第5版。

[5] 有人认为，民族精神对刑法的影响相对而言比较弱，但并非没有影响。参见齐文远、周详：《刑法、刑事责任、刑事政策研究——哲学、社会学、法律文化的视角》，北京大学出版社2004年版，第141页。

[6] 例如，在对待性秩序上，不同国家、地区的认识和要求就不一样。有的国家认为一夫多妻制是合乎教义、合乎法律的，而有的国家却认为一夫多妻是一种严重违背道德、违反婚姻家庭秩序的行为；有的国家认为卖淫嫖娼是不道德的，是需要以法律的强制力制止的，而有的国家却承认性交易行为的合法性，这正是其秩序的一部分。

虐待、侮辱、殴打、威胁行为都不利于生成和提高战斗力，不利于执行军事任务。因此，各国往往以严格的刑法维护适应本国国情、军情的官兵关系，维护良好的军队指挥、管理秩序。翻看外国军事刑法，我们发现，虐待部属或对部属施加暴力由于有害于军队凝聚力被普遍禁止。例如，《意大利平时军事刑法典》第195条规定，军人对下级使用暴力，处1年至3年军事有期徒刑；第196条规定，军人对下级当面以非法损害相威胁的，处6个月至3年军事有期徒刑。《美国统一军事司法法典》规定了"残暴和虐待罪"：长官或上级对所属人员施以残暴、迫害、凌辱的行为，最高刑为不名誉退役或品行不良退役，处1年苦役监禁。《加拿大国防法》中规定了"侵犯下级罪"：殴打或虐待军衔或职务低于自己的军人，可处2年以下监禁或较轻处罚。但是，外国法律更特别突出下级对上级的尊重、服从，规定了下级殴打、威胁或侮辱上级的犯罪。例如，《加拿大国防法》规定了"侵犯上级军官罪"：任何人殴打上级军官，或将武器对准上级军官，或对上级军官使用其他暴力，最高可处终身监禁；任何人对上级军官使用威胁性或侮辱性语言或举止不恭，最高刑可处从部队中可耻除名。《美国统一军事司法法典》规定了"不尊敬长官罪""企图伤害长官罪""对军官施暴罪""对士官施暴罪"等罪名。例如，对长官不尊敬，最高刑可处品行不良退役并科罚全部薪金，1年苦役监禁。《意大利战时军事刑法典》第49条规定："军人侵害最高指挥官的生命、健康或人身自由，处以包含开除军籍在内的死刑。"《俄罗斯联邦刑法典》也有对抗长官或强迫长官违反军役义务、暴力侵害长官等罪名〔1〕。

相比而言，在维护官兵关系方面，我国《刑法》规定的罪名少，且只是"上对下"的犯罪——虐待部属罪。从罪名设定看，并未突出强调惩罚部属、下级实施的侮辱、威胁、伤害上级的行为。在我国历史上，"爱兵如子"是爱兵的最高准则，特别强调发挥将领在履职尽责方面的表率作用。作为指挥员应起榜样带头作用，以身作则。在今天，我军坚持党对军队的绝对领导，军队的性质、宗旨、任务决定了官兵从根本上具有一致性。军队内部实行政治、经济、军事三大民主，使士兵可以通过相应渠道参与部队管理，而不是对上级绝对无条件服从。严禁打骂体罚士兵，加上有力的思想政治工作，有利于

---

〔1〕 第333条（对抗长官或强迫长官违反军役义务）、第334条（暴力侵害长官）。

官兵之间建立比较融洽的关系，形成下级对上级、部属对首长自觉、真诚地服从和尊重。可以说，靠民主平等而不是等级森严，靠高度政治自觉而不是严刑峻法，很好地解决了西方军队中普遍存在的首长压迫部属、下级反抗上级的行为。是否将侵犯上级定为犯罪，与秩序的民族性、地方性有关。可以说，我国刑法在维护上级与下级、首长与部属的关系问题上，采取的是上下平等，但重点维护部属、下级利益的原则，而这一点正是因为我军对官兵关系秩序的认识不同于西方军队，对秩序之害的指向有不同的侧重。

如前所述，空间也包括心理空间，可以认为是一个民族、共同体的心理域或认知域。研究军事刑法的秩序价值，当然要考虑秩序的空间特性，考虑不同物理空间对秩序的不同要求。但更重要的是，军事刑法秩序价值的研究，必须依托特定的民族心理域，贴近特定的共同体认知域。不从民族空间出发，无论是比较研究还是立法借鉴移植，结果都可能事倍功半。当前军事刑法价值研究中，应该不会有人无视"军事特性""战争需求"这样的研究基点，但笔者仍颇感困惑：当前的军事刑法价值研究是否真正立足于军队这样一个"独特的共同体空间"？无论市场经济如何发达，也无论它怎么把人假定为理性人、追求利益最大化的人，也无论个人主义意识如何强烈，军事组织的管理封闭性、结构简单性、利益一致性都不会改变，也就是说它相对于民间社会来说仍是所谓的"单位体制"，军事社会的功能和内容几乎都能在"单位"内部解决。所以，相对民间社会来说，它没有内部对立和分化的现实威胁，或者说它的秩序压力小得多。在这样的共同体空间里，与秩序相比，更缺自由；与军事刑法相比，秩序维系的路径更为丰富。

四、军事犯罪罪名设置中的秩序意蕴

罪名的设立体现了何种价值追求？

罪名的设置，取决于秩序的需要。罪名不仅仅是为定罪提供法律依据，而且是一种价值理念的宣示。也就是说，仅仅是罪名的存在，就足以起到反映立法者意图、威慑潜在犯罪人的作用。

（一）投降罪

投降罪在各国的军事刑法中广泛存在，更为平常的是，对投降行为的否定性评价，自古以来就存在。从集体来说，军人的投降行为必定造成己方战斗力的损失。这种战斗力损失，既包括有生力量的丧失，也包括士气的削弱。从个体来说，在没有其他出路的时候，在事实上反抗无济于事的时候，放下武器，求得生命存在的行为，似乎是个人的本能。但投降罪是一种什么行为呢？它的要件，基本上是"自动放下武器"。但这种自动比较难以界定。比较清楚的是，立法者是不愿意看到投降行为的。因为，投降行为很可能形成效仿效应。

（二）下级侵犯上级犯罪

侵犯上下级关系的犯罪，蕴含了怎样的法理、事理？《保加利亚刑法》将违抗命令和侵犯上级的行为视为危害从属关系的犯罪，其实很有道理。命令有对错，从属关系却是单一的，违抗命令肯定侵害了从属关系，但带来的结果却不一定是错。所以如果用下级侵犯上级，比用违抗命令更合理、更符合事实，否则就会出现自相矛盾的效果。如果定性为侵害从属关系的犯罪，这个问题就迎刃而解了。在我们的军事刑法里，并没有下级侵犯上级的犯罪。可能有以下原因：一是传统，我们一贯强调官兵一致，不主张从人身关系上看待问题，而是从职责上认识问题；二是这个问题可以通过军纪解决，《纪律条令》对服从命令体从指挥以及不同情况下的指挥关系有了具体规定；三是这种事情在我军确实少见。这也体现了我们对军事刑法秩序的理解，我们更多地将其理解为"事"上的秩序，而不是"人"上的秩序。

（三）战争罪

战争犯罪问题体现了胜利者对国际秩序的掌控、固化。《俄罗斯联邦刑法典》原来有相关规定，但后来删除了相关规定。《意大利军事刑法典》在这方面规定得最详细，但二战时作为法西斯国家，这种规定没有起到积极效果。我国军事刑法里也有关违反人道、侵害平民的规定，但总体较少。实际上，除了我军的优良传统之外，这也体现了我们的军事刑法秩序观。我国海外军事行动较少，海外战争行动更少，因而在一段时期，我们较少考虑军事刑法的域外适用，把军事刑法的秩序更多地理解为维护内在秩序包括最高秩序，较少去考虑发挥军事刑法在维护对外秩序方面的作用。

第二节　犯罪构成与军事刑法秩序追求

行为构成犯罪，首先在客观上要有罪行。罪行是犯罪的外在表现，其核心要素是实行行为,此外还包括行为对象、危害结果、因果关系、行为人身份,以及行为的时间、地点、方法等具体要件。

对军事刑法来说,条文中罪状规定什么样的实行行为、哪种形式的实行行为,对秩序价值的实现有重大意义。例如,同样是侵害军事秘密,"为境外窃取、刺探、收买、非法提供军事秘密罪"的实行行为是"为境外窃取、刺探、收买、非法提供军事秘密",而"故意泄露军事秘密罪"的实行行为则是"泄露军事秘密"。两相比较,就能发现军事刑法条文罪状规定了"为境外窃取、刺探、收买、非法提供军事秘密"这样的实行行为,是以"泄露军事秘密"这种实行行为为基础的。之所以这样规定,是为了更好地维护军事秘密,使军事秘密不为境外机构、人员获取和知悉。从实质上看,实行行为是能够直接造成刑法所保护的"法益损害结果"的行为;但在更广泛意义上,危害行为还包括非实行行为如预备行为、教唆行为、帮助行为等,对此,各国刑法或多或少地"直接作为犯罪在刑法分则中加以规定"[1]。例如,《意大利平时军事刑法典》第 197 条就规定了"合谋侵害岗位安全或指挥官的权力罪":"当数名军人为实施旨在侵害舰船、飞机、要塞或岗位的安全或妨碍指挥官行使权力的犯罪而合谋时,仅因该行为,对每人分别判处 2 年以上军事有期徒刑。"甚至连"阴谋行为"在某些国家军事刑法中都构成犯罪。例如,《瑞典刑法典》第 21 章第 15 条明确规定,"擅离军职罪""对上级实施暴力或威胁罪"的阴谋行为,依照第 23 章的规定[2]处罚。处罚阴谋的规定,反映了军事刑法鲜明的秩序价值意蕴。

除了以上两点外,军事刑法定罪条文罪状中还有其他内容,对于实现军事刑法的秩序价值有重要意义。

一、实行行为与军事刑法秩序价值

实行行为的客观表现形式多种多样,仅从其与刑法规范的关系看,可分为作为与不作为两种。不作为又可分为纯正不作为和不纯正不作为两种。刑法分则条文规定以不作为方式构成犯罪,行为人以不作为的方式实施,因而构

---

[1] 曲新久主编:《刑法学》,中国政法大学出版社 2009 年版,第 88 页。
[2] 阴谋是指某人决定与他人共同实施犯罪,以及某人同意、提议犯罪或诱使他人犯罪;法律有明确规定的,处罚阴谋。

成犯罪的，即为纯正不作为犯。刑法规范属义务性规范，以禁止性规范为主，命令性规范为辅，因此我国刑法分则直接规定的纯正不作为犯属极少数[1]。我国军事刑法规定的纯正不作为犯罪主要是遗弃型、拒绝型、失职型犯罪，其中主要是结果犯（"战时违抗命令罪""隐瞒、谎报军情罪""拒传、假传军令罪""拒不救援友邻部队罪""违令作战消极罪"）、情节犯（"遗弃伤病军人罪""遗失武器装备罪""遗弃武器装备罪"），也有行为犯（"战时拒不救治伤病军人罪"）。

　　但军事刑法命令性规范较多，这反映了军事刑法特定的秩序价值追求。因为，对于个人自由而言，刑法对个人积极实施某种行为的禁止就意味着对自由的某种限制，如果刑法再积极对个人施加命令，要求其"必须有效实施某种行为才能避免刑事追诉"，无疑是在更大程度上对人的自由的限制[2]。正因为如此，我国刑法大部分规定是禁止性规定，而命令性规范属少数[3]。但是，这极少数的命令性规范如果规定在军事领域或军事刑法中，则占比较大。军事刑法中纯正不作为犯较多，或者说军事刑法中命令性规范较多的现实，是否能证明此前的假设？白建军教授研究了不作为犯的法定刑和相似性问题，笔者认为可作为验证这种假设的平台。其通过数据分析得出的结论是：第一，刑法规定的作为义务与特殊身份（主要是特殊职务身份）之间存在关联；第二，法定不作为犯的成立都以行为人对危害结果有所预见而不仅是应当预见为前提；第三，法定不作为犯的设定比其他犯罪更加凸显公权的刑法保护；第四，法定不作为犯的刑量通常较轻，且入罪门槛较高[4]。从上述结论笔者可以推论，军事刑法中规定相对较高比例的不作为犯，是与军事刑法规

---

[1] 参见曲新久等：《刑法学》，中国政法大学出版社2004年版，第78页。而有的研究则认为，我国刑法中纯正不作为犯罪有54种，占刑法罪名总数的11.9%，占不作为犯罪总数的40.9%。其中第十章"军人违反职责罪"中有9种：战时违抗命令罪，隐瞒、谎报军情罪，拒传、假传军情罪，违令作战消极罪，拒不救援友邻部队罪，遗弃武器装备罪，遗失武器装备罪，遗弃伤病军人罪，战时拒不救治伤病军人罪。参见孙春雨：《我国刑法中不作为犯罪理论与实务》，中国人民公安大学出版社2012年版，第14~21页。当然，对于第422条规定的"拒传、假传军令罪"的性质有学者有不同意见，认为其很难归入这两种犯罪中的任何一种，应当属于选择不作为犯。参见白建军："论不作为犯的法定性与相似性"，载《中国法学》2012年第2期。

[2] 参见白建军："论不作为犯的法定性与相似性"，载《中国法学》2012年第2期。

[3] 参见白建军："论不作为犯的法定性与相似性"，载《中国法学》2012年第2期。

[4] 参见白建军："论不作为犯的法定性与相似性"，载《中国法学》2012年第2期。

定的犯罪行为人身份相关的，也是由行为人承担的职责、职务决定的，凸显了刑法对军事权、军事秩序的保护；也正因为行为人比其他人承担了更多特定的义务、职责，所以在刑量上相对较轻。白建军教授还特别说明了"大部分身份犯不是法定不作为犯"，这一点更证明了无论是不服从命令型还是不履行职责型纯正不作为犯，军事刑法都更可能对行为人因身份科加更多的特定义务。从立法宗旨看，刑法设定纯正不作为犯，突出的是以国家和社会为代表的集体利益，以整体主义为本位，虽有违人权保障之机能，但是设定规模恰当的命令性规范，对人们科加特定的积极社会义务，却是刑法维持社会秩序之必不可少的。军事刑法是刑法中命令性规范较多的领域。它以积极义务为内容，即命令行为人积极为一定的行为，否则就构成刑事违法，它是禁止性规范的必要补充。战争是庞大复杂的工程，牵一发而动全身，需要目标明确、计划周密、协同密切、履职尽责。因此，不仅相应的军事法规规定了繁密的军人职责、操作规程、协同要求，而且军事刑法以命令性规范的形式，规定了违反义务到一定的程度所要承担的刑事责任，而这些义务的来源正是军事法规中明文规定的某些义务。军事刑法正是通过特别规定某些纯正不作为犯的形式，实现对军事行为的控制，进而有力地维护国家军事利益，维护国家的军事秩序。

从军事刑法中纯正不作为犯的罪名看，主要涉及维护忠诚职守秩序、决策指挥秩序、协同保障秩序和人道保护秩序，除了明文规定的刑法义务外，行为人负有的这种积极作为义务还有其他来源，如《兵役法》《中华人民共和国国防法》（以下简称《国防法》）《内务条令（试行）》《纪律条令（试行）》规定的"英勇顽强，不怕牺牲""服从命令，听从指挥""互相爱护，互相帮助""积极配合，密切协同""积极支援，坚决完成任务""战时组织伤员的救护、卫生处理和后送"等职责义务。这些职责义务，同样也是军纪评价的对象。军事刑法认为不积极履行这些职责的行为，严重侵害了军事秩序，所以特别以不作为犯的形式把这几种不积极履职的行为规定为犯罪。在第一章中，我们从秩序边界的角度讨论了军纪与军事刑法的衔接问题。在这里，我们则以不作为犯为切口，从秩序实现的角度，以不报告、不阻止军事犯罪的行为为例，再进一步讨论军纪与军事刑法的衔接问题。

有些研究曾提出应在军事刑法中增设"隐瞒重大事故案件罪"[1]或"知情不报罪"。理由概括起来主要是：第一，见危施救是军事法规明确规定的军人职责义务，虽然我国刑法没有规定"见危不救罪"，但军事刑法却规定了"拒不救援友邻部队罪""遗弃伤病军人罪""战时拒不救治伤病军人罪"三个"见危不救"类犯罪。第二，《预防犯罪工作条例》明确规定，发现犯罪迹象或者发生犯罪案件，有条件处置而不处置或者不及时处置，造成危害后果的；发生犯罪案件后，故意延误报告、隐瞒不报、作虚假报告或者不依法处理的，依照《纪律条令（试行）》和其他有关规定，对负有直接责任的人员及负有领导责任的人员给予处分；构成犯罪的，依法追究刑事责任。第三，虽然在我国《刑法》中，公民并不承担向有关机关报告犯罪行为、阻止犯罪行为的义务，但有些国家军事刑法中，却明确规定了"不报告罪""不阻止罪"，即如果得知某些犯罪而不向有关部门报告，不采取可能的手段加以制止，就构成犯罪。

笔者认为，刑法很难针对一切普通公民设定见危施救的命令性义务，而只可能针对特定主体的"见危不救"行为设定命令性规范，否则可能导致道德过度的法律化，模糊了刑法的秩序边界。因此，军事刑法设立"拒不救援友邻部队罪""遗弃伤病军人罪""战时拒不救治伤病军人罪"，从刑法的规范特点、人权保障机能、秩序维护需求三个角度看是协调的、合适的。但是否要在此基础上，设立所谓的"不报告、不阻止犯罪罪"，则是需要认真讨论的。设立"不报告、不阻止犯罪罪"的典型是《意大利军事刑法典》，不妨以此为例进行分析。

《意大利军事刑法典》规定的"不报告罪"，既有平时犯罪，也有战时犯罪，主要针对两种犯罪。一是，针对侵害军事忠诚和防卫的犯罪。《意大利平时军事刑法典》第100条规定，军人得知某人犯有本节或以上各节规定的、依法应判处5年以上有期徒刑或军事有期徒刑或更重刑罚的犯罪（主要指叛逆、间谍和泄密行为）而不立即向上级报告，处3个月至2年军事有期徒刑；如果犯罪人是军官，适用1年至3年军事有期徒刑。《意大利战时军事刑法典》第83条规定：军人得知发生以上各节规定的并且依法应判处5年以上有

---

[1] 张建田："论军人违反职责罪的立法完善"，载《法学杂志》2008年第4期。

期徒刑或更重刑罚的犯罪（主要指战时叛逆、间谍、泄密以及非法收集、传播、公布军事消息），不立即向上级报告，处 6 个月至 3 年军事有期徒刑；如果犯罪人是军官，适用 2 年至 4 年军事有期徒刑。《意大利战时军事刑法典》第 90 条规定：军人在得知发生前条第 1 款（军人为实施下列行为而合谋的：实施侵害最高指挥官生命、健康或人身自由的，为反叛国家而离队的，帮助敌人的，实施军事间谍行为的，向敌人泄密的，不以帮助敌人为目的泄密的）规定的犯罪之后，不向上级报告或迟延报告，处 6 个月至 2 年军事有期徒刑；如果犯罪人是军官，加重处罚。二是，针对造反、哗变的犯罪。《意大利平时军事刑法典》第 177 条规定，军人虽未参加第 174 条（造反）和第 175 条（哗变）列举的行为，但在得知有关消息后不立即向上级汇报，处 1 年以下军事有期徒刑；如果犯罪人是军官，处 1 年至 2 年军事有期徒刑。《意大利军事刑法典》规定的不阻止犯罪的犯罪，也是既有平时犯罪，也有战时犯罪。根据《意大利平时军事刑法典》第 138 条的规定，在任何情况下（保留《意大利刑法典》第 40 条第 2 款规定），军人因害怕危险或因其他不可原谅的原因，未尽一切可能制止当场发生的侵犯军事忠诚或防卫犯罪、"暴动罪""哗变罪"的，应根据本条规定处罚。根据《意大利战时军事刑事法典》第 230 条规定，在任何情况下（保留《意大利刑法典》第 40 条第 2 款和《意大利平时军事刑法典》第 138 条规定不变），军人因害怕危险或因其他不可原谅的原因，不采取可能的手段制止第 186 条（军事抢掠）、第 187 条（在敌国制造火灾，毁坏或严重损坏）、第 192 条（虐待伤病员或遇难人员）、第 193 条（抢掠伤病员或遇难人员）、第 202 条（俘虏集体造反）、第 203 条（俘虏集体不守纪律）规定的某一犯罪的，根据本条规定处罚。

从上述规定看，意大利对"不报告罪"这种不作为犯的处罚因身份而有差别（军官加重），对"不阻止罪"不因身份而有差别。相比而言，我军 2007 年发布的《预防犯罪工作条例》对不报告行为的处置也有身份要求：有条件处置者、有职责报告或依法处理者。而《纪律条令（试行）》第 137 条的规定的"工作失职"这一情形则应理解为针对所有担负职责的军人。从这一点看，以我国军事法规定的职责、义务来源作基础，军事刑法有确立类似行为为不作为犯的机会和可能。但是，在《意大利军事刑法典》中，"不报告罪""不阻止罪"的作为义务的行为对象却是有限的几类。所谓的不报告、不阻止犯罪的行为构成军事犯罪，并非针对一切犯罪行为，而是仅仅针对侵犯忠诚和防卫秩序的叛逆、哗变、暴动、战俘失控等行为，侵犯人道秩序的抢掠、虐待等行为。具体分析这些犯罪，就会发现立法的这种选择，反映了《意大利军事刑法典》所维护、体现的主要是忠诚秩序和人道秩序。但是，我国军事刑法基本没有规定叛逆、哗变、暴动等这些鲜明的以维护忠诚秩序为目的的犯罪类型，有关人道犯罪的罪名也非常少。从这个角度看，我国军事刑法如果将来要增设"不报告罪""不阻止罪"，就不能对《意大利军事刑法典》照搬照抄。因为它的这两类犯罪是以特定的危害忠诚秩序犯罪为基础的。此外，从秩序的维护需要看，我国军事刑法在目前罪名有限的情况下，也不宜增设这两类犯罪。

二、危害结果与军事刑法秩序价值

与实行行为相对的是危害结果，是指刑法规定的危害行为对集体或个人法益造成的实际损害。作为犯罪构成要件的危害结果，"只能是实际的、现实的对法益的损害"，不包括危险[1]。我国刑法既规定了有危害结果的情形，也在一些场合没有规定危害结果作为构成要件。第一种是行为犯，这种犯罪的构成不要求发生实际危害结果，只要行为人实施了法定的实行行为，就可以认为是犯罪；第二种是危险犯，这种犯罪以发生某种严重后果的具体危险为构成要件。

相对于刑法其他部分，我国军事刑法中规定的行为犯、危险犯较多。例如，"投降罪"（《刑法》第423条）、"战时临阵脱逃罪"（《刑法》第424条）、"阻碍执行军事职务罪"（《刑法》第426条）、"非法获取军事秘密罪"（《刑法》第431条第1款）、"为境外窃取、刺探、收买、非法提供军事秘密罪"（《刑法》第431条第2款）、"盗窃、抢夺武器装备、军用物资罪"（《刑法》第438条第1款）、"战时拒不救治伤病军人罪"（《刑法》第445条）、"私放俘虏罪"（《刑法》第447条）等都是典型的行为犯。有些犯罪则是非典型的行为犯，因为在具备某些情节时并不要求有危害后果，如：擅自出卖、转让军队房地产给境外的机构、组织、人员的行为（《刑法》第442条），非

---

[1] 参见曲新久主编：《刑法学》，中国政法大学出版社2009年版，第92页。

第三章　军事刑法秩序价值的实现：犯罪与秩序

法出卖、转让枪支、手榴弹、爆炸装置的行为（《刑法》第 439 条），遗弃枪支、手榴弹、爆炸装置的行为（《刑法》第 440 条），遗失武器装备不及时报告、战时遗失武器装备的行为（《刑法》第 441 条），战时强奸无辜居民、抢劫无辜居民财物的行为（《刑法》第 446 条），指挥人员虐待俘虏的行为、虐待伤病俘虏的行为（《刑法》第 448 条）。危险犯主要有："军人叛逃罪"（《刑法》第 430 条）、"战时造谣惑众罪"（《刑法》第 433 条）、"战时自伤罪"（《刑法》第 434 条）。

　　在刑法学上，存在着法益侵害说和规范违反说两种理论观念。采取哪一种刑法观念会对军事刑法的价值取向产生重要影响。法益侵害说是比较流行的学说。这种学说的立足点是个人主义、自由主义或说是权利本位主义，它把犯罪本质视为对法益（生活利益）的侵害或者危险，因而违法性的实体内容或说进行否定性评价的标准是行为对法所保护的共同生活利益（法益）造成实质侵害或者引起危险，所以一般赞成结果无价值论[1]。基于其协调个人与整体之间利益冲突的立场，该学说与维护军事秩序所要求的整齐划一难以"情投意合"。所以，"有的情况下用法益侵害说惩罚犯罪总是显得为时已晚"[2]。规范违反说的代表人物雅科布斯从整体主义出发，确认义务本位[3]，认为规范违反理论是合适的，特别是在刑罚目的理论上，因为"行为是对规范适用的损害，而刑罚则是对这种损害的清除"[4]。在规范违反说看来，秩序与犯罪是原因与结果的关系，如果无所谓秩序当然不会存在这种犯罪或那种犯罪，因此犯罪只有在与被犯罪行为破坏的现实秩序中才能得到理解，也才有意义。规范违反说认为违法性的实质是违反法秩序、法规范或者往本质上说是违反了刑法规范背后的特定社会伦理秩序规范，因而它有助于形成对法律的信仰，有助于社会正义之实现，而这与以军事秩序为基础的军事刑法是不谋而合的。法益侵害说侧重消极预防，以报应主义为刑罚正当化之主要根据，规范违反说则主张积极的一般预防，主张稳定社会规范，维持社会规范的

---

[1] 参见张明楷："新刑法与法益侵害说"，载《法学研究》2000 年第 1 期。
[2] 周光权："论刑法学中的规范违反说"，载《环球法律评论》2005 年第 2 期。
[3] 参见［德］京特·雅科布斯：《规范·人格体·社会——法哲学前思》，冯军译，法律出版社 2001 年版，第 30 页。
[4] ［德］G·雅各布斯："刑法保护什么：法益还是规范适用？"，王世洲译，载《比较法研究》2004 年第 1 期。

同一性〔1〕，尤其是要"建立生活利益的保护和规范有效性的维持之间的同一性和关联性"〔2〕，"以确保公众对于规范的信赖，促进刑法的公众认同"〔3〕。两种刑法观念也影响着军事刑法机能的定位。军事刑法中行为犯和危险犯较多，更多地反映了军事刑法的特殊性，是军事刑法秩序价值实现的重要依托。当然，可能有学者对此会有担忧，认为刑法设定犯罪是为了保护法益，而一般而言，法益受到现实侵害也就是犯罪的一般既遂状态。考虑到社会生活之复杂，刑法设定危险犯、行为犯不可避免，但过多则属非正常现象。对实害犯与危险犯的法定刑设定应有一定差别甚至重大差别，尤其是在同类别保护客体的犯罪中。诚然，对某类秩序的保护十分重要，但如果因此而混淆实害与危险性质上的本质区别和危害程度上的重大区别，"对具有重大区别的行为规定相同的刑罚"，则是不公正立法〔4〕。但是，从军事刑法的特殊性来说，这一点很难避免，所以也就有了是否要单独立法的争议。

三、行为人身份与军事刑法秩序价值

恩格斯说，身份等级制度，已成为国家组织中被确认的，行政上正式起作用的要素〔5〕。中国传统社会是身份等级社会。在这种社会中，身份与秩序具有密切的关系，或者说身份本身就是秩序的一部分或秩序的表征、秩序的手段、秩序的结果。正如学者所说，传统身份等级社会通过制度化和结构化的方式，形成了中国的身份规则体系，而这些规则体系形成了各文化共同体特有的社会结构秩序；其中，结构化的过程把社会成员的身份标签化，使社会有了结构秩序，而制度化的过程则赋予这一身份标签相应的行为规则并形成体系，于是人类的结构秩序得以延续〔6〕。

---

〔1〕 参见周光权："中国法学知识的形态与反思（二）：中国刑法学的想象力与前景"，载《政法论坛（中国政法大学学报）》2006年第6期。

〔2〕 周光权："论刑法学中的规范违反说"，载《环球法律评论》2005年第2期。

〔3〕 周光权："论社会转型时期职务犯罪预防的新课题"，载《政治与法律》2007年第5期。

〔4〕 参见李洁："法定最高刑与最低刑研究"，载冯军主编：《比较刑法研究》，中国人民大学出版社2007年版，第248页。

〔5〕 参见中共中央马克思恩格斯列宁斯大林著作编译局编译：《马克思恩格斯全集》（第19卷），人民出版社1963年版，第556页。

〔6〕 参见王欢："中国古代社会中身份规则的结构化和制度化研究"，载《史学集刊》2006年第2期。

第三章 军事刑法秩序价值的实现：犯罪与秩序

身份有多重含义。《辞海》认为，身份是指人的出身、地位或资格[1]。马克思认为：身份是指人在一定社会关系中的地位，因而人人皆有身份[2]。身份在法律层面是指人的法律地位。刑法上研究的是行为人的特定身份，也就是对是否存在刑事责任以及影响刑事责任程度的有意义的身份[3]。这种身份主要包括两种：一是像军人这种国家法律赋予的某种特定资格，二是医师等这种业务上的特定资格[4]。世界各国的刑法大都有关于身份的规定，如在俄罗斯称为"专门主体"。1996年的《俄罗斯联邦刑法典》第332条至第352条，就是以对兵役的态度来说明、界定专门犯罪主体的。我国大多数学者对刑法中身份的界定是从犯罪主体的角度看的[5]，而且往往将刑法中的身份与身份犯中的身份等同。所谓身份犯，是指客观构成要件要求自然人具备特殊身份或者刑罚的加重减轻以行为人具有特殊身份为前提的犯罪[6]。在关于身份与秩序的讨论中，本书认同上述观点。

军人身份是我国刑法规定的法定身份、纯正身份、定式身份。军事犯罪属于法定身份犯，即基于《国防法》《兵役法》《中华人民共和国军官法》（以下简称《军官法》）等法律赋予的身份而构成犯罪。一般来说，法定身份犯的量刑幅度、起点刑都较高。军事犯罪又属于纯正身份犯，必须具有一定的身份或特殊关系者（执行军事任务）才构成犯罪。刑法之所以规定纯正身份犯，是为了保护某种特定法益[7]。军事刑法保护的国家军事方面的法益，具有相当的特殊性。军事犯罪还属于定式身份犯，犯罪主体的身份以一定法律程序（入伍）赋予，具有相对固定性、稳定性和确定性（军官证、士兵证、

---

[1] 参见夏征农主编：《辞海》，上海辞书出版社2002年版，第1637页。
[2] 参见中共中央马克思恩格斯列宁斯大林著作编译局编译：《马克思恩格斯选集》（第1卷），人民出版社1997年版，第18页。
[3] 参见马克昌主编：《犯罪通论》，武汉大学出版社1991年版，第292页。
[4] 当然，有研究认为自然人身份犯包括以下类型：具有特定职务的人员身份（国家工作人员身份、国家机关工作人员身份、履行某种职能的国家机关人员身份、军职人员身份、其他具有特定职务的人员身份）、从事特定职业的人员身份、负有特定职责和义务的人员身份、其他可以作为自然人身份犯之身份的人员身份。参见徐留成：《身份犯比较研究》，人民法院出版社2013年版，第66~76页。
[5] 参见李成：《共同犯罪与身份关系研究》，中国人民公安大学出版社2007年版，第24页。
[6] 参见张明楷：《刑法学》，法律出版社2007年版，第127页。
[7] 参见李成：《共同犯罪与身份关系研究》，中国人民公安大学出版社2007年版，第51页。

军衔命令状等就是证明)。有学者认为,定式身份犯的犯罪主体身份不但意味着权力,更意味着义务和法律责任,具有定式身份的人违背职责构成犯罪,应该给予比不定式身份犯更重的刑罚处罚[1]。军人身份的确不但意味着权力而且意味着义务。前述在论及军事伦理时,笔者曾提到国家常备军建立之前的军人招募问题,那时主要靠荣誉、金钱等手段;待国家常备军建立之后,全民兵役制的确立使得服兵役成为公民的最基本义务,服兵役成为公民—国家结构模型中最基本的关系、秩序。公民因服兵役而区别于公务员这样同为法定身份、定式身份和纯正身份的身份,他不是因有直接利害关系而主动获取这种身份,而是来自于宪法和法律的强制性规定[2]。他所行使的权力(军事权)更强大、更基础、更难以羁束,因而对与这种权力(军事权)塑造、维护的秩序相适应的身份科加的责任、约束也就越多、越严。例如,军人犯罪在刑法的空间效力上适用严格的属人管辖——我国军人在我国领域外犯我国刑法规定之罪的适用我国刑法。对军事犯罪而言:首先,军人与普通公民因身份差别决定了在军事秩序结构中的位次不同。根据我国《宪法》,全民都担负一定的国防义务,只是形式、内容不同而已。因而,在公民—国家的结构模型中,每个公民都可能在适当的时候、以适当的形式成为军事刑法所调整的结构秩序的节点。例如,担负军事订货供应任务、参加军事训练时,处理与军事场所、军事装备、军事专用标志的关系时,执行军事任务时,普通公民、预备役人员都将处于军事刑法所调整的秩序之中。只不过,是处于秩序的中心还是秩序的边缘而已。一般来说,在危害国防利益罪领域,普通公民处于秩序的中心;而在军人违反职责罪领域,普通公民则处于军事秩序的边缘。军人身份与军事刑法所调整的秩序具有历史的、根深蒂固的契合性,军人是军事刑法所调整的结构秩序最重要的节点。其次,军人身份亦可分为一般军人身份和特定军人身份,两种身份差别决定了在军事秩序结构中的支配地位不同。白建军教授认为,按照加害人身份地位的不同,犯罪分为凭借

---

[1] 参见王雨田:"刑法中身份与身份犯的问题研究",载齐文远、夏勇主编:《现代刑事法研究》,北京大学出版社2004年版,第154页。

[2] 例如,《宪法》第29条第1款规定,中华人民共和国的武装力量属于人民。它的任务是巩固国防,抵抗侵略,保卫祖国,保卫人民的和平劳动,参加国家建设事业,努力为人民服务。第55条规定,保卫祖国、抵抗侵略是中华人民共和国每一个公民的神圣职责。依照法律服兵役和参加民兵组织是中华人民共和国公民的光荣义务。

第三章　军事刑法秩序价值的实现：犯罪与秩序

身份地位优势所实施的犯罪和没有身份地位优势可凭借的一般犯罪[1]。笔者认为这种优势，就是权力配置、资源分配的主导地位，就是秩序结构的层次和方向表现，就是维护特定军事秩序的凭借。在军人违反职责罪中，一般犯罪与优势犯罪之比约为1∶3，共有23个犯罪是优势犯罪[2]。这个统计，直观地显示了一般军人身份与特定军人身份所隐含的秩序比较。

接下来，以我国军人违反职责罪主体历史演进为例，再进一步具体分析。

第一，从"以军人论"到"适用本章"。1982年开始实施的《军职罪暂行条例》明确军职罪的主体是军人，军内在编职工适用本条例，这种做法为1997年《刑法》所吸纳，但其并未穷尽可能成为军职罪主体的其他人员。此后的有关修改稿则是在具体界定军职人员范围的同时，明确哪些人员"以军人论"，但"以军人论"的提法实际上并不恰当，没有客观反映出这些人员构成军职罪主体的原始性。由此看出彼时对身份与秩序问题的模糊认识。《刑法》第420条则直接规定本章适用的范围。但是，在习惯上，仍然使用"以军人论"这种提法。[3]这个问题直到《立案标准2013》才明确解决。第二，从直接"适用本条例"到"执行军事任务"的适用本章。《军职罪暂行条例》明确规定"军内在编职工犯本条例之罪的，适用本条例"，1994年10月的大改修改稿规定中国人民解放军和武装警察部队在编的职员、工人是军职人员，1995年4月征求意见稿规定中国人民解放军和武装警察部队的在编职员、工人"以军人论"。上述规定表明，对于军内在编职工构成军人违反职责罪主体这一问题，当时是不问执行军事任务与否的。到1995年9月的草案则规定，其他人员只有执行军事任务，才能"以军人论"。1997年《刑法》也明确规定，其他人员执行军事任务的才适用《刑法》第十章的规定。[4]这类人员与部队有正式劳动关系并长期在军队工作，且有相当一部分在重要岗位担负保障服务工作，存在危害国家军事利益的可能。对在编职工构成军职罪主体身

---

[1] 参见白建军：《关系犯罪学》，中国人民大学出版社2005年版，第262页。
[2] 参见白建军：《关系犯罪学》，中国人民大学出版社2005年版，第264页。
[3] 如，解放军军事法院下发的参考用书就使用"以军人论"。参见解放军军事法院编：《中华人民共和国刑法危害国防利益罪、军人违反职责罪注释》，解放军出版社1999年版，第24页。
[4] 执行军事任务是指担任与军事活动有直接关系的具体工作，如参战、参训、随同部队执行任务、保障部队正常工作等。即执行作战、支前、战场救护等任务。

份要求的变化，反映出我们对军事刑法所调整的秩序的边界和层次有了更为准确的认识。第三，从"军内在编职工"到"其他人员"。对军内在编职工这一类人员，1982年开始实施的《军职罪暂行条例》的提法是"军内在编职工"，1994年10月大改修改稿的提法是"中国人民解放军和武装警察部队的在编的职员、工人"，1997年《刑法》的提法是"其他人员"。"其他人员"包括在战时和平时训练中临时征用的民工或者受委托执行军事任务的地方人员。如在战时为部队担任向导的地方人员，在战时为部队担负物资运输任务的人员，以及在训练、演习中被征用的船舶的船员等。他们虽为地方人员，但正在执行军事任务，所以都负有与军事有关的职责，属于军职人员〔1〕。1995年9月的草案首次提出"执行军事任务的其他人员"这一概念，规定"其他受委托执行军事任务的人员"的身份是"以军人论"。

当前关于军队文职人员作为军人违反职责罪主体的问题有一些讨论。文职人员是军队人事制度改革的新产物。2005年公布、2017年修订的《中国人民解放军文职人员条例》（以下简称《文职人员条例》）第2条规定，文职人员，是指在军民通用、非直接参与作战且社会化保障不宜承担的军队编制岗位从事管理工作和专业技术工作的非现役人员，是军队人员的组成部分。近年来，聘用到教学、科研、工程技术、医疗等专业岗位上的许多文职人员参加了部队演习等重大任务。文职人员在参加作战、军事演习、军事训练或处置突发事件期间，有违反《刑法》分则第十章规定的危害国家军事利益的行为，应适用《刑法》第十章的规定，这一点没有疑问。但是，文职人员在非执行军事任务时就不能构成军职罪主体了吗？2021年3月1日起施行的《中华人民共和国刑法修正案（十一）》[以下简称《刑法修正案（十一）》]明确"本章"（刑法第十章）适用于文职人员。作出这一重要修改，主要是基于如下几个方面。

首先，文职人员担负着相当重要的岗位职责，而这些岗位曾经一度由军官（文职干部）担任，现在改由文职人员担任，并不是因为这些岗位不再重要，而是出于军队充分利用社会人力资源的需要，是军队现代化改革的结果。如前所述，军人违反职责罪的主体是具有特殊身份的人员。刑法上区分行为

---

〔1〕 参见黄林昇、王小鸣：《军人违反职责罪》，中国人民公安大学出版社1998年版，第9页。

人的自然身份与法定身份，其意义在于通过对犯罪主体特殊身份的了解，准确而深刻地把握刑法设立此项规定的原义[1]，因此我们可以这样理解：军事刑法规定了特殊的身份条件，表面上是惩罚具有特殊身份者，实质上是惩罚与特殊身份、职责相联系的危害行为。而且，我国刑法将军人违反职责罪规定为由具有特定职务的人构成的犯罪[2]，而不是具有特定法律地位的人或特定职业的人构成的犯罪，可见这里所强调的也是特定职务本身。如前所述，文职人员与军内在编职工并不一样，他们在军队编制岗位从事管理工作和专业技术工作，既然刑法"惩罚特殊身份的根本原因在于惩罚与其职责相联系而违反职责的行为"[3]，那么就有理由将文职人员直接明确为军职罪犯罪主体，而不是归为执行军事任务的其他人员。其次，《文职人员条例》规定，文职人员要履行相应的义务，而这些义务类似于军人的一般职责[4]。对文职人员的这些约束，尤其是关于服从命令、根据需要参加作战支援保障等活动的义务，更是明显体现出文职人员与"现役军官（文职干部）同类岗位相应职责"的类似性。再其次，《中央军委关于军队执行〈中华人民共和国刑事诉讼法〉若干问题的暂行规定》，将参战部队所属的文职人员与现役军官、文职干部、士兵、具有军籍的学员等列为一类，同遂行作战以及配属参战部队执行保障任务的预备役人员和其他人员区别开来，也反映出文职人员在部队所担负的任务职责的特殊性。最后，《文职人员条例》规定，文职人员参加军事训练、非战争军事行动和作战支援保障任务期间的医疗保障，实行军队免费医疗。文职人员因执行上述任务伤亡的抚恤，参照《军人抚恤优待条例》有关规定办理。所以，从文职人员享受的待遇看，其较军内在编职工也更接近于军人性质。

从上述几个方面看，由于文职人员在岗位职责上几同军人（文职干部）身份，因此在非参加作战、军事演习、军事训练和处置突发事件期间，发生

---

[1] 参见高铭暄、马克昌主编：《刑法学》，北京大学出版社、高等教育出版社2000年版，第101页。

[2] 参见黄林昇、王小鸣：《军人违反职责罪》，中国人民公安大学出版社1998年版，第295页。

[3] 高铭暄、马克昌主编：《刑法学》，北京大学出版社、高等教育出版社2000年版，第101页。

[4] 其中包括：（一）忠于祖国，忠于中国共产党，努力为军队建设服务；（二）遵守宪法、法律、法规和军队有关规章制度；（三）服从命令，听从指挥，遵守法律，保守秘密……（七）根据需要，参加军事训练和非战争军事行动，承担相应的作战支援保障任务，依法服现役……

侵害国家军事利益的行为，如果按照刑法分则规定的其他犯罪处罚就会有问题，就有可能违反罪刑相适应原则。比如，某文职人员与军官、文职干部都在同样的岗位上履行职责（如在密钥中心工作），如果出现文职人员与军官同样故意为境外非法提供军事秘密单独构成犯罪而非共同犯罪的情况，其中军人按照"为境外非法提供军事秘密罪"处罚（犯本罪的，起点刑为10年有期徒刑），而文职人员因为非执行军事任务[1]而按照《刑法》规定的"为境外非法提供国家秘密罪"处罚（犯本罪的，起点刑为管制或剥夺政治权利），显然二人得到的刑罚惩罚有轻有重。因此，考虑到《文职人员条例》已经出台并对文职人员的身份定位、权利义务进一步作出调整，考虑到文职人员庞大的数量，考虑到军事刑法中身份与秩序的这种高度契合性、秩序的内在协调性，明确规定文职人员直接适用《刑法》第十章是科学、合理的。

此外，从军事秩序的角度，笔者并不积极支持推动在现行军事刑法中增加犯罪主体种类。现在有些研究认为，应将我国军事刑法扩大适用于外军军人。因为，在特殊状态下，外国人或外国军人在我国实施国际社会普遍承认的违反战争法规和惯例的犯罪行为，将严重侵犯我国军事利益。而且，虽然我国军队中不存在外籍军人，却有暂来我军帮助工作的专家或其他人员以及进入我军院校接受培训的外籍学员，一旦遇到此类人员的犯罪事件"将无所适从"[2]。笔者认为，我国刑法维护的军事秩序，在结构秩序方面表现为对军事权的保护和控制，在行为秩序方面应该是结构秩序的具体展开和落实。外国军人危害我国军事利益的行为，要么是一种敌对行为，要么是一种危害国家安全的行为，不能从军事犯罪的角度考虑，不能认为是对军事刑法保护的军事秩序的侵害。如果把这一类人员纳入我国军事刑法，显然模糊了军事秩序的本质和边界。

四、被害人与军事刑法秩序

犯罪的社会危害性是客观危害与人身危险性的统一。所谓客观危害，是指行为人之行为对刑法所保护的利益造成的具体损害，例如生命健康损害、

---

[1] 有人会说可以对"执行军事任务"作扩大解释。"任务"是指交派的工作、担负的责任，但是往往具有特定性，是否能把长期担负的某项具体工作解释为执行任务，则需要讨论。

[2] 聂立泽、苑民丽："略论我国军职犯罪的立法得失"，载《河北法学》2001年第1期。

第三章　军事刑法秩序价值的实现：犯罪与秩序

财产损失、名誉减损、秩序破坏等客观后果。

（一）无被害人犯罪与军事刑法秩序——以特定生活方式为例

犯罪的一个基本特征是产生被害人，但是有一些犯罪，却是行为人自愿甚至积极参加的，因而被称为无被害人犯罪。所谓无被害人犯罪，是指基于行为人的自愿和彼此双方同意而进行的犯罪[1]。无论其客观上产生怎样的社会危害，但在行为参与者看来自己并非直接受害者。因而，世界上出现了对无被害人犯罪予以非犯罪化的趋势。

对这个问题，我们不妨以英美军队中的性犯罪为例进行阐释。在英国，沃尔芬登同性恋犯罪和卖淫委员会的报告揭开了英国对无被害人行为进行非犯罪化的序幕。委员会认为，要维护公共秩序、公共尊严，要保护公民免受侵犯性或者伤害性行为的影响，要为公民特别是为那些容易受到伤害的公民提供足够的保护，要防止他们受到其他人的利用和破坏。超出这些目的而干预公民之私人生活，或者试图推行任何特定的生活方式，都不属于法律的功能[2]。英国1967年的《性犯罪法》不处罚21岁以上男子之间发生的自愿且秘密的同性恋行为。1994年又进一步修改，规定年满18岁的两个人在私下发生的两愿鸡奸是合法的[3]。法国也在1975年废除了将通奸行为规定为犯罪的刑法条文，1980年在对同性恋非犯罪化的基础上，还废除了有关与未成年人发生同性恋关系属犯罪的规定[4]。德国1969年《第一部刑法改革法》废除了对通奸、成年男子间性行为进行刑事处罚的规定，1994年完全废除了对同性恋进行处罚的规定[5]。

在美国，这个问题要复杂曲折得多。1870年至1910年间，许多州的司法辖区都强化了反对同性恋行为的法律。20世纪60年代，美国的刑事政策发生转变。1962年的模范刑法典草案，主张将同性恋、通奸等除罪化。1976年，

---

[1] 参见张远煌：《犯罪学原理》，法律出版社2008年版，第200页。

[2] 参见[英]J·C·史密斯、B·霍根：《英国刑法》，马清升等译，法律出版社2000年版，第23页。

[3] 参见[英]J·C·史密斯、B·霍根：《英国刑法》，马清升等译，法律出版社2000年版，第532页。

[4] 参见[法]卡斯东·斯特法尼：《法国刑法总论精义》，罗结珍译，中国政法大学出版社1998年版，第99页。

[5] 参见何秉松主编：《刑事政策学》，群众出版社2002年版，第456页。

加利福尼亚州把成年人之间自愿的私人性行为合法化,成年人鸡奸等之类的无被害人犯罪行为从刑法中删除[1]。但仍有少数州认同同性恋是犯罪行为。在 2000 年,为纪念《美国统一军事司法法典》颁布 50 周年,美国军事司法机关成立了一个由考克斯任主席的委员会来审核《美国统一军事司法法典》。委员会采纳了来自正反方的证据和文件记录,提交了名为《美国统一军事司法法典颁行 50 周年委员会报告》(the Report of the Commission on the 50th Anniversary of the Uniform Code of Military Justice)的报告,提出了许多对《美国统一军事司法法典》和《军事法庭审判手册》进行改革的建议。报告指出,军事领域中仍然存在着基于自愿的性交也构成犯罪这种情况,性犯罪活动妨碍军事使命的履行,破坏军事单位的士气和信任,或者滥用军阶结构的等级特点,在这种有着上下级服从关系和特殊信任关系的军队组织中适用该罪名是适当的和相关的。

西方国家规定的很多无被害人犯罪,是与宗教或伦理密切相关的,宗教的一面表现为确信犯罪是对神意的违反,伦理的一面则表现为视犯罪为伦理上的恶[2]。至今外国尤其是西方刑法中包含很多这种犯罪,其中的原因可能就在于此。在中世纪的欧洲,自杀是一项严重的罪名,来自神学观念,即自杀扰乱了天道神理,上帝将人之灵肉结合在一起,而你却将他们分开[3]。但是,对军中自愿性行为,除了涉及宗教等因素(例如宗教教义就反对通奸、同性恋)外,根本的考虑是什么?

我国的犯罪概念并未明显地受宗教影响,而更多的是受传统观念等因素的影响。当然,伦理对中国刑法的影响则较大。这些伦理既包括封建伦理,也包括基本的人伦。

秩序观直接影响到犯罪观。是否将某些行为纳入"犯罪圈",与社会形态、国家对社会秩序的认识有关联。如果一个国家,刑法以保护国家法益、社会法益为己任,它就不仅着力维护阶级秩序、权力分配秩序,秩序的触角也极力探入同性恋、通奸类似的私人领域,因为宗教秩序、伦理秩序本身就

---

[1] See Andrew J. Cesare, "Updating California's Sex Code: The Consenting Adult Law", *Criminal Justice*, 1 (1976), 65.

[2] 参见肖怡:"中西无被害人犯罪立法的比较研究",载《贵州民族学院学报(哲学社会科学版)》2008 年第 1 期。

[3] 陈兴良:《刑法的启蒙》,法律出版社 2003 年版,第 21 页。

是其时刑法秩序的重要依托和组成。而在所谓的西方后法治国家，在市民社会与政治国家对立的二元结构中，刑法不再单纯地作为社会保护的工具〔1〕。

我国几千年以来都是社会本位主义占据主流价值观。历来推崇积极的秩序观，其中既包括积极的政治秩序观，也包括积极地推动社会前进。

我国一般没有将犯罪学意义上的无被害人犯罪纳入刑法之中，除了刑法经济、社会危害、道德属性等原因之外，笔者认为主要是秩序的考虑。1979年《刑法》颁布之前，通奸是犯罪处理，1979年《刑法》没有规定，但流氓罪是口袋罪，其中非聚众性的鸡奸行为就属于所谓的道德败坏型流氓行为〔2〕。新中国刑法始终将自杀排除在犯罪之外。

我国与英美法系甚至大陆法系的很多国家在犯罪分层上存在很大区别。因此在进行罪名比较、刑罚比较时不能简单处理。我国存在行政处罚与刑事处罚之分，而在外国一般没有这种区分，一概纳入犯罪范畴。因而，在外国刑法中，很多作为轻罪、违警罪的犯罪，在我国不过是一般的行政违法行为或不道德行为。

(二) 军事刑法上的被害人问题的基本认识

军事犯罪的被害人包括个人，但主要是社会和政府，因此如果以军事犯罪的被害人不包括犯罪人本人、军事刑法的自由价值优先为由，主张某些犯罪如战时自伤罪、投降罪的非罪化，观点是错误的，是不利于维护军事秩序的。所以，说投降罪没有危害作战利益，无被害人，应予无罪化的观点是错误的。其实投降罪罪名设置的问题并不在此，其出路在于犯罪构成要件的科学化、合理化确定。也就是说，军事刑事政策上应当重视被害人的地位与需求。

第三节 犯罪分层与军事刑法秩序序列

对于立法来说，如果理想与现实是一致的，或说应然与实然是一致的，则是最佳状态。就秩序与军事刑法条文来说，如果秩序价值追求在具体化的法律条文中较好地得到落实，当然说明立法水平先进，反映出立法者（这里

---

〔1〕 参见陈兴良："从政治刑法到市民刑法——二元社会建构中的刑法修改"，陈兴良主编：《刑事法评论》（第1卷），中国政法大学出版社1997年版，第36页。

〔2〕 参见王作富：《中国刑法研究》，中国人民大学出版社1988年版，第680页。

是指具体参与立法活动的个体）较好地理解了国家需求和社会意愿。反之，如果分析具体法律条文所得出的结论表明，秩序种类、排序与国家需求和社会意愿不够吻合，可以理解为立法是有问题的，该适时予以修订。如何对此进行衡量呢？可能需要用到犯罪分层的概念。所谓犯罪分层，是指在刑事法上将所有犯罪按照严重程度区分为若干不同层次的表现形式。[1]犯罪分层既有利于促进刑事政策合理化、统一刑法体系、协调刑法内部罪行规范[2]，也对认识军事刑法的秩序问题有重要意义。例如，立法者认为军事刑法最应重视指挥秩序，而我们具体分析军事刑法的犯罪分层后可能发现，法律文本最着重体现的却是保障秩序。也就说是，一方面通过犯罪分层，可以分析军事刑法中秩序的内容、序列；另一方面，可以通过分析犯罪分层后显示的秩序序列，然后比对我们所理解、追求的秩序序列，从而发现秩序实然对应然的偏离。我们还可以以犯罪分层对比分析各国军事刑法，从重罪、轻罪的分层看各国具体军事秩序排序的不同（如我国将危害忠诚秩序的犯罪放在重罪层，而某国将危害从属关系秩序的犯罪放在重罪层）。这样比较后可以得出各国军事刑法对秩序的不同排列，进而分析其原因。还可以单独将某种秩序提出来，比较各国对其重视程度的差异，进而分析其原因。这样研究的意义有两点：一是为修改军事刑法找到客观依据；二是为进行中外军事刑法比较研究（尤其是罪名比较分析）提供科学依据，避免仅以罪名本身而不是从该国对秩序的认识出发进行简单比较的弊端。

一、外国军事犯罪分层与秩序序列

当今世界，军事刑法的立法模式主要有专门立法、合体立法两种形式。制定专门的军事刑法典的国家主要有：德国、比利时、荷兰、丹麦、挪威、塞浦路斯、约旦、黎巴嫩、利比亚、巴拉圭、秘鲁、苏里南、叙利亚、土耳其、意大利等。以军事审判法、军事司法法的形式存在，规定军事刑法内容的国家主要有：美国、阿根廷、智利、摩洛哥、突尼斯、扎伊尔、玻利维亚

---

[1] 参见叶希善：《犯罪分层研究——以刑事政策和刑事立法意义为视角》，中国人民公安大学出版社2008年版，内容摘要第1页。

[2] 参见叶希善：《犯罪分层研究——以刑事政策和刑事立法意义为视角》，中国人民公安大学出版社2008年版，内容摘要第2、3页。

等国。还有些国家，如加拿大、英国、奥地利、乌拉圭、孟加拉、印度、埃塞俄比亚、加纳、马耳他、尼泊尔、新西兰等，在国防法等法律中规定军事刑法的内容。此外，很多国家的军事刑法与普通刑法合体，在分则中设专门章节，规定军事刑法内容；有的还在总则中设专门章节，规定军事刑法总则性的内容。鉴于英美法系军事犯罪的概念与我国军事犯罪的概念并不同，这里主要讨论大陆法系一些国家的军事刑法。

第一类，欧洲资本主义国家。一是德国。《德意志联邦共和国军事刑法》[1]的适用对象是联邦国防军士兵、违反义务的非士兵的军事长官、退役士兵以及军事犯罪的教唆犯、帮助犯、未遂犯的非士兵行为人。德国的军事犯罪行为包括四类：违反军事勤务义务的行为、违反下级义务的行为、违反上级义务的行为、违反其他义务的行为。德国军事刑法的最高刑为10年自由刑，适用于情节特别严重的哗变行为（1年以上10年以下自由刑）。其次为5年以下自由刑，包括：（1）基本犯罪：逃离部队（开小差），以欺骗逃避勤务，自残，哗变，虐待下属，非人道对待下属，影响司法；（2）下列犯罪行为情节特别严重的：不服从命令，强制长官，攻击长官，哨兵执勤过失。其余的为一般自由刑，包括：（1）3年以下自由刑：擅离职守，不服从命令，以言行不服从命令，威胁长官，强制长官，攻击长官，轻微虐待下属，压制申诉，刑事诉讼中不合作，业务上为不实报告，不报告特定犯罪或破坏行为，哨兵执勤过失；（2）2年以下自由刑：轻率不服从命令，轻微强制长官，滥用命令权，对命令权的无理要求，滥用惩戒权；（3）1年以下自由刑：违法使用武器。从德国军事刑法的规定看，秩序序列依次是：指挥、职守、军心士气、军事司法、协同保障。

二是瑞典。《瑞典刑法典》[2]第二十一章规定的是"武装部队成员实施的犯罪"。该章规定，当瑞典王国处于战争状态时，应当适用本章的规定；一旦战争状态或情况消失，政府应当命令不再适用本章规定。根据该章规定，所有有义务在武装部队服役的人都应当被认为是武装部队的成员，隶属于正

---

[1] 本书德国军事刑法的条文参考徐久生、庄敬华翻译的德国军事刑法典。参见徐久生、庄敬华译：《德国刑法典》，中国方正出版社2004年版，第235~249页。

[2] 本书瑞典军事刑法的条文参考陈琴翻译的《瑞典刑法典》第21章（武装部队成员实施的犯罪）。参见陈琴译：《瑞典刑法典》，北京大学出版社2005年版。

在战场上或处于类似情况的武装部队分遣队的所有其他人应当被理解为武装部队成员，且战俘、在王国保持中立的战争期间被拘留的参战者，以及为执行医疗或精神照顾的目的与战俘或被拘留的参战者一起居住或停留的外国人也适用。瑞典军事刑法中的第一等犯罪是判处10年以下监禁或终身监禁的犯罪，包括：削弱战斗意志，怠于军事准备，未经授权的投降，战斗渎职，以及严重的违抗上级命令行为，严重的逃离部队、擅离职守行为。第二等是可处6年以下监禁的犯罪：严重的对上级、哨兵或其他守卫实施暴力、威胁行为。第三等是可处罚金或2年以下监禁的犯罪：违抗上级命令，逃离部队、擅离职守（处罚金），对上级、哨兵或其他守卫实施暴力、威胁，通敌，其他违反职责行为（2年以下监禁）。从《瑞典刑法典》的规定看，军事刑法最为重视的秩序是：军心士气、忠诚、职守、指挥。

第二类，曾经的社会主义国家。一是俄罗斯。《俄罗斯联邦刑法典》第15条规定："本法典规定的犯罪行为，依据社会危害性的性质与程度，划分为轻度犯罪、中度犯罪、重度犯罪与极其重度犯罪。"[1]该刑法典将"违反军职罪"与"危害人类和平与安全罪"分编设置，因此"违反军职罪"中并没有国际人道保护的内容。该刑法典中的极其重度犯罪，全部是"危害人类和平与安全罪"，其中灭绝种族罪最高刑罚为死刑。同时规定，在战争时期或作战期间，实施违反军职罪的，应当依据联邦战时法的规定承担刑事责任。因此，《俄罗斯联邦刑法典》的军事刑法部分虽规定有维护作战秩序的军事犯罪，但在战时可能要根据需要适用战时法规。刑法典规定的重度犯罪包括：（1）基本犯罪：脱逃（7年）；（2）具有加重情节[2]的下列行为：违反武器与对周边具有高危致险性物品的使用条例（多人，10年），对抗长官或强迫长官违反军事义务（团伙、武器、伤害，8年），暴力侵害长官（团伙、武器、伤

---

[1] 根据该条规定，最高刑罚期限不超过2年剥夺自由刑的故意行为与过失行为，应当认定为实施轻度犯罪；最高刑罚期限不超过5年以上剥夺自由刑的故意行为，以及最高刑罚期限超过2年以上剥夺自由刑的过失行为，应当认定为实施中度犯罪；最高刑罚期限不超过10年剥夺自由刑的故意行为，应当认定为实施重度犯罪；最高刑罚期限超过10年以上剥夺自由刑的故意行为，或实施刑罚更为严厉的其他故意行为，应当认定为实施极其重度的犯罪。

[2] 主要分为五种情况：（1）犯罪团伙、事前通谋的犯罪团伙或有组织犯罪团伙实施的；（2）使用武器实施的；（3）导致重度或中度身体健康伤害或者其他严重后果的；（4）对二人或多人实施的；（5）实施本条规定造成严重后果的。为行文简便，分别简称团伙、武器、伤害、多人、严重。

害，8年），互不管辖的现役军人违反处理相互关系条例（团伙、武器、伤害、多人且严重，10年），装病或使用其他手段逃避履行军事义务（7年），违反战斗执勤条例（严重，10年），违反车辆驾驶与使用条例（多人，7年）。中度犯罪包括：（1）基本犯罪：丢弃受损毁的战舰（5年）；（2）具有加重情节的下列行为：违反飞行条例或飞行预备条例（过失、多人，7年），违反船舰航行条例（过失、多人，7年），故意损毁军用物资（严重，3年），不执行命令（团伙，5年），擅离部队或服役地点（5年），违反边防勤务条例（严重，5年），违反警卫勤务条例（严重，3年），违反维护社会秩序与保障公共安全勤务执行条例（严重，5年）。轻度犯罪包括：侮辱现役军人，违反内勤、驻防部队巡逻条例规定，过失损毁军用物资（2年），遗失军用物资（2年）。从《俄罗斯联邦刑法典》的规定看出，在俄罗斯军事刑法中，除了人道秩序外，军事刑法最重视的秩序依次是军心士气、战斗值勤、军事职守、重要装备保障、指挥命令。其中，尤其突出对重要装备的保障、对人的生命的重视以及对团伙或有组织犯罪的严厉惩治。

二是罗马尼亚。1996年，罗马尼亚颁布了《罗马尼亚刑法典》[1]修订文本，此后又进行一系列适应性修订。该刑法典规定的主刑有两种：适用于重罪的主刑和适用于轻罪的主刑。前者包括终身监禁和重监禁15年至30年；后者包括严格监禁1年至15年、监禁15天至1年、按日科处罚金以及社区服务100小时至500小时。该刑法典的第十二编是"危害国防罪"，分为三章：由武装部队成员实施的犯罪、由武装部队成员或平民实施的犯罪、平民实施的犯罪。根据《罗马尼亚刑法典》，可处终身监禁的犯罪行为有：放弃阵地，战斗中拒绝行动，被俘后投降或实施其他助敌类似行动，战斗中为敌方利益降军舰军旗，战时故意撞船，战斗中放弃舰队、舰船指挥，未能在海军行动中采取必要措施，指挥部队投降或恶意破坏武器。可处重监禁的有：平时故意撞船，战时弃船，未经批准飞行造成重大灾难事故。可处严格监禁的有：战时不向集结处报到，战时以自伤等方式逃避兵役，平时擅离部队或职守（超过24小时），散布失败言论，战地抢劫，战时违抗命令，战时武装部队成员擅离岗位（不足24小时），军事行动中非法使用红十字标志，战时殴打执

---

[1] 本书罗马尼亚军事刑法条文参见王秀梅、邱陵译：《罗马尼亚刑法典》，中国人民公安大学出版社2007年版。

行任务上级，教唆军队人员不遵守职责、战时逃避征召或军事征用，殴打上级。可判处监禁的有：违反守卫，殴打下级，平时逃避征召。从《罗马尼亚刑法典》看出，排在首位的秩序是忠诚，其次是职守、保障、军心士气、人道。尤其值得一提的是，《罗马尼亚刑法典》特别重视职守秩序，例如战时擅离部队或职守4小时以上的，处1年以上5年以下严格监禁，超过24小时以上的，处3年以上12年以下严格监禁。在《罗马尼亚刑法典》中，一般的杀人行为才处15年以上25年以下重监禁。如此比较，可以看出《罗马尼亚刑法典》对职守秩序的异常重视。

三是蒙古。《蒙古国刑法典》[1]第十编规定了军人违反职责罪。蒙古军事刑法中的极其重度犯罪包括：高级军官实施的自动投降敌人被俘行为（最高可处25年监禁），带领师团投降、遗弃部队师团行为（处10年以上20年以下监禁）。重度犯罪包括：自动投降敌人被俘行为（处10年以上15年以下监禁），逃离战场、逃避拿起武器战斗行为（处10年以上15年以下监禁）。中度犯罪包括：战场抢劫行为（处5年以下监禁），以侵毁、丢弃等方式毁坏军用武器（处5年以下监禁），故意毁灭、毁坏军用物资（处2年以上5年以下监禁），滥用、逾越、不行使职权行为（处3个月至6个月拘役或5年以下监禁）。轻度犯罪包括：（1）处3年以下监禁，包括：上级玩忽职守，违反武器、危险器械使用规则，违反战时执勤规则；（2）处3个月至6个月拘役或3年以下监禁，包括：违反警卫执勤规则，违反边防执勤规则；（3）处2年以下监禁，包括：战场非法使用、滥用红十字标记；（4）处3个月至6个月拘役或2年以下监禁，包括：对上级实施威胁、反抗、暴力，自伤或其他方式逃避履行责任，逃避服兵役；（5）处3个月至6个月拘役，包括：以出卖、抵押、赠与等形式处分军用武器，违反内勤规则，违反战时飞行、训练飞行的进行或准备规则；（6）处1个月至3个月拘役，包括：违反驾驶、使用作战机械规则，无隶属关系人员违反相互关系规则，上级对部属实施暴力，不执行上级命令。从《蒙古国刑法典》的规定看，秩序序列是忠诚；职守；部队管理、保障协同；指挥。

第三类，现存的社会主义国家，主要是越南。1999年制定、2000年7月1

―――――
〔1〕 本书蒙古国军事刑法条文参见宗那生主编：《蒙古国法典选编》，内蒙古大学出版社2009年版。

第三章　军事刑法秩序价值的实现：犯罪与秩序

日生效的《越南社会主义共和国刑法典》[1]第二十三章规定了"侵犯军人义务、责任罪"，第二十四章规定了"破坏和平罪，反人类罪"。根据《越南社会主义共和国刑法典》第23条，可按轻微犯罪、一般犯罪、严重犯罪和特别严重犯罪四个层级对越南军事犯罪进行分层。其中在侵犯军人义务、责任罪中，特别严重犯罪包括：（1）最高刑可处死刑的：违抗命令，投降，毁坏军用武器、军事技术设施；（2）可判处20年以下的：被俘后供述情报或者为敌服务，临阵脱逃（1985年实施的越南刑法典中可判死刑）。严重犯罪，是指可判处15年以下有期徒刑的犯罪，包括：阻碍履行义务、责任，侵占或者毁坏战利物品。一般犯罪，是指可判处10年以下有期徒刑的犯罪，包括：不严格执行命令，对指挥人员、上级领导行凶、侮辱、体罚部属，侮辱、行凶同事，故意泄露军事秘密，侵占、买卖或者销毁军事秘密，谎报军情，违反作战值班规定，违反保卫规定，违反作战安全、训练安全规定，违反军用武器使用规定，丢失或者过失损坏军用武器、军事技术设施，战时违反伤病、烈士政策，骚扰百姓，执行任务时滥用军需。轻微犯罪，是指可判处5年以下有期徒刑的犯罪，包括：过失泄露军事秘密，丢失军事秘密材料，虐待俘虏、降兵。由此看，越南军事刑法的秩序序列依次是：忠诚、指挥、保障、职守；军心士气、秘密保守、训练、战俘管理。当然，有些秩序在平时并不靠前，但在战时，其序列马上得到提升，例如阻碍履行义务、责任罪。值得一提的是，与1985年版相比，1999年版越南刑法典删除了开小差、逃避执行任务和非法逃离部队三种犯罪。这三种犯罪都是与履行兵役义务有关的犯罪。而且，临阵脱逃在1985年版越南刑法典中最高可判处死刑，而1999年版越南刑法典废除了该条的死刑，规定为"20年以下"。相反，侵占或者毁坏战利品在1985年版越南刑法典中最高可判处10年，1999年版越南刑法典则提到了12年。毁坏军用武器、军事技术设施在1985年版越南刑法典中，如果不属于反对政权破坏国家物质、技术基础，或破坏关系国家安全的重要工程、设施，处2年以上12年以下有期徒刑；在战时犯罪，或者造成特别严重后果的，处10年以上20年以下有期徒刑、无期徒刑或死刑；而1999年版越南刑法典则规定，不属于上述两种情况的一般犯罪行为，可处2年以上7年以下有期徒

---

[1]　本书越南军事刑法条文参见米良译：《越南刑法典》，中国人民公安大学出版社2005年版，第141~147页。

刑、战时、战区犯罪或造成严重后果的，处5年以上12年以下有期徒刑；造成很严重后果的，处10年以上20年以下有期徒刑；造成特别严重后果的，处20年有期徒刑、终身监禁或者死刑。从两部刑法典的变化看，越南似乎已经认为那些纯粹由于胆怯懦弱而逃离部队、开小差、临阵脱逃，以及普通的毁坏军用武器、军事技术设施等行为对军事秩序的危害性已经降低，或说认为类似行为对国家军事权的破坏度不再像以前那样大。相反，对于侵占或者毁坏战利品这种严重有损军心士气、有损军队形象的犯罪，却提高了刑罚幅度，反映了该国随着形势发展也对军人素质、军队士气提出更高要求。

二、我国军事刑法的犯罪分层与军事刑法秩序

（一）我国军事刑法中的罪名

1. 学理类型

我国《刑法》首先将军事犯罪分为两大类：一类是危害国防利益罪，一类是军人违反职责罪。其中对军人违反职责罪，国内的教材在分类上主要有三种。

第一种，按照国家利益的表现形式和内容分为五大类。一是危害国防安全的犯罪，是指军人违反职责，直接对国防安全造成危害的犯罪，包括投降罪，军人叛逃罪，为境外窃取、刺探、收买、非法提供军事秘密罪。二是妨害作战秩序的犯罪，是指军人违反职责，妨害作战秩序，对作战造成危害的犯罪，包括战时违抗命令罪，隐瞒、谎报军情罪，拒传、假传军令罪，战时临阵脱逃罪，违令作战消极罪，拒不救援友邻部队罪，战时造谣惑众罪，战时自伤罪，遗弃伤病军人罪，战时拒不救治伤病军人罪，战时残害居民、掠夺居民财物罪，私放俘虏罪，虐待俘虏罪。三是危害军事秘密安全罪，是指军人违反职责，对军事秘密的安全造成危害的犯罪，包括非法获取军事秘密罪，故意泄露军事秘密罪，过失泄露军事秘密罪。四是危害军队战斗力物质基础的犯罪，是指军人违反职责，直接对部队战斗力的物质基础造成危害的犯罪，包括武器装备肇事罪，擅自改变武器装备编配用途罪，盗窃、抢夺武器装备、军用物资罪，非法出卖、转让武器装备罪，遗弃武器装备罪，遗失武器装备罪，擅自出卖、转让军队房地产罪。五是妨害部队管理秩序的犯罪，是指军人违反职责，对部队管理秩序造成严重危害的犯罪，包括擅离、玩忽

军事职守罪，阻碍执行军事职务罪，指使部属违反职责罪，逃离部队罪，虐待部属罪[1]。

第二种，也是依照各种犯罪侵犯的具体客体不同，即侵害的国家利益的不同表现形式和内容，将军人违反职责罪分为五类。但是，在具体的标准划分上略有不同。一是危害作战利益的犯罪，包括战时违抗命令罪，隐瞒、谎报军情罪，拒传、假传军令罪，投降罪，战时临阵脱逃罪，违令作战消极罪，拒不救援友邻部队罪，战时造谣惑众罪，战时自伤罪。二是违反部队管理秩序的犯罪，包括擅离、玩忽军事职守罪，阻碍执行军事职务罪，指使部属违反职责罪，军人叛逃罪，逃离部队罪，擅自出卖、转让军队房地产罪，私放俘虏罪。三是危害军事秘密的犯罪，包括非法获取军事秘密罪，为境外窃取、刺探、收买、非法提供军事秘密罪，故意泄露军事秘密罪，过失泄露军事秘密罪。四是危害部队物资保障的犯罪，包括武器装备肇事罪，擅自改变武器装备编配用途罪，盗窃、抢夺武器装备、军用物资罪，非法出卖、转让武器装备罪，遗弃武器装备罪，遗失武器装备罪。五是侵犯部属、伤病军人、居民、俘虏利益的犯罪，包括虐待部属罪，遗弃伤病军人罪，战时拒不救治伤病军人罪，战时残害居民、掠夺军民财物罪，虐待俘虏罪。[2]很多教材也都是按照这种分类方法分类。但是在细节上有一定差别，表现在：一是使用了违反部队"管理制度"而不是"管理秩序"，且把"擅自出卖、转让军队房地产罪"排除在危害部队管理制度的犯罪之外，置于危害部队物资保障的犯罪之中。二是第五类犯罪称为"侵犯部属、伤病军人、平民、俘虏利益的犯罪"[3]，或者称为"侵犯部属、伤病军人、和平居民、俘虏利益的犯罪"[4]。

第三种，也是分为五类。一是危害军事行动罪，包括战时违抗命令罪，隐瞒、谎报军情罪，拒传、假传军令罪，投降罪，战时临阵脱逃罪等罪。二是与特定岗位有关的犯罪，包括擅离、玩忽军事职守罪，阻碍执行军事职务罪，指使部属违反职责罪，违令作战消极罪，拒不救援友邻部队罪，军人叛逃罪等。三是削弱战斗力罪，包括非法获取军事秘密罪，为境外窃取、刺探、

---

〔1〕 黄林异、王小鸣：《军人违反职责罪》，中国人民公安大学出版社1998年版，第12~15页。
〔2〕 朱景义：《军事刑法学》，国防大学出版社2006年版，第328~360页。
〔3〕 张明楷：《刑法学》，法律出版社2007年版，第930页。
〔4〕 曲新久主编：《刑法学》，中国政法大学出版社2009年版，第590页。

收买、非法提供军事秘密罪，故意泄露军事秘密罪，过失泄露军事秘密罪，战时造谣惑众罪，战时自伤罪，逃离部队罪，武器装备肇事罪，擅自改变武器装备编配用途罪，盗窃、抢夺武器装备、军用物资罪，非法出卖、转让武器装备罪，遗弃武器装备罪，遗失武器装备罪，擅自出卖、转让军队房地产罪等。四是悖于人道主义的犯罪，包括虐待部属罪，遗弃伤病军人罪，战时拒不救治伤病军人罪，战时残害居民、掠夺居民财物罪。五是私放俘虏罪、虐待俘虏罪。

还有一种分类方法，将犯罪行为分为危害国防安全的犯罪、危害军事秘密安全的犯罪、妨害作战秩序的犯罪、危害部队战斗力的犯罪、妨害部队管理秩序的犯罪、违反国际公约的犯罪。

2. 立法类型

1981年通过的《军职罪暂行条例》并未对各种军事犯罪进行分类。1997年修订的《刑法》，将军事犯罪分为两大类，一类是危害国防利益罪，另一类是军人违反职责罪，但并未在条文中对所有犯罪再进行分类。

但是，在1997年《刑法》修订过程中，军队系统提出的几个关于军职罪的修改稿，曾经进行了这种分类尝试。1994年10月，中国人民解放军军事法院《惩治军人违反职责罪暂行条例》修改小组提出的《中华人民共和国惩治违反军事职责罪法》（大修改稿）第二编"分则"部分，将所有犯罪分为八种类型：一是背叛祖国罪，包括武装叛乱罪，资敌罪，投降敌人罪和为境外窃取、刺探、收买、提供军事秘密罪；二是危害作战秩序罪，包括不就守地罪，擅自进退罪，擅自战斗罪，遗弃军事设备罪，拒不救援罪，违抗命令罪，假传命令罪，谎报军情罪，临阵脱逃罪，造谣惑众罪，妨害动员罪，不法征用罪；三是危害战斗力罪，包括战时自伤罪，遗弃伤员罪，虐待部属罪，抢劫武器装备罪，抢夺武器装备罪，盗窃武器装备罪，骗取武器装备罪，出卖武器装备罪，破坏武器装备罪，挪用武器装备罪以及劫持军用航空器、舰船、战车罪，破坏军事设施罪，采购伪劣军用品罪，配给有害健康食、用品罪，拒不救治伤病员罪；四是危害军事秘密罪，包括抢劫军事秘密罪，盗窃军事秘密罪，出卖军事秘密罪，泄露重要军事秘密罪；五是危害部队管理秩序罪，包括阻碍执行职务罪，逃避军事勤务罪，旷职罪，虚报战绩罪，隐过不报罪，玩忽职守罪，武器装备肇事罪；六是危害兵役制度罪，包括逃避军事义务罪，逃离部队罪;七是妨害国(边)境管理秩序罪,包括偷越国(边)境罪,私放他人越境罪;八是违反国际公约罪,包括残害无辜居民罪,掠夺无辜居民罪,虐待俘虏罪。在同时提出的小修改稿中,则因为对 1981 年《军职罪暂行条例》修改较少(只有 33 条),没有了这种分类。

1995 年 4 月,中国人民解放军军事法院《惩治军人违反职责罪暂行条例》修改小组在《中华人民共和国惩治违反军事职责罪法》(大修改稿)的基础上,提出的《征求意见稿》。[1] 第二章"分则"具体规定了各种军事犯罪的罪名。在该征求意见稿中,军事犯罪被分为七类:一是危害国防安全罪,包括武装叛乱罪,投降敌人罪,叛变投敌罪,叛逃罪,资敌罪,特务罪,间谍罪和为境外组织、机构、人员窃取、刺探、收买、非法提供军事秘密罪;二是妨害作战秩序罪,包括违抗、扣押、假传作战命令罪,隐瞒、谎报军情罪,临阵脱逃罪,作战消极罪,擅自行动罪,造谣惑众罪,见危不救罪,截留、哄抢友邻部队物资罪,私放俘虏罪,虐待俘虏罪,虚报战绩罪,侵吞战利品罪,残害、掠夺平民罪;三是危害战斗力罪,包括自伤罪,遗弃伤员罪,拒不救治伤病员罪,抢劫、盗窃、骗取、抢夺武器装备罪,抢劫、盗窃、骗取、抢夺军用物资罪,破坏武器装备、军事设施罪,遗弃武器装备罪,非法出卖武器装备罪,挪用武器装备罪,提供劣质武器装备、军用物资罪,克扣、截留、冒领军费、军用物资罪;四是危害军事秘密安全罪,包括非法获取军事秘密罪,出卖军事秘密罪,故意泄露军事秘密罪,过失泄露军事秘密罪,故意毁损重要军事秘密载体罪;五是妨害部队管理秩序罪,包括阻碍执行职务罪,违抗命令拒不执行勤务罪,扰乱部队管理秩序罪,滥用指挥权罪,虐待部属罪,私藏枪支、弹药、危险品罪,侮辱军旗军徽罪,隐情不报罪,擅自出卖、转让营产罪,旷职罪,擅离职守、玩忽职守罪,武器装备肇事罪;六是妨害兵役罪,包括妨害动员罪,拒绝逃避征召、军事训练罪,逃离部队罪;七是妨害国(边)境管理秩序罪,包括偷越国(边)境罪,私放他人偷越国(边)境罪。

(二)我国军事刑法的犯罪分层与秩序序列

笔者将我国军事犯罪按照重轻程度划分为两大类:重罪、轻罪。重罪和

---

[1] 参见黄林异、王小鸣:《军人违反职责罪》,中国人民公安大学出版社 1998 年版,第 235~265 页。

轻罪的分界线是：法定最高刑为 10 年有期徒刑。其中轻罪又分为三类：(1) 罪行较轻：法定最高刑为 3 年；(2) 罪行较重：法定最高刑为 5 年；(3) 罪行严重：法定刑为 3 年至 10 年和法定刑为 3 年至 7 年。重罪也分为三类：(1) 罪行极重：法定最高刑为死刑；(2) 罪行特别重大：法定最高刑为无期徒刑；(3) 罪行重大：法定刑为 10 年以上有期徒刑。可以看出，我国军事刑法轻罪、重罪的数量分布排序是：罪行较轻、罪行较重、罪行严重、罪行重大、罪行特别重大、罪行极重。其中，罪行极重，法定最高刑为死刑的罪名主要涉及军令、军情、军心、军事职务、军事装备、军事秘密以及临阵脱逃、叛逃、投降等方面。军令、军情、军心士气、军事职守、装备保障、秘密保守等方面的罪名，体现的秩序是忠诚、指挥、职守、军心士气、保障、秘密保守等秩序。

三、犯罪分层与秩序意蕴、秩序价值实现

"在刑种与犯罪性质的对应关系上，历史上曾有过形态对应的关系"，如杀人者死、伤人者刑；在现代社会，"犯罪千姿百态而刑种却相对简化"，然而始终离不开一条规则：罪的危害程度与刑的严厉程度相对应。[1]在罪的序列中最严重的犯罪，往往对应着刑的序列中最重的刑罚。[2]而罪序、刑序背后实际上是秩序序列。也就是说，秩序的序列性才是罪的序列和刑的序列的真正来源。虽然罪刑关系的设定上并没有这么简单，但基本的趋势是对应的。当然，由于对秩序序列的认识不同，各个国家对同一种行为危害性的认识就不一样，因而罪的序列进而刑的序列就存在差别。例如，有的国家对虐待俘虏犯罪规定的刑罚很重，有的国家规定的刑罚却较轻，在刑的序列中排列靠后，而有的国家军事刑法中根本没有设定这种犯罪。各国军事刑法不同的秩序价值观念，反映出"在不同类型的利益比较之间的价值序列的不同"[3]。下面，以前述对各国军事刑法秩序序列的梳理为材料，分析两类危害军事秩

---

〔1〕 参见李洁："法定最高刑与法定最低刑设置研究"，载冯军主编：《比较刑法研究》，中国人民大学出版社 2007 年版，第 245 页。

〔2〕 虽然各国由于基本价值观念不同，有的废除了死刑，有的仍执行死刑，但杀人罪无疑都是各国罪的序列中最严重的犯罪，对应的刑罚不一定是死刑，但一定是最重的刑罚，如终身监禁等。

〔3〕 李洁："法定最高刑与法定最低刑设置研究"，载冯军主编：《比较刑法研究》，中国人民大学出版社 2007 年版，第 246 页。

序犯罪的存废或具体设置问题。

（一）忠诚秩序与投降罪存废

绝大多数大陆法系国家的军事刑法，均将忠诚秩序置于首位；第二位的秩序，有的国家是指挥秩序（如我国、越南和德国），有的国家则是军事职守秩序（如俄罗斯、罗马尼亚、塞尔维亚、黑山、蒙古）；接下来的秩序排序，基本是军心士气秩序、保障协同秩序、部队管理秩序等。通过秩序排列和比较，基本上可以给出一个判断：各国军事刑法首重忠诚，通过犯罪、刑罚这些实体范畴积极维护军人对国家的忠诚。侵害忠诚秩序的犯罪主要是投降，包括一般军人的投降行为，高级军官实施的投降行为，指挥员率众投降等。我国军事刑法中的"投降罪"最高刑罚是无期徒刑，在世界各国中不是最重的（有的法定最高刑为死刑），也不是最轻的（有的国家没作规定）。当前，针对"投降罪"的存废问题，有学者用刑法学上最狭义胁迫理论，结合我国历史上惩治投降行为的立法趋势和国外立法现实，分析了国外对军事行为的犯罪化与打击军人对国家的非忠诚两者之间应有的界限，从而得出了军人战场投降罪应该删除或进行重大修改的结论。[1]笔者认为"作修改"具有一定道理。但关于"应该删除"的论断似乎没有考虑秩序因素，不仅没注意到世界上几乎所有国家都将忠诚秩序置于首位这一事实，也没有考虑我们这个民族、我们这个国家、我们这支党领导的军队对忠诚秩序的独特感受和理解，以刑法一般理论为基石考虑"投降罪"的存废略显片面。当然，在不可能废除"投降罪"的前提下，借鉴有关国家军事刑法的做法，具体设置"投降罪"的构成要件则是可以考虑的。例如，蒙古军事刑法中将高级军官实施的自动投降敌人行为以及带领师团投降行为规定为极其重度犯罪，瑞典军事刑法规定的投降罪是指"未经授权的投降"。"战场上军人的不同身份对于投降造成的社会危害性影响是不同的"[2]，担负作战指挥职责的军人投降对军事秩序的危害更大；而经授权的投降则并未违背忠诚秩序。所以蒙古和瑞典的上述规定，既有利于更好地维护忠诚秩序，又有利于以人为本，保障人权，值得深入研究。

---

[1] 参见李化祥、何媛："军人战场投降罪存废之我见"，载《湛江师范学院学报》2009年第1期。

[2] 高飞："投降罪的界定及其立法完善"，载《西安政治学院学报》2010年第4期。

(二) 指挥秩序与命令的约束力、命令错误

笔者对一些国家的军事刑法并未对指挥秩序表现出特别重视的问题进行了思考。其中可能有两方面的原因。一方面，因为有些国家在战时可能要适用根据需要制定的战时法规，如俄罗斯。《俄罗斯联邦刑法典》规定的军事犯罪主要是平时犯罪，也有可适用战时的犯罪，而不像我国军事刑法那样，既有只适用战时的犯罪，也有平时、战时都可适用的犯罪。另一方面，有些国家将违抗命令和侵犯上级的行为视为侵害从属关系犯罪，如保加利亚。而侵害从属关系犯罪在本书中被归类为侵害军心士气秩序。保加利亚的这种规定有其道理。因为命令有对错，从属关系却是单一的，违抗命令必定侵害了从属关系，却不一定产生危害作战的实际后果。所以，以违抗命令治罪，就可能在理论和实践层面产生"命令内容合理与否、违法与否"的怀疑。例如，德国军事刑法规定了三种侵害指挥秩序的行为，但是紧随其后，又在第22条从三个方面对"命令的约束力、错误"附加了"但书"：(1) 在第19条至第21条情形下 (不服从命令、以言行不服从命令、轻率不服从命令)，如果命令没有约束力，尤其是如果命令不是为了勤务目的而发布或命令侵犯人权，或者执行该命令就会实施犯罪，则下属的行为不违法；下属错误地认为命令有约束力的，同样适用本规定。(2) 下属错误地认为，他执行命令会实施犯罪，因而未执行命令，而该认识错误是不可避免的，也不适用第19条至21条规定。(3) 下属错误地认为，命令因其他原因而没有约束力，因而未执行命令，如果该错误不可避免，且根据他所熟悉的情况，也不能期望他使用法律应急措施，对可避免的无约束力的命令进行抵制的，不依第19条至21条处罚；如果可期望他通过法律应急措施对该命令予以抵制，法院可免除第19条至21条规定的刑罚。这说明，既然军事刑法规范的是指挥决策秩序或说是指令贯彻秩序，就要在"命令"上较真。但是，如果以违反从属关系治罪，问题可能就简单多了。所以，在西方国家的军事刑法中，数量最多的犯罪就是违反长官义务、违反下级义务等从属关系方面的犯罪了。相对来说，我们对军队集中统一、服从命令、听从指挥、令行禁止的要求非常高，对指挥秩序的要求更为突出，且不可能规定众多的侵害从属关系犯罪，因为与此相适应的可能是军人关系的改变。我军内部是政治上平等的同志关系，在军队的性质宗旨和优良传统这一前提下，当然不可能明显地嫁接外国军事刑法的做

法。但是，我国军事刑法即使突出指挥秩序维护，在关于"命令的约束力、错误"等问题上，也应适当规范，例如增加适应国情、军情的有关"命令的约束力、错误"等问题的规定，否则对执行命令的普通军人来说是不公平的，这一点在秩序的边界部分也曾经提到。

四、军事刑法中的单位犯罪与秩序维护

（一）刑法关于单位犯罪的规定

单位犯罪是相对于自然人犯罪而言的一个概念。我国1979年《刑法》没有单位犯罪的规定，1997年修订后的《刑法》，采用总则与分则相结合的方式确立了单位犯罪及其刑事责任。其中总则用两个条文规定了单位犯罪的总则性问题。第30条规定，公司、企业、事业单位、机关、团体实施的危害社会的行为，法律规定为单位犯罪的，应当负刑事责任。第31条规定，单位犯罪的，对单位判处罚金，同时对其直接负责的主管人员和其他直接责任人员判处刑罚。本法分则和其他法律另有规定的，依照规定。总结起来，根据我国刑法总则的规定，对单位犯罪，一般采取双罚制的原则，但在我国刑法分则中，有少数几种单位犯罪，采取的是单罚制，不判单位罚金，只处罚直接责任人员[1]。

（二）军人违反职责罪不存在单位犯罪主体问题

从司法实践看，军人违反职责罪中的某些犯罪也可能由单位集体决定或者单位负责人决定而实施，如平时的擅自改变武器装备编配用途罪，非法出卖、转让武器装备罪，擅自出卖、转让军队房地产罪等，战时的违抗命令罪、投降罪、遗弃伤病员罪等。在这种情况下，作出决定的单位集体是否构成单位犯罪主体呢？

我国刑法实行"罪刑法定原则"，即"法律没有明文规定为犯罪行为的，不得定罪处刑"。鉴于《刑法》第30条有"公司、企业、事业单位、机关、团体实施的危害社会的行为，法律规定为单位犯罪的，应当负刑事责任"的明文规定，因此单位犯罪必须以法律明文规定为限，法律没有明文规定为单位犯罪的，即使犯罪行为是由单位集体决定或者单位负责人决定而实施的，

---

[1] 参见高铭暄、马克昌主编：《刑法学》，北京大学出版社、高等教育出版社2000年版，第104、105页。

也不能认定为单位犯罪。考察现行《刑法》第十章，没有关于军队单位犯罪的明确规定。既然如此，军队单位集体决定或者单位负责人决定实施的军人违反职责犯罪就不能按单位犯罪处理，单位就不负刑事责任，而只能对其直接负责的主管人员和其他直接责任人员按个人犯罪追究刑事责任，这是罪刑法定的具体体现。当然，在具体量刑时，可酌情考虑实际案情。

（三）立法实践意图探究

《中华人民共和国惩治违反军事职责罪法》（大改修改稿）第16条明确规定：在特殊状态下，成建制地实施危害国家军事利益的行为，造成严重后果的，由参与决策和实施人员中职务最高者负刑事责任。[1]虽然这一条款是作为"共同犯罪的特别规定"提出来，但是我认为将其看作是对单位犯罪问题的处理更恰当。从条文表述看，该规定可以看成肯定"成建制"的单位犯罪主体性质，只不过决定采用单罚制，仅处罚对单位直接负责的主管人员和其他直接责任人员即"参与决策和实施人员中职务最高者"。当然，该规定也可以看作是不承认"成建制"的单位犯罪主体地位，因而仅处罚对单位直接负责的主管人员和其他具体直接责任人员即"参与决策和实施人员中职务最高者"。1997年《刑法》修订时并没有吸纳这一提法，主要是考虑到刑法总则中关于单位犯罪的总则性规定和分则第九章的具体规定，已经非常明确地排除了军人违反职责罪单位犯罪主体这种情况。为什么军人违反职责罪排除单位犯罪主体呢？笔者认为，原因不外乎两个：第一，军队是武装集团，担负着保卫国家的特殊使命任务，本身就是统治阶级维护政权暴力机构的重要标志和坚实后盾，如果审判机关代表国家对军队的单位予以处罚，不利于军队完成党和人民赋予的重任；第二，刑法规定对单位犯罪的刑罚刑种是罚金，而军队属于国家财政全额拨款的非营利性国家机关，本身并不直接创造物质财富，对军队单位判处罚金，本身并没有太多意义，更重要的是，在军费总额度和单位经费分配额度一定的情况下，受罚单位将有限的经费用来交罚金，好比"拆东墙补西墙"，必将导致训练战备任务的完成度大打折扣，反而影响了用刑罚方法实现维护国家和人民利益的本意。

（四）秩序价值分析

之所以不将军人违反职责犯罪作为单位犯罪，主要还是因为对秩序的认

---

[1] 黄林异、王小鸣：《军人违反职责罪》，中国人民公安大学出版社1998年版，第231页。

识。军队是武装集团，是国家机器的最重要组成部分，是国家政权的根基。中国人民解放军是党领导的军队，坚持党对军队的绝对领导，部队具体单位的重大决定都是党的决定，是党的意志的体现。这样实施的行为，在个人，可以承担责任；但对集体来说，只能通过党的组织程序处理。这是军事刑法最高秩序——坚持党对军队绝对领导的体现。

第四章

军事刑法秩序价值的实现：刑罚与秩序

贝卡里亚曾说："刑罚的目的仅仅在于：防止罪犯再重新侵害公民，并规诫其他人不要重蹈覆辙。"[1]维护秩序，不仅是要消除对秩序的侵害，还要在观念上确立秩序的权威性、不可侵犯性，慑止潜在的对秩序的侵害行为。刑罚制度隐含了立法者的秩序追求，是实现军事刑法秩序价值的重要依托。反过来，秩序价值的实现又要求相应的刑罚制度与之配套。因此，刑罚的设定和运用不是盲目或任意地。不难理解，要维护一个公开不平等的专制秩序，除了严酷的刑法手段之外，不会有什么更好的措施。[2]然而"严酷的刑罚造成了这样一种局面：罪犯所面临的恶果越来越大，也就越敢于规避刑罚"[3]。但是，对于现代军事刑法来说，军事刑罚制度的设计是否可以跳出"严"字当头，走轻缓化道路呢？有学者认为，我国刑法法定刑的配置不够合理，偏重追求刑罚的惩罚功能，结构总体趋重。[4]在军事刑罚制度上，有意思的是，既有学者认为我国军事刑罚制度存在过于严厉的问题，又有学者认为存在尚不够特殊的问题，要求扩充刑罚种类、增加专门规定、明确适用条件。[5]刑罚配置和刑罚执行是刑罚制度的两个重要方面，本章将从这两个方面讨论军事刑法秩序价值的实现问题。

---

[1] [意] 切萨雷·贝卡里亚：《论犯罪与刑罚》，黄风译，北京大学出版社2008年版，第29页。

[2] 参见武树臣等：《中国传统法律文化》，北京大学出版社1994年版，第740页。

[3] [意] 切萨雷·贝卡里亚：《论犯罪与刑罚》，黄风译，北京大学出版社2008年版，第62页。

[4] 参见郭理蓉：《刑罚政策研究》，中国人民公安大学出版社2008年版，导言第2、3页。

[5] 例如，张建田教授就认为，战时缓刑制度适用的条件，犯罪军人可剥夺勋章、奖章和荣誉称号等的规定，附加剥夺军衔（警衔）的性质和适用等应加以明确。参见张建田："论军人违反职责罪的立法完善"，载《法学杂志》2008年第4期。还有些学者则主张，增加专门的军事刑罚种类适应军事犯罪特性，援用普通刑罚时制定特殊的执行措施，等等。参见胡博："浅析俄罗斯军事刑罚制度对我国的启示"，载《武警学院学报》2011年第5期。

第四章　军事刑法秩序价值的实现：刑罚与秩序

第一节　刑罚配置与秩序

贝卡里亚从社会契约论是所有国家权力合法化的理由这一基本思想推导出，刑法只能作为防止社会危害的工具而存在。既然不允许个人复仇，就要对代为复仇的公权进行合理配置。刑罚配置结构是指"国家立法机关依据一定的原则在刑法中对各种刑罚方法进行分配、布置所形成的各种刑罚方法的系统组合形式。刑罚配置结构的具体内容既包括刑罚方法的种类、配置形式和配置范围，也包括各种刑罚方法在具体犯罪法定刑中的组合形式，即法定刑结构"[1]。军事刑法的刑法配置结构，反映了它对秩序追求的重心和方式，是它实现秩序价值的重要手段。

白建军教授在《关系犯罪学》一书中对我国刑法中犯罪的刑量进行了分析，在所展示的66种刑量得分及其排序中，"阻碍执行军事职务罪"的原始刑量为111.75，刑量排序为61；"军人叛逃罪"的原始刑量为110.75，刑量排序为59；"战时残害居民、掠夺居民财物罪"的原始刑量为110，刑量排序为58；"战时临阵脱逃罪"的原始刑量为108，刑量排序为55；"非法获取军事秘密罪"的原始刑量为20，刑量排序为34；"擅离、玩忽职守罪"的原始刑量为14.75，刑量排序为26。[2]从这个刑量得分、排序看出，整个军事刑法的法定刑配置是相对严厉的。唯一合理的解释是，军事犯罪主要是反秩序犯罪，其"恶性程度仅次于纯正的反社会犯罪"[3]。当然，根据"中国刑法罪行等级关系表"中刑量与罪量、刑级与罪级的比较，军事刑法中有2种犯罪（"投降罪""过失泄露军事秘密罪"）的法定刑设置是过重的；有5种犯罪（"违令作战消极罪""战时临阵脱逃罪""战时自伤罪""逃离部队罪""私放俘虏罪"）的法定刑设置是偏重的；有3种犯罪（"拒不救援友邻部队

---

[1]　王志祥、敦宁："刑罚配置结构调整论纲"，载《法商研究》2011年第1期。
[2]　参见白建军：《关系犯罪学》，中国人民大学出版社2005年版，第542页。
[3]　根据白建军教授的论述，反社会犯罪是指既具有明显的反伦理性又具有明显的反秩序性的犯罪，既对通行道德情感蔑视和否定，又对现行社会关系和资源分配秩序蔑视和否定，恶性程度最大，是100%的犯罪；反秩序犯罪，是指只有明显的反秩序性而无明显的反伦理性的犯罪，即主要是因其反秩序性而成立的犯罪。这类犯罪的反伦理性不明显，至少不是公然蔑视或否定公认的道德情感，是50%的犯罪。参见白建军：《关系犯罪学》，中国人民大学出版社2005年版，第163、164页。

罪""遗弃伤病军人罪""虐待俘虏罪")的法定刑设置是偏轻的。[1]"罪行等级关系表"为笔者研究打开了一扇窗户,或说是印证了笔者的假设,为笔者进一步讨论提供了平台。在本节中,主要不是从某个具体犯罪的法定刑,而是从军事刑罚整体的角度讨论配置与秩序问题。

一、军事犯罪死刑配置与秩序

死刑的配置要符合合理配置死刑之价值衡量原则,即以刑法的人权保障机能和社会保护机能相平衡为基点,对特定犯罪人的人格进行法律评价,充分考虑犯罪人的价值;对于虽造成严重的客观危害,但是对社会或被害人仅造成单纯的物质损害,且不触犯社会基本政治秩序和重大利益的犯罪,鉴于犯罪人人身危险性相对较轻、具有可改造性,应当废止其死刑规定。这一原则强调的重点是考虑"社会基本的政治秩序和重大利益"。军事犯罪、死刑配置与军事秩序之间的关系应该以此为纽带展开。

死刑是剥夺犯罪人生命的刑罚,它是所有刑罚中最重的刑罚,亦称极刑。死刑在历史上曾经被当作治理国家、消灭犯罪、维护统治秩序的最好手段,曾经受到极大推崇、重视,甚至一度到了泛滥的程度,只是自近代以来随民主、文明、自由、人道等观念的兴盛而逐渐式微,呈消亡之趋势。死刑到底是什么?日本学者板仓宏认为,死刑的本质从大的方面来说有报应刑论与教育刑论之分野。而按照马克思的观点,死刑除了法律本质外,还具有鲜明的阶级本质,它与其他刑罚一样,"不外是社会对付违犯它的生存条件(不管这是些什么样的条件)的行为的一种自卫手段"[2]。这个鲜明的阶级本质,其实就是体现阶级统治意志,维护阶级统治利益,作为阶级统治的工具。也正是在这个意义上,才说死刑问题从本质上看是一个政治问题,解决死刑制度的存废和戒用,既要符合国际人权主义运动时代潮流,又要满足维护秩序之合理需要,避免由于过度消减死刑所可能产生的社会震荡。[3]死刑与其他刑罚一样,都是维护社会秩序的重要手段。死刑存置论者的论据之一,就是死

---

〔1〕 参见白建军:《关系犯罪学》,中国人民大学出版社2005年版,第559、560页。

〔2〕 中共中央马克思恩格斯列宁斯大林著作编译局编译:《马克思恩格斯全集》(第8卷),人民出版社1965年版,第579页。

〔3〕 参见王志祥、敦宁:"刑罚配置结构调整论纲",载《法商研究》2011年第1期。

第四章　军事刑法秩序价值的实现：刑罚与秩序

刑的存在能消除私利报复的感情诱因，使国家的刑罚权免受私刑之侵害，保护社会秩序不致陷于冤冤相报的恶性循环之中。[1]如果法律不帮助人们，人们从法律之外来满足自己的复仇激情时，法律就别无选择，只能满足这种渴望本身以避免私人报复的更大邪恶。但无论如何，现在世界上越来越多的国家在立法中废除了死刑，或在实际中不判处、不执行死刑。当然，军事刑法的情形却并非如此。可判处死刑的条文不但在军事刑法中较多，而且在全部刑法条文中更是占据较高比例，这几乎是各国军事刑法的共同特点，可称之为"军事刑罚重刑化"文化。

自古以来，刑法偏好死刑。但严刑峻法已退出历史舞台，其中一个重要原因就是，它并不能真正起到维护秩序的作用。"盗一钱者，则坐以死，盗万钱者，又何以加之哉？以是立法，是教天下之为盗者，不为盗则已，如必为盗，则为其大而毋为其小。"[2]陈胜吴广揭竿而起，过于残酷的刑法反而促成了现有秩序的瓦解。

今天，世界各国对军事犯罪仍广泛适用死刑，甚至一些废除死刑的国家也仍在军事刑法中保留死刑。例如，苏联历史上曾三次废除死刑，但其军事刑法却一直保留死刑。西班牙1978年废除了死刑，但1985年底制定《西班牙军事刑法典》时仍保留了战时特定犯罪的死刑。[3]美国部分州取消了死刑，《统一军事司法法典》却规定了13个死刑条文。英国的《陆军法》有多个死刑条文。法国1981年废除死刑，军事刑法仍保留死刑。巴西、摩尔多瓦、秘鲁的宪法规定废除死刑，却规定战争例外。而且，各国军事刑法中死刑条文往往占很高的比例，远超普通刑法。例如，《法国军法》规定的死刑条文约占罪名条文总数的30%，《苏联军职罪刑法》规定的死刑条文约占罪名条文总数的44%，原南斯拉夫军事刑法规定的死刑条文约占罪名条文数的58%，乌干达军事刑法所有罪名都设有死刑，我国1982年实施的《军职罪暂行条例》规定的死刑条文约占罪名条文总数的53%。[4]

死刑在我国现阶段较难废除的重大理由之一是民众普遍的报应心理，这

---

[1] 参见黄立：《刑罚的伦理审视》，人民出版社2006年版，第189页。
[2] 鲁嵩岳：《〈慎刑宪〉点评》，法律出版社1998年版，第3页。
[3] 当然，根据《西班牙军事刑法典》，在这些犯罪中，死刑刑罚也并非强制性的。
[4] 各国军事刑法中死刑条文数量及比例的数据，部分来源：夏勇、徐高：《中外军事刑法比较》，法律出版社1998年版，第80、81页。

一点应该承认。实际上,虽然我国古代刑法发展总的趋势是从野蛮到文明,但整体而言,其刑网之繁苛,刑罚之酷烈,是举世皆知的。〔1〕死刑作为最严厉的刑罚,最极端的刑罚,自然就应当配置给最严重、对社会危害程度最大的犯罪。我国死刑罪名现有 46 个:第十章军人违反职责罪规定的罪名总数是 32 个,规定死刑的罪名数 10 个,两者之比为 31.25%;〔2〕第一章危害国家安全罪规定的罪名总数是 12 个,规定死刑的罪名数 7 个,两者之比是 58.33%,与刑法死刑罪名总数之比为 15.22%;第二章危害公共安全罪规定的罪名数是 65 个,规定死刑的罪名数 14 个,两者之比为 21.54%,与刑法死刑罪名总数之比为 30.43%;第七章危害国防利益罪罪名总数 23 个,规定死刑的罪名数为 2 个,两者之比为 8.70%,与刑法死刑罪名总数之比为 4.35%。〔3〕从以上数据看出,刑法突出维护安全秩序,尤其是政治安全秩序、军事安全秩序和公共安全秩序。在数据比较之中,军事刑法规定的死刑数不是最多的,最多者是第二章危害公共安全罪(14 个);死刑占刑法规定的死刑总数之比也不是最高的,最高者是第二章危害公共安全罪(30.43%);死刑数与本章罪名数之比也不是最高的,最高者是第一章危害国家安全罪(58.33%)。既然军事刑法并不是很多人所认为的那样死刑比例极高,而且军事秩序的维护又是那么重要,甚至在一定程度上比政治秩序、公共安全秩序更基础、更重要,那么认为"军事刑法已经非常严厉"的根据是什么呢?军事刑法是否已经足够严厉到能确保军事秩序的权威和牢固呢?军事刑法有无必要严厉呢?

军事刑法的严厉性程度,取决于秩序维护需要。军事犯罪是一种特殊犯罪,军事犯罪不引渡是各种引渡条约的基本特性。这一点以及其他理由所论证的军事秩序的重要性已经被反复诉说,这里没必要再赘述。问题的关键是:秩序未必端赖死刑维护。第一,秩序是社会成员对社会条件的反映,其中必

---

〔1〕 参见武树臣:《武树臣法学文集》,中国政法大学出版社 2003 年版。

〔2〕 第十章用 9 个条文(第 421 至 424 条、第 430 条、第 431 条、第 438 条、第 439 条、第 446 条)设置了 10 种可处死刑的犯罪:(1)战时违抗命令罪;(2)隐瞒、谎报军情罪;(3)拒传、假传军令罪;(4)投降罪;(5)战时临阵脱逃罪;(6)军人叛逃罪;(7)为境外窃取、刺探、收买、非法提供军事秘密罪;(8)盗窃、抢夺武器装备、军用物资罪;(9)非法出卖、转让武器装备罪;(10)战时残害居民、掠夺居民财物罪。

〔3〕 《刑法》分则第七章"危害国防利益罪",用 2 个条文(第 369 条、第 370 条)设置了 2 种可处死刑的犯罪:(1)破坏武器装备、军事设施、军事通信罪;(2)故意提供不合格武器装备、军事设施罪。

第四章 军事刑法秩序价值的实现：刑罚与秩序

然带了所谓"裹挟"的成分。这里的"裹挟"，有文化、习惯的，有宗教、伦理的，更有法律的包括刑罚的。现代刑事法治的价值，表现为刑罚不应是残酷的，残酷的刑罚会造成既有秩序的解体。贝卡里亚认为："刑罚最残酷的国家和年代，往往就是行为最血腥、最不人道的国家和年代。"[1]事实也证明，如袁世凯《简明陆军刑律》动辄死刑，也未必能使北洋新军之军纪整肃，更无法挽救大清之统治秩序。死刑存废之角力，主要与三者有关：一是政治可行性，即政治民主化程度，政治家决心；二是经济可行性，即社会生产力水平，因为自由刑成本较高，而死刑被视为最为节约成本的刑罚支出；三是社会可行性，即民意制约。[2]在现代社会，很多国家的军事刑法中，要么没有死刑，要么很少执行死刑。例如，罗马尼亚等国军事刑法没有死刑，俄罗斯的军事犯罪也不执行死刑，西班牙军事刑法的死刑刑罚不具有强制性。第二，广泛的死刑未必对军事犯罪预防有利。"根除暴力，而不是根除人。"[3]军事犯罪的特殊性，使死刑刑罚中考虑被害感情、报应成分较少，教育成分更是没有，军事犯罪属于法定犯，其一般道德的恶性考虑也少。除了个别犯罪之外，很多犯罪都是基于人性的趋利避害心理发生的。在这种情况下适用死刑，既难以恢复遭到破坏的军事秩序，也没可能通过适用死刑消除继续实施军事犯罪的可能；而适用死刑，对于并非所有适龄青年都作兵役登记、作了兵役登记的大多数不实际服役而又无替代役的现实兵役制度下，对服役者以兵役"义务"为根源适用死刑是显失公平的。第三，从实然角度解析军事犯罪死刑的具体适用情况。在目前情况下，军事刑法中的死刑规定不可能大规模调整。因为一方面要受我国刑事政策和刑罚配置全局影响，另一方面，还要考虑军事刑法秩序价值实现。陈兴良教授曾指出，军事犯罪的死刑大多数备而不用，虽存犹废，因而应废除平时军事犯罪的死刑，保留战时军事犯罪的死刑，但应明文规定战时死刑只有在战争爆发之日起开始生效。[4]我们军事刑法规定的死刑罪名，都是与我国军事刑法的结构秩序价值——军事权

---

[1] [意]切萨雷·贝卡里亚：《论犯罪与刑罚》，黄风译，北京大学出版社2008年版，第62页。
[2] 参见郭理蓉：《刑罚政策研究》，中国人民公安大学出版社2008年版，第108~111页。
[3] [加拿大]欧文·沃勒：《有效的犯罪预防——公共安全战略的科学设计》，蒋文军译，中国人民公安大学出版社2011年版，第55页。
[4] 参见陈兴良：《刑法哲学》，中国政法大学出版社2004年版，第466页。

有关的[1],因而在目前条件下,对军事刑法死刑配置进行大规模调整的余地不大。但是,因为多是针对战时,基本可按陈兴良教授的建议改革。

二、军事犯罪资格刑配置与秩序

资格刑是以资格也就是从事某种活动所应具备的条件、身份为内容的刑罚。资格刑之概念是近代刑法理论的产物,但其内容却经过了历史的蜕变:从我国古代文献中记载的象刑、古罗马法中的名誉刑、中世纪的耻辱刑,一直到近代刑法中的资格刑[2],都有现代刑法中资格刑的影子。在古代身份社会,资格意味着权力、身份和地位,意味着社会交往资格和特定的公共管理权力。即使在近代社会,资格也往往与公权联系在一起。例如1871年《德国刑法典》就规定,处死刑或惩役时,得与公权之剥夺,共同宣告。而所谓公权之剥夺,既包括过去已取得之名誉等之剥夺,也包括将来取得名誉能力之剥夺。过去名誉之剥夺,包括因公权而得之权利、官职、位记、贵号、勋章、赏牌;对将来名誉取得能力之剥夺,包括丧失佩用国之徽章之能力、就任德意志军队及帝国海军之能力,受官职、位记、贵号、勋章、赏牌之能力;关于公共之事务的决议、为选举、与被选举及其他行使政权之能力;与证书作成之际为证人之能力,等等。[3]可以说,在专制制度下,资格刑是身份的象征,而身份本身就是一种秩序或秩序的载体、秩序的固化工具。

资格刑之所以虽不如自由刑、财产刑那样显要,却仍然执着存在,其首要优点就在于:具有政治上否定评价的明显效果。任何刑罚都体现了国家法律的否定性政治评价,但相比而言,以剥夺犯罪人的政治权利为基本内容的资格刑,则直接地反映了国家法律对一定犯罪及其行为人的否定政治评价,具有浓厚的政治性。[4]从名称看,我国1997年《刑法》第三章第七节的名称就叫"剥夺政治权利";从内容看,包括剥夺选举权和被选举权,剥夺言论、

---

[1] 例如侵害忠诚秩序犯罪(投降罪、军人叛逃罪,为境外窃取、刺探、收买、非法提供军事秘密罪)、侵害指挥秩序犯罪(隐瞒、谎报军情罪,战时违抗命令罪,拒传、假传军令罪)、侵害职守秩序犯罪(战时临阵脱逃罪,阻碍执行军事职务罪)、侵害军心士气秩序犯罪(战时造谣惑众罪)、侵害保障协同秩序犯罪(盗窃、抢夺武器装备、军用物资罪,非法出卖、转让武器装备罪)。

[2] 参见陈兴良:《刑法哲学》,中国政法大学出版社2004年版,第541页。

[3] 参见陈兴良:《刑法哲学》,中国政法大学出版社2004年版,第541、542页。

[4] 参见陈兴良:《刑法哲学》,中国政法大学出版社2004年版,第550、562页。

出版、集会、结社、游行、示威自由的权利,剥夺担任国家机关职务的权利,剥夺担任国有公司、企业、事业单位和人民团体领导职务的权利;从适用对象看,特别强调应当附加剥夺政治权利的对象是危害国家安全的犯罪分子,而可以附加剥夺政治权利的对象则是故意杀人、强奸、放火、爆炸、投毒、抢劫等严重破坏社会秩序的犯罪分子;从适用时间看,既有终身的也有固定时间的,而且对于附加剥夺政治权利的,其刑期是从徒刑、拘役执行完毕之日或者从假释之日起计算,且效力适用于主刑执行期间。这样的制度安排,凸显了否定性政治评价,尤其是"对于被判处死刑、无期徒刑的犯罪分子,应当剥夺政治权利终身"这一点,更为明显。资格刑具有维护政府、军队权威,保障信誉之作用。对某些严重违背职务、危害公务秩序和威信的人处以资格刑,使其失去利用这种资格再实施该种犯罪行为的机会和能力,有助于维护权威、维护正常的公务秩序。所以,无论是从资格刑的历史发展轨迹看,还是从资格刑的存在价值看,资格刑其实暗含着立法者对秩序的追求,尤其是对政治秩序的强烈追求。可以说,资格刑在很大程度上曾经被作为阶级斗争的工具,是一种政治性惩罚。[1]通过资格刑的适用,一方面强力停止犯罪人正在实施的危害政治秩序的行为,另一方面剥夺将来犯罪人再实施危害政治秩序行为的能力和机会,再一方面就是威慑、告诫拥有这种资格的人要遵守法律避免失去这种资格。

这里主要讨论剥夺军衔的问题。

剥夺军衔是剥夺犯罪军人的军衔资格的刑罚方法,是一种剥夺犯罪人"已经取得的资格"[2]的资格刑。世界上很多国家的军事刑法都将剥夺军衔作为一种刑罚。例如,《俄罗斯联邦刑法典》第44条规定的"刑罚种类"就包括"剥夺专门称号、荣誉称号、军衔、职衔和国家奖励刑"。第48条"剥夺专门称号、荣誉称号、军衔、职衔和国家奖励刑"具体规定,在对已然实施的重度犯罪或极其重度的犯罪裁定刑罚时,法院可以参考过错人自身特点,对其应当判处剥夺其所获得的专门称号、荣誉称号、军衔、职衔和国家奖励。《保加利亚刑法典》[3]规定的刑罚中包括剥夺军衔,同时规定,剥夺军衔只

---

[1] 参见吴平:《资格刑研究》,中国政法大学出版社2000年版,第307页。
[2] 马克昌主编:《刑罚通论》,武汉大学出版社1995年版,第221页。
[3] 本书保加利亚军事刑法条文参见陈志军译:《保加利亚刑法典》,中国人民公安大学出版社2007年版。

能适用于严重犯罪。《波兰刑法典》将剥夺已经获得的军衔作为一项处分措施而不是刑罚。在我国，剥夺军衔的性质经历了复杂过程。1955年通过的《中国人民解放军军官服役条例》(以下简称《军官服役条例》)规定，军衔"非因犯罪经法院判决，不得剥夺"。1965年我国废止了军衔制度，所以1979年通过的《刑法》和1981年通过的《军职罪暂行条例》中都没有把剥夺军衔规定为刑罚。1988年通过的《军官军衔条例》第28条规定："军官犯罪，被依法判处剥夺政治权利或者三年以上有期徒刑的，由法院判决剥夺其军衔。"剥夺军衔又重新成为一种附加刑[1]，只不过是以附属刑法的形式。对此，马克昌教授认为可以在刑法总则中对剥夺军衔作"原则规定"，[2]但1997年《刑法》修订时终究未能如愿。由此可能带来理论和司法实践的一些混乱。为此，2000年11月28日，中华人民共和国中央军事委员会发布了《关于剥夺犯罪军人军衔的规定》，其第2条规定："军人犯罪被依法判处3年以上有期徒刑、无期徒刑、死刑或者剥夺政治权利的，由第一审军事法院判决剥夺其军衔。"但是，由于这个规定是军事行政法规，不但不能消除这种混乱，反而更使这种混乱增加了。[3]

军衔是根据军人的职务、军事素养和业务素养、资历贡献以及军兵种或勤务区分，授予军人的一种衔称。根据1988年通过、1994年修订的《军官军衔条例》，军官军衔有两种属性：第一，军衔对应荣誉，是国家给予军官的荣誉。[4]军衔被剥夺后，军官不再享有佩戴军衔的荣誉。第二，军衔对应等级。军官军衔是区分军官等级、表明军官身份的称号、标志。军衔高的军官对军衔低的军官，军衔高的为上级。[5]从这两种属性看，军官军衔是军官在军队中权力和地位的象征，是区别军官等级、身份的重要标志。实行军官军衔制度，是维护军队指挥、荣誉秩序等重要制度。而剥夺军官军衔，则是纯洁、净化、维护军队指挥、荣誉秩序的重要手段。

关于这种秩序的要义，笔者认为可从三方面理解。第一，针对严重危害

---

[1] 参见陈兴良：《刑法哲学》，中国政法大学出版社2004年版，第562页。
[2] 马克昌主编：《刑罚通论》，武汉大学出版社1995年版，第244页。
[3] 在司法实践中有的军事法院对犯罪军人剥夺军衔，有的就没有剥夺军衔，造成法律施行的不统一、不严肃。参见张建田："论军人违反职责罪的立法完善"，载《法学杂志》2008年第4期。
[4] 《服役条例》规定：军衔是军官终身的光荣称号。
[5] 但是，当军衔高的军官在职务上隶属于军衔低的军官时，职务高的为上级。

社会秩序的罪行。1955年实施的《军官服役条例》中有剥夺军官军衔的规定。1988年4月12日,时任中央军委主席邓小平在《中央军委关于提请审议、批准确认1955~1965年期间授予的军官军衔的议案》中指出,对1955~1965年期间曾被授予军官军衔的人员其军衔应予以确认,但犯叛国罪和反革命罪的,犯刑事罪被判处死刑、无期徒刑和三年以上有期徒刑的,被开除军籍的以及中央军委决定不予确认的除外。1988年通过、1994年修订的《军官军衔条例》规定,军官犯罪,被依法判处剥夺政治权利或者三年以上有期徒刑的,由法院判决剥夺其军衔。结合1997年剥夺政治权利的规定可以看出,现役军官犯罪被依法判处剥夺政治权利,表明其行为可能是危害国家安全或严重破坏社会秩序,或存在其他严重情形。剥夺了政治权利,就意味着剥夺了其担任军事职务的权利。正因如此,1995年9月《中华人民共和国惩治军人违反职责犯罪条例(草案)》的条文修改说明指出,军人犯罪危害严重的,已不具备革命军人基本的政治条件,因此应剥夺其军衔。而那些虽未被判处剥夺政治权利,但是被判处三年以上有期徒刑的,大部分属于故意犯罪,也不宜保留其军官身份。当然,即使是过失犯罪,其程度和后果也比较严重,而且其本人在判刑后相当长时间内不能履行军官职责,也应当剥夺其军衔。第二,针对军官而非士兵。军衔分为军官军衔和士兵军衔,但是我国只有《军官军衔条例》而无士兵军衔条例。《军官军衔条例》规定的剥夺军衔只适用于犯罪的现役军官。1999年修订《中国人民解放军现役士兵服役条例》(以下简称《士兵服役条例》)时,删去了原条例中有关剥夺军衔的内容,规定对士兵的"处分的项目、条件、批准权限和实施程序按照中央军事委员会的规定执行"。中央军委2000年颁布的《关于剥夺犯罪军人军衔的规定》,明确适用于所有犯罪被依法判处3年以上有期徒刑、无期徒刑、死刑的犯罪军人。但是,该规定只是军事行政法规,只能是纪律处分而不能是刑罚。虽然官兵平等,在军人身份上却有差别。《军官法》规定,军官是国家工作人员的组成部分,履行宪法和法律赋予的神圣职责,在社会生活中享有与其职责相应的地位和荣誉。而根据2010年修订的《士兵服役条例》,现役士兵是依照法律规定,经兵役机关批准服现役,并依照本条例规定被授予相应军衔的义务兵和士官。二者在秩序中的意义是不同的。军官是指挥、管理的主体,而士兵则是在履行兵役义务。军衔对二者的意义并不一样。第三,法院判决剥夺军官军衔只针对现役军官。1955年实施的《军官服役条例》第22条规定："军衔是军官终身的光荣称号，非因犯罪经法院判决，不得剥夺。剥夺尉官、校官的军衔，根据法院判决书，由国防部命令公布；剥夺将官的军衔，根据法院判决书，由国务院命令公布。"根据《军官军衔条例》的规定，军官军衔是国家给予军官的荣誉，剥夺现役军官军衔由法院判决。可见，一直以来我国认为剥夺军衔是对犯罪现役军官的一种刑罚，需要由代表国家行使审判权的法院判决实施，法院是有权剥夺现役军官军衔的唯一法定机关，其他有关机关只是执行判决。这一点从全国人大常委会法制工作委员会的态度上可以看出。公安部在2001年曾建议"对公安边防、消防、警卫部队人员犯罪须剥夺警衔的，可由授予武警警衔的批准机关决定剥夺其警衔"，理由是"公安边防、消防、警卫部队没有军事法院，由地方法院对犯罪的公安边防、消防、警卫部队人员判决剥夺警衔似又不妥"，而全国人大常委会法制工作委员会的答复是：公安边防、消防、警卫部队属于人民武装警察序列，对于犯罪的公安边防、消防、警卫部队人员需剥夺警衔的，也应由法院判决为宜。[1]虽然这一答复是针对武警三个警种的，但也反映出全国人大常委会法制工作委员会对剥夺军衔必须由法院判决的基本态度。但是，剥夺预备役军官的军衔却不由法院作出。与《军官法》不同的是，由于《军官军衔条例》没有规定预备役军官军衔的剥夺问题，2010年修订的《中华人民共和国预备役军官法》（《预备役军官法》）专门予以规定：预备役军官犯罪，被依法判处剥夺政治权利或者三年以上有期徒刑的，应当剥夺其预备役军官军衔。批准剥夺预备役军官军衔的权限，与批准授予该级预备役军官军衔的权限相同。其实，在军衔问题上现役军官与预备役军官的区别不止于此，例如，对预备役军官来说，军衔降级处分只适用一种情形："违反军纪的"；而现役军官军衔的降级除了这种处分性的外，还有一种非因处分性的情形：因不胜任现任职务被调任下级职务，其军衔高于新任职务等级编制军衔的最高军衔的，应当调整至新任职务等级编制军衔的最高军衔。从这两方面看，剥夺军衔其实不能笼统地说就是一种刑罚方法或附加刑。但是为何单独针对现役军官而非预备役军官予以规定呢？从刑法的秩序价值考虑，这不能不说是一种遗憾。剥夺军衔的主要意义，是

---

[1] 参见"犯罪的武警部队警官警衔的剥夺如何处理"，载http://www.npc.gov.cn/npc/xinwen/lfgz/xwdf/2002-04/26/content_ 370427.htm，最后访问日期：2013年9月7日。

纯洁、净化、维护秩序。如果仅仅因为现役军官是军人，承担了更多的责任，构成严重犯罪对部队形象、战斗力造成影响，而剥夺其军衔，显然与这种秩序的宗旨是不完全符合的。其一，士兵一样承担重任，实际上在外军，高级士官可能承担非常重要的职责，甚至涵盖主要的日常管理职责。其二，预备役军官在执行军事任务时，适用刑法第十章。此时，预备役军人的严重犯罪行为同样会对这种秩序构成威胁、破坏。因此，不能因为士兵主要是被管理者而缺少这样的规定，也不能因为预备役军官执行军事任务较少而完全不加规定。当然，如果非要加以区分的话，对士兵可以在犯罪的严重度上比较宽松，例如，剥夺政治权利终身或处10年以上有期徒刑的；对预备役军官，则规定执行军事任务、实施军人违反职责犯罪的适用。这样，就与剥夺军衔背后的秩序相一致。在国外军事刑法中，并不区分对象，剥夺军衔适用于所有军人。为什么剥夺军衔自1997年《刑法》修正后一直顽强存在，其原因就是背后暗含的秩序力量。有专家支持在刑法总则中对附加剥夺军衔（警衔）的性质和适用等应加以明确，并应面对"文职干部（同属有军籍的人员）无军衔可剥夺"的情形。[1]对于前一点，笔者是赞同的。对于后一点，从前述对剥夺军衔秩序意义的解析出发，笔者是不支持的。此外，世界上很多国家的军事刑法，除了规定剥夺军衔作为附加刑外，还有一个亮点：刑法规定定罪的后果之一就是剥夺犯罪人将来获得军衔的权利或剥夺服兵役、加入武装部队的权利。[2]《中华人民共和国刑法修正案（八）》[以下简称《刑法修正案（八）》]在《刑法》第100条中增加一款作为第2款：犯罪的时候不满十八周岁被判处五年有期徒刑以下刑罚的人，免除前款规定的报告义务。这一规定，虽然有利于未成年人的成长，但由此带来部队政治考核难度的增加。而上述国家军事刑法的做法值得学习，它用刑罚的方式对应征人员作了过滤，确保了军事秩序基础的纯洁性。

第二节 刑罚执行与秩序

刑罚执行，也称行刑，是指法律规定的刑罚执行机关依法将发生法律效

---

〔1〕 参见张建田："论军人违反职责罪的立法完善"，载《法学杂志》2008年第4期。
〔2〕 例如，根据《黑山刑法典》第116条的规定，定罪的法律后果之一就是剥夺犯罪人获得军衔的权利。

力的刑事判决、裁定所确定的刑罚付诸实施的刑事执行活动。[1]刑罚执行活动都是在一定的观念指导下进行的，行刑模式如何选择、行刑制度怎么设计、确定什么样的行刑目标，都取决于行刑理念的选择。[2]而笔者认为，刑罚执行活动实际上也反映着立法者的秩序认识和需求，尤其是军事刑法独特的刑罚执行制度，更是鲜明反映出立法者对军事刑法特殊的秩序偏好。

一、死刑执行与秩序

现代刑罚执行的基本原则包括：合法性原则、教育性原则、个别化原则、社会化原则、人道主义原则。[3]其中，人道主义原则更是现代刑罚执行的鲜明特征。这一原则体现为：禁止使用残酷的、不人道的以及其他侮辱罪犯人格的刑罚执行手段。死刑又称极刑，是杀死犯罪人的刑罚方法，自产生以来，经历了许多变化。今天，世界上越来越多的国家和地区在立法上废除了死刑，或者在司法实践中不判决、不执行死刑。即使是保留死刑的国家，也早就出于人道的考虑，不再保留历史上的野蛮、残忍的死刑执行方式，而是采用枪决、绞刑、电刑、注射、毒气等方式。[4]《中华人民共和国刑事诉讼法》（以下简称《刑事诉讼法》）第263条第2款规定，死刑采用枪决或者注射等方法执行。至于枪决、注射如何执行，或者是否针对不同犯罪采取不同的执行方式，现行《刑事诉讼法》没有规定。在外国军事刑法以及我国历史上的一些军事刑法规范中，却能看到不同的死刑执行方式：胸前枪决、背后枪决、就地枪决、公审枪决等。[5]不同的死刑执行方式，包含了立法者对特定类型

---

[1] 参见曲新久主编：《刑法学》，中国政法大学出版社2009年版，第242页。
[2] 参见郭理蓉：《刑罚政策研究》，中国人民公安大学出版社2008年版，第196~200页。
[3] 参见曲新久主编：《刑法学》，中国政法大学出版社2009年版，第243页。
[4] 参见陈兴良：《刑法哲学》，中国政法大学出版社2004年版，第794页。
[5] 实际上，就地枪决和公审枪决作为相对的称谓，并非是刑罚的执行方式，而仅仅是指执行枪决是否要经过审判程序。虽然如此，这两种不同的方式，还是显示了建立、维护兵役秩序的立法意图。在革命战争年代，我军制定的军事刑法中就有就地枪决和公审枪决的规定。1933年12月15日，中华苏维埃共和国颁布中央执行委员会命令（《关于红军中逃跑分子问题》）宣布：（一）拖枪逃跑者一经捕获一律就地枪决。（二）组织逃跑，率领一班一排一连逃跑者，对于这样的领导分子，一律逮捕经公审枪决。（三）屡次逃跑造谣破坏红军及归队运动者，一律逮捕送法庭处以有期徒刑直到枪决……（七）凡不执行本命令者以帮助逃跑破坏红军论罪。虽然如此，这两种不同的方式，还是显示了建立、维护兵役秩序的立法意图。参见"关于红军中逃跑分子问题"，载《红色中华》1933年12月20日，转引自张宏卿、肖文燕："农民性格与中共的乡村动员模式——以中央苏区为中心的考察"，载《开放时代》2010年第10期。

犯罪的特别评价,体现了特定条件下对特定秩序的特殊需求。

(一) 不同的枪决执行方式

根据《意大利平时军事刑法典》第 25 条的规定,死刑执行的具体方式有两种:胸前枪决、背后枪决。死刑一般通过胸前枪决的方式在军事地点执行,但是如果处罚包括了开除军籍,死刑则通过背后枪决的方式执行。如果军事刑法明确规定对于由不属于国家武装力量的人员实施的犯罪通过背后枪决的方式执行死刑,这种死刑完全等同于含有开除军籍的死刑。但是,《意大利平时军事刑法典》并没有直接规定可处死刑的犯罪。《意大利刑法典》(第 21 条)曾规定,死刑以枪决的方式在监狱内或者在由司法部指定的其他场所执行。死刑不公开执行,除非司法部做出不同的决定。该条在 1944 年被废除。随后 1948 年《意大利宪法》规定,除战时军事法律规定的情形外,不得适用死刑。[1] 现在,可处死刑的军事犯罪只规定在《意大利战时军事刑法典》中。

处胸前枪决的犯罪行为。根据《意大利战时军事刑法典》的规定,实施下列犯罪行为处死刑的,通过胸前枪决的方式执行。(1) 军事间谍行为和泄密行为(敌方军人非着意大利军服化装进入军事基地,军人不以帮助敌人为目的刺探秘密情报妨害国家战备或军事防卫,军人不以帮助敌人为目的泄露军事秘密妨害国家战备或军事防卫);(2) 违反指挥官义务行为(指挥官战时弃置指挥权,指挥官不遵守不得攻击敌人的命令,指挥官无正当理由不执行任务);(3) 投降行为(一般投降,指挥官在野战中投降,指挥官在投降情况下破坏团结);(4) 胆怯行为(军人随意作出投降表示,煽动投降,胆怯行为损害部队或机组人员的战斗或抵抗的良好局面,在战斗中溃散和其他非法行为,作出以上各种胆怯行为的决定行为);(5) 离弃岗位和违反军令行为(军人在战斗中离弃岗位,决定结伙离弃岗位,指挥官不坚守战斗岗位,战斗中或临敌离开领导,离弃商船队致其全部或部分陷敌,哨兵离弃岗位或违反军令损害岗位或舰机、人员安全,军人未抵达岗位且战斗期间继续缺勤);(6) 侵犯军事通信行为(军人开拆、隐匿、伪造、编造或不交付命令或信件损害国家安全或致部队安全受损);(7) 侵犯现役军人行为(违抗军

---

[1] 参见黄风译:《意大利军事刑法典》,中国政法大学出版社 1998 年版,第 11 页。

令，对执勤人员或哨兵实施暴力损害岗位、舰机安全，阻拦携带军令的人员或载体损害国家安全或部队安全）；（8）逃避服役行为（军人临敌逃跑，军人在临敌情况下不向自己部队或工作岗位报到或逾期不归，军人临敌第三次逃跑，倡议或组织预先合谋的逃跑）；（9）非法或任意的敌对行为（由非法交战者实施的敌对行为，违反停火或休战协议致使国家重新开战，针对中立国或盟国的敌对行为导致战争、破坏或人员死亡）；（10）战俘集体造反的倡议、组织和领导行为，战俘被释后违反承诺重新作战。其中，（1）属于侵害军事忠诚和防卫的犯罪，（2）~（8）属于妨害战时服役的犯罪，（9）~（10）属于侵犯战争法和惯例的犯罪。

处背后枪决的犯罪行为。根据《意大利战时军事刑法典》的规定，实施下列犯罪行为处死刑的，通过背后枪决的方式执行。第一，军人实施的、处包含开除军籍死刑的犯罪行为。（1）叛逆行为（军人侵害最高指挥官生命、健康或人身自由，军人为反叛国家而离队，军人帮助敌人，军人与敌人勾结或通信，军人侦察作不真实、有保留或有缺欠的报告）；（2）军事间谍行为和泄露军事秘密行为［军人军事间谍行为，敌方军人化装（着意大利军服）进入军事基地，军人向敌人泄露军事秘密］；（3）战时非法招募行为（任何人战时引诱军人投敌或为其提供投敌便利，任何人为助敌或反叛意大利而招募或武装任何人员）；（4）散布军事失败情绪行为（旨在诱使停止或终止对抗的行为）；（5）逃避服役行为（军人逃跑投敌）；（6）损坏军事设施或其他物品行为（损坏行为损害了战备、国家战事或军事行动）；（7）以欺骗手段提供军事供应有特别严重情节的行为；（8）侵犯敌方个人或敌方财产的非法行为（抢掠，在敌国制造火灾、毁坏或严重损坏）；（9）虐待伤病员或遇难人员致死，掠取伤病员或遇难人员致死。其中，按照《意大利战时军事刑法典》第三编的规定，（1）~（4）属于侵害军事忠诚和防卫的犯罪；（5）~（7）属于妨害战时服役的犯罪；（8）~（9）是侵犯战争法和惯例的犯罪。第二，公民或任何为国家服务的人员实施的、处死刑的犯罪行为：为敌人提供驾驶或引导服务，任何人为敌方间谍或特务提供帮助或情报。

（二）秩序认识

死刑的执行方式表征着立法者的态度和评价。孟德斯鸠在《论法的精神》

一书中就说，"在中国，抢劫又杀人的处凌迟，对其他抢劫的就不这样"〔1〕。黄风教授认为，对死刑枪决方式的选择中，军人名誉也是重要的考虑因素：前一种方式似乎为临处决的军人（或者其他犯有军事犯罪的军人）留下最后之军人尊严；后一种方式必须包含开除军籍则说明不再考虑军人之尊严了。〔2〕笔者认为，除了可能关乎荣誉之外，更反映了立法者的秩序认识和需求。《意大利战时军事刑法典》以这样的方式，来反映其对特定秩序的强烈偏好，以这样的方式达到维护特定秩序的目的。进行否定评价，剥夺军人荣誉、尊严不是目的，目的在于为特定秩序树立权威和标杆。通过梳理，我们会发现意大利军事刑法的秩序重心。

黄风教授认为，通过胸前枪决的方式执行死刑，主要针对"单纯军事犯罪"，而背后枪决的方式则主要针对"混合军事犯罪"（即包含普通犯罪成分的军事犯罪）。〔3〕单纯军事犯罪属于"违规的恶"，"混合军事犯罪"则是"自在的恶"。但是笔者发现，枪决方式与犯罪所侵害的具体社会关系，或说立法者对该种社会关系背后所隐含的社会秩序的重视程度有关。《意大利战时军事刑法典》中，通过胸前枪决方式执行死刑的犯罪中，有 3 种属于军人侵犯军事忠诚和防卫的犯罪，24 种属于妨害战时服役的犯罪，5 种属于侵犯战争法和惯例的犯罪（非法或任意的敌对行为 3 种，战俘犯罪 2 种）；通过背后枪决方式执行死刑的犯罪中，有 13 种属于侵犯军事忠诚和防卫的犯罪，3 种属于属于妨害战时服役的犯罪，4 种属于侵犯战争法和惯例的犯罪（虐待伤病员或遇难人员致人死亡 2 种，掠取伤病员或遇难人员致死 2 种）。这表明，通过背后枪决的死刑执行方式，主要是针对侵犯军事忠诚和防卫的犯罪，而后是军人逃跑投敌行为、严重影响国家战事的军事设施毁损和军事供应破坏行为，以及针对敌方人员、财产的不人道行为；而通过胸前枪决的死刑执行方式，主要针对投降、胆怯、脱岗、逃亡、指挥官履职等妨害战时服役的行为，而后针对较高层次上的非法或任意敌对行为、敌方被俘人员的犯罪行为，以及间谍行为。一般来说，战时的胆怯、履职不严谨等行为虽然危害极大，但实属难免；战俘的造反和背信弃义也可理解；间谍行为在交战中更是司空

---

〔1〕 [法] 孟德斯鸠：《论法的精神》（上册），张雁深译，商务印书馆 1961 年版，第 92 页。
〔2〕 参见黄风译：《意大利军事刑法典》，中国政法大学出版社 1998 年版，前言第 5 页。
〔3〕 参见黄风译：《意大利军事刑法典》，中国政法大学出版社 1998 年版，前言第 5 页。

见惯，无所谓道德与否。因此，对这些犯罪，实施通过胸前枪决的方式执行死刑，表明立法者对该类秩序所持的一种可控意识和平和态度。相反，对于己方人员的叛逆、逃跑投敌、军事失败情绪、严重的损害国家战事行为，以及不受约束反映人性之恶的行为，则是维护军事秩序所不可容忍的，是会对秩序造成严重破坏的，甚至可能对统治秩序造成根本性颠覆，所以必须以最严厉的方式来确认、惩治和恢复。

在论述枪决方式与军人荣誉的关系时，黄风教授举了一个意大利军事刑法典中"如果敌方军人进入意大利军事要地刺探军情，则适用于通过胸前枪决方式执行死刑"（《意大利战时军事刑法典》第61条）的例子，认为之所以规定通过胸前枪决方式执行死刑，是因为敌方军人为其国家利益而献身，这在道德上是可歌可泣的；它属于单纯军事犯罪，不属于违背公民基本道德规范准则的"自在的恶"。[1]但是，笔者看到，该条第2款同时规定："如果犯罪人为进行化装而穿着意大利军服，处通过背后枪决的方式执行死刑。"显然，有了这一款的规定，再从单纯军事犯罪、非自在的恶的角度去解释，就难以理解了。笔者认为，意大利军事刑法对同一种行为，仅仅因为是否着意大利军服就作出两种不同评价，其真正原因就是秩序。军服是战场上军人身份识别的重要标志，着军服从事敌对行为被俘就可能获得战俘身份；不着军服从事敌对间谍行为就不能享有战俘身份。军服是秩序的象征，是一支军队区别于另一支军队的基本标志，它是隶属秩序、指挥秩序、业务秩序、战斗秩序的重要载体。《意大利战时军事刑法典》第164条也明确规定，任何人非法使用制服和军事徽标的，处1年以下军事有期徒刑；军人适用6个月至2年军事有期徒刑。在战时，敌人着意大利军服潜入军事要地的间谍行为危害极大，也是对战时秩序的极大破坏，所以对这种行为必须处以最严厉的惩罚，进行最"侮辱性"[2]的否定评价。

二、行刑延迟、战时缓刑与秩序

（一）各国立法规定

西方很多国家例如保加利亚、意大利的军事刑法均规定了军事刑罚的延

---

〔1〕黄风译：《意大利军事刑法典》，中国政法大学出版社1998年版，前言第5页。

〔2〕这里的侮辱性不同于非人道的酷刑之侮辱性，主要是与黄风教授所说的"军人荣誉"有关。

第四章　军事刑法秩序价值的实现：刑罚与秩序

迟执行。例如，《保加利亚刑法典》第 42 条规定，在战时军事法庭可将所判处的监禁推迟至战争结束后执行，将该罪犯交由作战军队。如果该罪犯又重新犯罪的，则可撤销延迟执行的决定。如果该罪犯被证明是一个保卫祖国的好军人，则法庭可根据其上级首长的建议，全部或部分地免除其刑罚的执行。如果由于残疾，即使没有其上级首长的建议，法庭也可以全部或者部分地免除其刑罚的执行，并让其退出军队。《保加利亚刑法典》规定的监禁是指至多 30 年的有期监禁，终身监禁是一种独立的刑罚，分可变更和不可变更两种，后者可作为一种极端措施，对威胁保加利亚国家基础的最严重犯罪及其他特别危险的故意犯罪适用。此外，《保加利亚刑法典》规定缓刑作为一种刑罚可以附加适用，也可以独立适用。从《保加利亚刑法典》的上述规定看，战时监禁的延迟执行制度主要包括三方面：第一，决定权在军事法庭，时间是战时；第二，军事法庭可根据罪犯的上级首长关于该罪犯军事品行的建议，或根据罪犯残疾的事实，全部或部分地免除其刑罚的执行；第三，保加利亚战时行刑延迟是否引起刑的宣告的无效这一效果，取决于罪犯军事品行方面的表现，取决于其上级首长的建议或残疾事实本身。

《意大利战时军事刑法典》也详尽规定了行刑延迟制度。行刑延迟包括监禁刑的延迟执行和附加刑的延迟执行。第一，职位条件：实施犯罪时属于动员部队的军人或者在犯罪实施后被派往该部队的军人。第二，罪刑条件：判处 10 年以下监禁的军人。第三，适用限制：被判刑人未终止提供军事服务或者不是长期不能提供军事服务（因在战斗或军事任务中负伤或患病造成的不能状况除外）；入伍未被阐明属于无效行为。否则，不得决定延迟执行刑罚，已做出决定的，应当予以撤销。第四，战争状态终止时的处理：一是继续执行被延迟的刑罚，但应按《意大利平时军事刑法典》中关于易科刑的规定执行；二是未重新犯罪或未多次受严重纪律处分，且被判处 3 年以下军事有期徒刑或因普通犯罪被判处 2 年以下监禁的，犯罪消灭，主刑不再执行，处罚的刑事后果终止；三是在战斗或执行军事任务中立功而获晋升或受奖的，即使战争还未结束，其犯罪也消灭。第五，特别战斗部队服役的效果：延迟执行刑罚后，因其特殊条件而被分配到特别战斗部队服役的时间，从所科处刑期中扣除。第六，军事指挥官的特别权力。根据《意大利战时军事刑法典》第 29 条的规定，统辖上述实施犯罪时属于动员部队的军人或者在犯罪实施后被派往该部队的军人的部长，在听取国家军事检察长的意见后，可以决定延迟执行对上述军人科处的任何刑期的暂时监禁刑。根据该法第34条的规定，当最高指挥官认为某一不从属于国家武装力量的人员因其在战争条件下提供的服务而成为必须存在的或不可替代的时，在征得国家军事检察长的意见后，该指挥官可以决定延迟执行对该人科处的暂时监禁刑；领导海军或空军部队的指挥官，在各自的指挥范围内可以行使同样的权力。

我国《刑法》第449条规定："在战时，对被判处三年以下有期徒刑没有现实危险宣告缓刑的犯罪军人，允许其戴罪立功，确有立功表现时，可以撤销原判刑罚，不以犯罪论处。"理论上一般把该条的规定称为"战时缓刑"，虽然立法并没有明确。我国刑法规定的战时缓刑制度不能叫行刑延迟或推迟刑罚执行，而是属于普通缓刑加"复权"的特殊制度。首先，战时缓刑的前提是犯罪人已经被宣布了缓刑。而无论是保加利亚还是意大利军事刑法中的行刑延迟对象，都可能是重刑犯。其次，只要不违反考验期的管理规定，即使未立功，考验期结束后，原判刑罚都不再执行。而保加利亚军事刑法行刑延迟的"最优"效果只是刑罚全部免除；意大利军事刑法行刑延迟的效果取决于军人表现或量刑情况。我国普通缓刑的效果是刑的宣告归于无效，即不因缓刑考验期满而消灭实施犯罪这一事实和法律的否定性评价，仅是原判刑罚不再执行，而有罪宣告仍存在。而根据我国《刑法》第449条规定，如果被宣告战时缓刑的犯罪军人有立功表现，则可中止其考验期而将其视为届满，撤销其原判罪行，不以犯罪论处。这说明，"战时缓刑的效果不仅是刑的宣告归于无效，而且还包括罪的宣告的无效"[1]。复权就是这样一项制度，它将撤销行为人的有罪记录并消除与认定有罪本身有关的指向将来的法定后果。

（二）秩序认识

刑罚的延迟执行甚至免除并非军事刑法的特别之处，现代世界各国所广泛采用的缓刑制度就是附条件的不判处刑罚或者判处刑罚但是不执行刑罚。军事刑法中行刑延迟制度的特别之处，在于它并不像普通缓刑制度一样仅适用于罪行较轻的罪犯，而是也适用于一些罪行较重的罪犯，甚至被判处30年监禁的罪犯。此外，军事指挥官在行刑延迟后刑罚的处理中的角色和作用，

---

[1] 曲新久主编：《刑法学》，中国政法大学出版社2009年版，第239页。

第四章 军事刑法秩序价值的实现：刑罚与秩序

也是行刑延迟制度的特色之处。因此，行刑延迟制度还存在着明显的秩序意义。

第一，军事刑法中秩序的层次性和调整性。秩序具有层次性，层次越多结构就越复杂。这种复杂性，不仅表现为秩序的多种层次之间的交叉与重叠，还表现为各种秩序之间既存在清晰的边界却又因为各种因素而不断调整着边界，通常情况下，不同层次的秩序多呈垂直关系，表现为高层秩序对低层秩序的权威性，后者要服从前者的目标和要求。[1] 军事刑法中存在着不同层次、不同边界的秩序，这些秩序在权威性上有高低之分，在边界上有重叠甚至包含与被包含的关系，而且某一秩序要服从于另一种秩序。国家军事刑罚的配置与执行本身也是一种秩序，它与军事刑法所要维护的秩序即军事秩序本身之间本来是存在清晰边界的，属于两种层次的秩序。军事刑罚的配置与执行一方面要维护军事秩序，另一方面又要防止对自由的侵害。但在一定情况下，军事秩序可能会越过边界，刑罚秩序在一定程度上要服从军事秩序。从各国关于行刑延迟制度中"军事品行"对延迟效果的影响的规定看，刑罚秩序在战时是要一般地让位于军事秩序的。例如，为了追求作战秩序，减少非战斗减员、保留有生力量，为完成某些特定军事任务保存必要的服务"人才"，[2] 刑罚执行就可以被延迟、刑期就可被缩减，或者说罪的宣告秩序的边界要调整，即统率秩序就可向定罪量刑秩序越界。军事秩序包括统率秩序越界的程度取决于秩序的需要，取决于秩序间力量的对比关系。军事秩序是军事权的表现，其背后的力主要包括：战时、战斗力需要、良好的战斗品行以及表征良好战斗品行的其他事实（如残疾、立功、晋升）。这在各国大同小异。只要军事秩序力量足够大（如高级军事指挥官、特殊人才、特殊部队[3]等），就可以向刑罚秩序的边界越过更多（如不受暂时监禁刑的刑期限制），直至进入定罪秩序边界（如犯罪消灭、复权）。当然，两个秩序边界的调整是有限度的，或说刑罚秩序、定罪秩序是有底线的。一种秩序不能因为力量强大而完全取代另一种秩序。这种界限，一是环境和利益因素，例如战时复权、战时行刑延迟，

---

[1] 参见杨雪冬："秩序的结构与边界"，载《学习时报》2006年4月10日，第6版。

[2] 参见张进红、杨清芳："浅析意大利战时军事刑法中的行刑延迟"，载《西安政治学院学报》2008年第3期。

[3] 如《意大利战时军事刑法典》第33条规定，因特殊条件被分派到特别战斗部队服役的时间，从所科处的刑期中扣除。

只有出现战时的情形才会有行刑延迟，战时状态一终止，边界可能又会恢复到平时状态。如《意大利战时军事刑法典》第36条规定，战争状态结束时，推迟执行的监禁刑、停职、停级的附加刑开始执行。二是罪行的轻重，比如即使罪犯的刑罚在被延迟执行后的战争期间没有重新犯罪或未多次受严重纪律处分，但是对适用延迟执行且被判处3年以上军事有期徒刑的罪犯，就不产生犯罪消灭的后果。三是犯罪侵害的具体法益，例如战时犯有叛逆、间谍、临战脱逃、逃跑、战时自伤等罪行，往往被排除在战时复权的范围内。由此看来，军事刑法中秩序的调整是有时间条件的，调整的范围和幅度取决于彼此间力量对比关系、消长关系。

第二，秩序的水平关系和内部关系均衡。在垂直结构的秩序关系之外还有水平结构的秩序关系，而水平结构的秩序关系内部往往处于同一个层次，表现为水平的、互不隶属的关系，秩序之间并无多少权威性可言。[1]军事刑法要较好地体现、维护秩序，也必须注意那些水平结构秩序的关系处理。在这方面，《意大利军事刑法典》虽然以严厉著称，却处理得较好，使得行刑延迟和复权制度因秩序的水平关系得到平衡处理而显得不那么突兀。一是延迟执行与不延迟执行。根据《意大利战时军事刑法典》第32条的规定，只有那些符合条件的为维护国家军事利益而服役的被判刑人才能被决定延迟执行刑罚，否则要么不被延迟，要么被延迟了也要取消。从这一规定看，是否被决定延迟执行刑罚或被取消延迟执行决定，是同军事秩序紧密相连的，即只有那些为维护军事秩序付出义务、与军事秩序具有连续的正向一致性者才能被刑罚秩序所认同，也才会有军事秩序向刑罚秩序的越界。二是推迟执行刑罚与刑罚时效消灭。根据《意大利战时军事刑法典》第35条的规定，依法推迟执行刑罚的时间，就刑罚因时间经过而消灭而言，不予计算。这就是说，刑罚（时效）秩序并不因军事秩序的越界而彻底消失或被替代，《意大利战时军事刑法典》关于延迟执行刑罚与刑罚消灭之间关系的规定，明确显示这种越界只是一种暂时性的倾斜、越界，不能永久性地侵蚀刑罚秩序。即使因军事秩序越界而延迟了刑罚的执行，但一旦这种越界的条件结束，刑罚秩序仍然要恢复以前的状态，时效在重新继续计算时不计入被延迟的时间。三是军事

---

[1] 参见杨雪冬："秩序的结构与边界"，载《学习时报》2006年4月10日，第6版。

犯罪消灭与普通犯罪消灭。由于军事秩序之重要与特殊，军事刑法一般比普通刑法严厉，所以《意大利战时军事刑法典》第38、39条分别规定了军事犯罪与普通犯罪消灭的法定最高刑幅度。这表明，意大利军事刑法意图在处理犯罪行为侵犯了普通刑法中的秩序与侵犯了军事刑法中的秩序之间的平衡。四是继续执行刑罚与执行易科刑罚。根据《意大利战时军事刑法典》第37条的规定，战后或战争期间开始正常地执行被推迟了的刑罚时，应执行易科刑罚。在战时，国家正常的秩序受到严重威胁，恢复这种秩序成为首要。因此，最大程度地保存有生力量，减少非战斗减员，确保赢得战争成为首要秩序。但是，一旦战争结束，那么恢复正常和平社会的秩序就应该开始。和平秩序应该是一种平等的关系。继续执行刑罚表明回归军事秩序越界前的边界，但是考虑到军人为维护军事秩序所作出的贡献，对被判刑人执行易科刑罚。而根据该条和第166条的规定，对战俘因其曾经对意大利军事秩序的破坏而不适用延迟执行刑罚，但是应根据其身份选择相适应的刑法规范（军事刑法或普通刑法），这一点也是考虑了秩序要素。五是因立功、晋升、受奖而复权与因一般的忠诚、光荣履行义务而折抵。战时立功受奖可获准复权，可以理解为因犯罪人后来的行为表现证明其处于社会秩序的可控范围内，或说正是按照社会秩序的要求行为，符合了社会秩序的要求，再对其此前的越轨行为作否定性评价已经失去现实意义，所以撤销罪的宣告。而军人在战时虽无立功、晋升、受奖行为，但是鉴于其在战时服役是为国家作出贡献，应认为同样符合社会秩序的方向，所以也应予以均衡，虽不能获准复权，服役时间当可折抵刑期。所以《意大利战时军事刑法典》第43条规定，虽未立功但在作战或执行任务中忠诚、光荣服务的军人，每3个月的野战折抵1年。六是军人被任何法官延迟执行刑罚与不属于国家武装力量的人员被最高指挥官决定延迟执行刑罚。军人是军事秩序最重要的节点，所以《意大利战时军事刑法典》在军事秩序向刑罚秩序越界的问题上对其予以倾斜；但同时，各种各样的有用人才也为维护军事秩序所必不可少，尤其是那些战争中提供的服务被认为必须存在或不可替代者。因此，《意大利战时军事刑法典》特别规定了军事指挥官对不隶属于国家武装力量的人员的暂时监禁刑延迟执行权力。

在军事秩序的越界方面，很多国家的军事刑法更多的是将重点放在把普通公民也纳入军事刑法的适用范围之内，却很少认为给予普通公民某些"优待"也同样是促进军事秩序"生长"。我国《刑法》规定的战时缓刑制度，也是军事秩序与定罪量刑秩序关系消长对比的表现。如果只是考验期满不再执行原判刑罚，这样的缓刑制度似乎与一般缓刑没有太大区别，也容易理解接受。但是消灭原判罪行，不再认为是犯罪，则与一般缓刑存在重大区别。这种制度是否还能称为缓刑，或说是"特别缓刑"，[1]当然值得讨论。但是更为关键的问题是，在战时能否对"执行军事任务的其他公民"、战时有特殊贡献的普通公民也给予此种待遇？军事秩序遭到破坏，被害人包括个人，但主要是军队和国家。因此，如果主张某些犯罪如"战时自伤罪""投降罪"属于无被害人的犯罪，应予非罪化，则是观点错误，不利于维护军事秩序。但是，既然军事犯罪是国家利益受损，那就要认真讨论如何重视国家的地位与需求问题。按照白建军教授的划分，军人违反职责罪全部是一种"误用国家权力的犯罪"，即"在从事公共管理的过程中不当履行国家权力的犯罪"[2]。既然是一种国家利益受损，从理论上讲，就应该允许加害人与国家之间就案件进行刑事和解，将被害人的自由诉求与社会实现秩序的诉求协调起来，这也是社会秩序回归正常化的一种手段。[3]同时，也应该给予"执行军事任务的其他公民"、战时有特殊贡献的普通公民此种待遇。因为从秩序的角度看，从强制性的刑罚权到双方和解，也是垂直化的秩序结构水平化的重要表现。在给予犯罪军人这种"待遇"的同时，也给予他们这种待遇，同样能增加处于同一层次上的秩序内部关系的均衡。

---

〔1〕 参见高铭暄、马克昌主编：《刑法学》，北京大学出版社、高等教育出版社2000年版，第302、303页。

〔2〕 白建军：《关系犯罪学》，中国人民大学出版社2005年版，第265~267页。

〔3〕 因此，指挥官在其中的作用就应该被突出出来。

第五章

军事刑法秩序价值观

个人自由与社会秩序是社会最基本的需求,二者之间的对立统一是社会存在发展的基本方式。虽然从主体需要被满足的程度看,个人自由与社会秩序同样被列为法律化了的主体的最高价值追求[1],而且价值冲突兼具正负双向功能,但个人自由与社会秩序之间的冲突显而易见且具有必然性,现代法治国家不能也不会无视这种冲突的存在与蔓延。即使不理会那种认为"自由与秩序的法律价值并不必然存在冲突"的判断[2],也无法抹去哈耶克所谓"自由秩序"的现实性。任何军队都有基本的法律秩序,这涉及特定秩序观及价值观。价值观内含的价值排序展现了人们处理这种冲突的形式。在刑法领域,普遍认可的价值观念是"加重刑法的人权蕴含,通过人权保障机能与社会机能的协调,追求个人自由与社会秩序的刑法价值,最终实现刑法的公正价值"[3]。但在军事刑法领域,"秩序优先"仍是很多人面对秩序与自由冲突时的价值认识。从实质上说,价值冲突是价值观念的冲突。有什么样的军事刑法价值观,就有什么样的认识、解决秩序与自由的冲突及其排序的态度和方式。价值观既存在有先有后的问题,也存在绝对与相对的问题[4],所以对军事刑法来说,个人自由与社会秩序不应是非此即彼、彼此否定的关系,而是应该互促、互补,应该是以秩序为基础,以自由为中心,秩序价值与自由价值的和谐统一。对于二者之间的冲突,也要具体、辩证地分析。

---

[1] 参见杨震:"法价值哲学导论",黑龙江大学2001年博士学位论文。
[2] 参见龙文懋:"'自由与秩序的法律价值冲突'辨析",载《北京大学学报(哲学社会科学版)》2000年第4期。
[3] 陈兴良:《当代中国刑法新视界》,中国人民大学出版社2007年版,第3页。
[4] 参见袁贵仁:《价值观的理论与实践——价值观若干问题的思考》,北京师范大学出版社2013年版,第153、154页。

第一节　军事刑法中秩序与自由的价值冲突

一、军事刑法的自由价值

(一) 军事刑法中自由的概念

自由是一个多层次的概念，既可以在哲学意义上使用，又可以在政治、法律、社会意义上使用，内在本质上如但丁所说是意志自由，外在表现上则如洛克所言是行动自由。黑格尔将自由归结为对必然的了解和把握[1]，孟德斯鸠则认为自由是做法律所许可的一切事情的权利。[2]自由是如此的含义多样，给人们以不同印象[3]，它既被人们热切追求向往，又在某些时候被小心地加以防范。[4]孟德斯鸠认为自由是一个国家所要达到的最高目的，而林肯却说正是由于对自由的不同理解，才导致了独立战争爆发。自由总是人的自由。马克思主义自由观认为，人的自由包括认识自由和实践自由两类；人的自由是人在认识必然和实践必然的活动中表现出来的自觉、自为、自主状态；自由具有具体性、相对性、历史性和阶级性。[5]在就自由问题展开讨论时，往往存在不自觉地偷换概念或者不对语境作具体分析的现象，致使在社会秩序与个人自由的关系问题上产生片面认识。这里所要讨论的，是法律上的自由，是刑法所保护、保障的自由。刑法自由可从必然与自由这一对哲学范畴的角度分为绝对自由、相对自由，可从正义与利益的伦理学关系角度分为整

---

[1] 在欧洲哲学史上，斯宾诺莎最先提出了"自由是对必然的认识"的认识论命题，但黑格尔却第一个正确地叙述了自由与必然之间的关系。参见袁贵仁：《价值观的理论与实践——价值观若干问题的思考》，北京师范大学出版社2013年版，第219、220页。

[2] 参见 [法] 孟德斯鸠：《论法的精神》（上册），张雁深译，商务印书馆1961年版，第154页。

[3] 参见 [法] 孟德斯鸠：《论法的精神》（上册），张雁深译，商务印书馆1961年版，第153页。

[4] 霍布斯认为："世界之所以要有法律不是为了别的，就是要以一种方式限制个人的天赋自由，使他们不互相伤害，并联合起来防御共同的敌人。"参见 [英] 霍布斯：《利维坦》，黎思复、黎廷弼译，商务印书馆1985年版，第94、208页。

[5] 参见袁贵仁：《价值观的理论与实践——价值观若干问题的思考》，北京师范大学出版社2013年版，第221、223、231、232页。

体自由、局部自由,可从调整社会关系的社会学角度分为社会自由和个人自由。[1]对于军事刑法中的自由,还可从消极自由与积极自由、近景自由与远景自由两个角度,从人与人(群体)之间的关系上去理解,从自由的内在与外在统一(意志自由与行动自由)中去把握,从自由的外在障碍或领域限制里(按比例、有规则)去认识。[2]

积极自由与消极自由。积极自由与消极自由的概念,很早就被康德、黑格尔、叔本华等人在哲学意义上使用,托马斯·希尔·格林、鲍桑葵、圭多·德·拉吉罗以及其他一些学者也早曾使用。[3]但是1958年发表演讲《两种自由概念》的以赛亚·伯林,却是积极自由与消极自由的最著名倡导者。他认为,积极自由源于"个人想成为他自己的主人的愿望",是指人作为主体的人、基于自身的主动意志做的决定和选择,强调主体活动的主动性、自治性;消极自由是指人在意志上不受他人的强制,在行动上不受他人的干涉,强调主体不受外部力量的束缚、控制,所以"不受干涉的领域越大,我的自由也就越广"[4]。在他看来,消极自由与主体"被允许或必须被允许不受别人干涉地做他有能力做的事、成为他愿意成为的人的那个领域是什么"有关;积极自由则与"什么东西或什么人,是决定某人做这个、成为这样而不是做那个、成为那样的那种控制或干涉的根源"有关[5]。伯林认为消极自由是好的,因为它主要是社会为个体提供发展机会的空间,防止国家力量、公共力量对个人意志的支配取代或对人的发展作强制性安排,因此消极自由应当作为政治自由、社会自由制度的基础;积极自由则会起误导作用,因为它要求国家为个人的自我实现创造条件,这极易为强迫活动提供借口,为国家干涉公民的消极自由打开方便之门。[6]伯林认为,"必有保有最低限度的个人自由的领域"[7]。伯林的自由观虽免不了受到各种质疑和批评,但是他对消极自由的提

---

[1] 参见张光宇:《边缘刑法学》,中国人民公安大学出版社2008年版,第107~109页。
[2] 参见曲新久:《刑法的精神与范畴》,中国政法大学出版社2000年版,第25、26页。[英]以赛亚·伯林:《自由论》,胡传胜译,译林出版社2003年版,第189页。
[3] 参见刘训练:"'两种自由概念'探微",载《江苏行政学院学报》2009年第5期。
[4] 参见[英]以赛亚·伯林:《自由论》,胡传胜译,译林出版社2003年版,第191页。
[5] 参见[英]以赛亚·伯林:《自由论》,胡传胜译,译林出版社2003年版,第189页。
[6] 实际上,与刑事古典学派具有鲜明的维护个人利益、贬抑社会利益的倾向相比,刑事实证主义学派的社会责任观刑法却隐含着危及社会成员基本安全与自由的可能。
[7] [英]以赛亚·伯林:《自由论》,胡传胜译,译林出版社2003年版,第194页。

倡、对积极自由的警示，却是值得关注的。不可否认，两种自由都是真实、有效且不可回避的，都是有尊严的生活不可或缺的。但较之消极自由，对待积极自由应该更谨慎以免滥用走向反面。因为从历史的眼光看，主要是由作为暴利的垄断者——国家来决定控制或干涉的根源，并从社会需要出发确定自由的领域。

从刑法角度看，所谓积极自由是指个人行动时不存在间接强制，消极自由则是指个人行动时不存在直接强制。[1]与宪法将最重要的自由如人身自由、言论自由等直接规定为基本权利，民法直接授予人们可做或不做某事的权利这样的形式不同，刑法对自由的保护主要不是提供资格和权利，而是通过设定并惩罚犯罪，即以确立秩序防卫社会的形式为自由划定消极的底线和边界，捍卫个人自由的社会根基。因此，刑法的主要任务，是保护消极自由[2]，即确保个人行动时不存在直接强制，例如交易不受诈骗、财物不受侵占、生命健康不受损害等。这种消极自由，更多的是为积极自由创造条件，确保积极自由得以行使、保全，好比积极自由的外围屏障。军事刑法保护、保障消极自由，是指保护军人、平民和其他人员不受军事犯罪的强制，保障无辜的人不受非法刑事追究。当然，军事刑法维护社会秩序的特殊性，又使得在军事刑法领域，一定的积极自由也需要军事刑法保护。例如，军事刑法规定了"拒不救援友邻部队罪"，就包括对处于危难境地的友邻部队成员的自由予以保护，这种自由就是积极自由，如果能够救援而拒不救援，就是形成了对这种自由的间接强制，使他们无法获得自由。

近景自由与远景自由。从军事刑法角度看，近景自由至少包括两方面：个人不受军事犯罪侵害；个人不受非法的刑事追究。刑法通过惩罚犯罪来保护个人自由。因此，军事刑法中的近景自由，其一，就是由于军事刑罚的存在，使侵犯个人自由的犯罪意图得以慑止，使个人自由免受犯罪的损害；或者是由于军事刑罚的运用，使被侵害的个人自由得以恢复，使自由回归受犯罪侵害前的轨道和状态。其二，近景自由是指无辜的人不受刑罚惩罚，个人自由从而不受国家专断意志的强制。[3]相对于近景自由，远景自由可能离军

---

[1] 参见曲新久：《刑法的精神与范畴》，中国政法大学出版社2000年版，第30页。

[2] 参见曲新久："论个人自由的刑法保护与保障"，载《政法论坛（中国政法大学学报）》1999年第5期。

[3] 参见曲新久：《刑法的精神与范畴》，中国政法大学出版社2000年版，前言第2、3页。

第五章 军事刑法秩序价值观

事刑法实施引起的效果较远,主要包括两个方面:一是个人不受国家领土被入侵、占领而享受和平的自由;二是个人不受叛乱动乱滋扰而享受稳定的自由。因此,这里的自由,主要不是指个人自由,而是个人集合的自由;但是,它又可以实实在在地还原为无数的具体的个人自由。因此,自由的远景与自由的近景之间有割舍不开的关系。一方面,如果不存在远景自由,近景自由也将无以为基,难以存在、发展;另一方面,如果连近景自由都能不保护,远景自由也迟早丧失殆尽。所以,军事刑法虽然保护的是近景的个人自由,但不能不关注远景的个人自由。

(二)自由的军事刑法保护与保障

刑法所保护的自由,是规范的自由和法益的自由。因而"自由法益得到刑法保护的力度和范围的大小又与立法者受到理念层面和规范层面自由的影响程度紧密相关"[1]。刑法保护个人自由是具有特定外延的,并非一切个人自由例如思维自由都是刑法保护的对象。其基本内容就是保护公民各项基本的、作为个人自由外化结果和直接内容的个人利益,例如保护人的生命、健康、财产以及个人的政治权利等。[2]同时,刑法对自由的保护,也只有在这些重要的、基本的自由、利益受到严重侵害时才发生,也就是说对基本个人自由的强制只有达到一定程度,即非刑法动用不足以制止、惩治、恢复,才存在刑法的动用问题。

犯罪是对个人自由的最大强制,所以自由的军事刑法保护就意味着保护个人不受军事犯罪的侵害。马基雅维利在《君主论》中曾写道,西奇比奥的军队在西班牙背叛他,其原因不是别的,而只是由于他太仁慈了,他让自己的士兵享有同军纪不相容的更大的自由;他被称作罗马军队的败坏者。[3]这里的自由的含义显然与军事刑法所保护的自由的含义不同。军事刑法保护自由,意味着:第一,保护军人不受军事犯罪伤害。军事犯罪对军人自由的强制既有直接强制,包括滥用从属关系、言语和身体暴力等;也包括间接强制,包括不履行相关军事义务。例如,对军人自由保护重要的一方面就是设定并

---

〔1〕 刘树德:《自由:刑法内外的思考》,中国人民公安大学出版社2005年版,第40页。
〔2〕 参见曲新久:"论个人自由的刑法保护与保障",载《政法论坛(中国政法大学学报)》1999年第5期。
〔3〕 [意]尼科洛·马基雅维里:《君主论》,潘汉典译,商务印书馆1985年版,第82页。

惩治滥用隶属关系方面的犯罪，如我国军事刑法中的"虐待部属罪""指使部属违反职责罪"，其他国家军事刑法中的"侮辱部属罪""殴打下级罪"，等等。第二，保护平民不受军事犯罪伤害。军事犯罪对平民自由的强制主要是直接强制，如战时掠夺平民、残害居民等行为。而从另一个角度看，军人违反职责、危害国家利益的犯罪行为，是对平民远景自由、积极自由的间接强制。第三，保护俘虏不受军事犯罪伤害。俘虏是战争中的特殊群体，是国际人道法中的特殊主体，也是国内法的特殊主体，享有特别的"待遇"和自由，不能被视为"敌战斗员"。因此，俘虏的自由也一般为各国军事刑法所保护，规定了"虐待俘虏罪"等类似犯罪。对俘虏的自由的强制，主要是虐待、杀害等直接强制。第四，保护国家和社会不受军事犯罪伤害。个人利益与社会利益的一致性，决定了刑法也要保护国家和社会作为直接保有者的利益，例如国家的主权、领土完整，社会安定，人民生活安宁等。军事刑法不仅要保护具体的个人之自由免受外在强制，也要保护作为人的集合的国家、社会免受强制。侵害忠诚秩序、秘密保守秩序、保障协同秩序等军事犯罪，都是对国家和社会利益的侵害。刑法对这类自由的保护，与对具体的个人自由保护的区别，跟前述关于远景自由、近景自由的讨论有关。例如，军事刑法规定了"虐待部属罪"，对于具体的个人来说，是对近景自由的保护；规定了"投降罪"，对具体的个人来说，是对远景自由的保护。军事刑法的特殊性所在，决定了军事刑法对这类个人远景自由的保护远远多于对个人近景自由的保护。因为，对个人近景自由的保护，主要是刑法其他部分的任务；而对个人远景自由的保护，则主要是军事刑法的任务。而为了更好地保护远景自由，军事刑法又以命令性规范的形式设定了许多军事刑法义务，如果行为人没有履行这些军事刑法义务，则构成了对自由的间接强制。如前所述，军事刑法中大量存在"拒不救援友邻部队罪""战时拒不救治伤病军人罪"等纯正不作为犯，就展示了军事刑法对积极自由的保护意图。军事刑法对个人自由的确认和保护，既包括已然的确认和保护，也包括应然的确认和保护。因此，军事刑法对个人自由的保护处于动态变化之中。

(三) 两种自由的界分

在军事刑法中谈论自由时，必须注意廓清所指是刑法中的自由还是军纪中的自由，不能偷换概念，把军事刑法所保护、保障的"自由"等同于军纪所限制的"自由"相提并论。为履行军队使命任务，必须确保纪律严明，如此作为"穿军装之公民"势必要牺牲一定的自由。但是，这里的自由并不是军事刑法价值体系中与秩序相对应的"自由"。刑法以保护自由为要义，它所保护的自由，是个人自由中基本、重要的自由。而所谓自由的军事刑法保障，是指军事刑法保障无辜的人不受来自国家专断意志的强制，不受非法的追究。因此，刑法保护的个人自由，无论是自由的消极方面还是自由的积极方面，无论是自由的近景还是自由的远景，都不是军纪所要限制的。而与严格的军纪相对应的"自由"，不过是一种不受他人强制或约束的行为状态；所谓放弃一定程度的自由，是指与普通公民相比权利处于较多受限的状态，行为受到更多约束和控制。

二、两种价值冲突的必然与存在领域

价值冲突在我们今天的社会中具有广泛性、深刻性、复杂性和普遍性。[1]冲突的结果可能是从无序到有序，也可能是失衡和混乱。对于这样一个普遍存在的现象，人们始终积极去认识把握并努力加以解决。价值冲突解决的基本方式是价值排序。其实，"一种价值和另一种价值就其本身来说是不会冲突的，发生冲突的是人们的价值评价和价值选择"——"价值冲突的实质是价值观念的冲突"[2]。而价值观并不是简单地肯定一种价值否定另一种价值，选择一种价值放弃另一种价值，而是"表现为看待和处理矛盾时的优先顺序"，即将矛盾双方"摆在孰重孰轻、孰先孰后的位置上"[3]。所以说，价值冲突的解决最终依赖价值观。

各种各样冲突的背后，总有可归于缺乏共同规范或不遵循共同规范的原因。规范不仅是价值实现的规则体系，更是价值冲突的解决载体。在各种各样的规范中，法是解决价值冲突的最佳载体，所以陈兴良教授总结说，法的功能甚至可以说法存在的重要前提"就在于最大限度防止冲突中价值的丧失与耗损"[4]。可法又是如何解决冲突呢？它是靠自身还是靠外力？在姚建宗

---

[1] 参见陈章龙、周莉：《价值观研究》，南京师范大学出版社2004年版，第84、85页。
[2] 兰久富："社会转型与价值冲突"，载《北京师范大学学报（社会科学版）》1999年第3期。
[3] 袁贵仁：《价值观的理论与实践——价值观若干问题的思考》，北京师范大学出版社2013年版，第154页。
[4] 陈兴良：《当代中国刑法新视界》，中国人民大学出版社2007年版，第3页。

教授看来，法的价值体系具有内在统一性，而这种统一性就集中体现为法的价值要素的有序性，这种有序性是法律制度内在的功能，它体现为法的价值之间的特定位阶顺序，一旦不同位阶的法的价值发生冲突，就会有高位阶价值与低位阶价值之间的让位或优先考虑的问题，正是有了这种位阶排列，法律的价值要素之间才不会发生"无法控制的对立和冲突"，才不致引起"法律规范和法律制度的极大混乱"[1]。即法的价值是多元的，价值冲突在所难免，但通过排序，确立相互间的位阶关系，就能使两种冲突的价值在法的价值体系内获得统一。对此，笔者深以为然。

　　自由乃人之品性，秩序则始终意味着对自由进行一定的限制和约束。自由侧重主体个性的自主性，秩序侧重社会整体的有序、和谐，因而自由有突破秩序束缚的趋势，秩序则有限制自由的规定性。[2]自由与秩序两种价值之间的冲突，可称得上是法的价值体系中最为显性的范本或样本。与秩序冲突的自由是哪些呢？首先，肯定不是刑法所保障的自由，即保障无辜的人不受非法刑事追究的自由。如果一部刑法不能以一般性抽象规则，并且符合平等、明确、非溯及既往、公开、稳定、可行的要求，[3]防止国家刑罚权的随意发动或以社会秩序优先为借口的专断，确保无罪的人不受非法追究，那这样的刑法就不能认为是良善之法。所以如果认为这部分自由与秩序冲突的话，只能说明军事刑法本身有问题。其次，也肯定不是刑法所保护的消极自由。如果认为个人不受犯罪侵害的自由与秩序是冲突的，那么不如直接取消刑法。最后，只剩下刑法所保护的积极自由了。刑法往往存在所谓的"通过限制自由保障自由"这种情形，[4]也就是以命令性规范科加刑法义务。限制自由与保护自由之间显然是存在冲突的，但是，这种冲突的实质是秩序与自由之冲突。所谓"更重大的自由"与"次要自由"之间的判断与取舍，即一定社会秩序的要求与体现。所以，与其说是为保护自由而限制自由，不如说是为维

---

　　〔1〕姚建宗："中国特色社会主义法的价值论"，载《辽宁大学学报（哲学社会科学版）》2013年第2期。

　　〔2〕参见安乙文："法的自由价值与秩序价值冲突的表现"，载《工会论坛（山东省工会管理干部学院学报）》2007年第5期。

　　〔3〕参见曲新久："个人自由与社会秩序的对立统一以及刑法的优先选择"，载《法学研究》2000年第2期。

　　〔4〕参见徐梦秋、李永根："法律规范与自由"，载《天津社会科学》2007年第4期。

护秩序而限制自由，因为所限制的自由是消极自由，所保护的自由是积极自由，而刑法的主要任务是保护消极自由而不是积极自由。这样，因为命令性规范的存在，冲突就在保护积极自由与维护关于"自由"的秩序之间产生了。综上所述，可以一般地说刑法的秩序与自由两种价值是存在冲突的，但如果具体地说刑法保护、保障个人自由与刑法维护社会秩序之间始终、全部是冲突的，则以偏概全。曲新久教授认为，抽象地谈论个人自由与社会秩序的对立或统一关系十分困难[1]，其中很重要的原因，笔者认为就在这里。

三、对"秩序优先论"的探讨

在刑法领域，两种价值统一性和有序性表现为"将个人自由放在第一位，社会秩序放在第二位，最大可能地保护和保障个人自由，同时兼顾维护社会秩序的稳定"[2]。具体到军事刑法，一般来说也要在个人自由与社会秩序之间进行排序。"秩序优先论"是当前军事刑法价值排序中的最典型观点，甚至可以说是一边倒的观点。这种观点认为，秩序与自由冲突时，秩序优先。[3]其根据、理由概括起来主要有四个：一是优先保护社会利益的整体主义[4]；二是军队使命任务特殊重要[5]；三是军事社会不同于市民社会；[6]四是我军集体主义价值立场不会动摇。以上这些根据、理由，有一定的合理性。

笔者深知国防与军队建设之重大意义所在，也深知巩固提高战斗力、维护军事秩序的重要性、现实性。但是，笔者认为，讨论军事刑法中自由与秩序冲突的优先选择关系，必须以前述对自由与秩序冲突关系的解析为基础。而在这之前，必须有两个基本方面要把握。第一，确保所讨论的"自由"与

---

[1] 参见曲新久：《刑法的逻辑与经验》，北京大学出版社2008年版，第50页。
[2] 曲新久：《刑法的精神与范畴》，中国政法大学出版社2000年版，第54、55页。
[3] 参见冉巨火："军事刑法何以特殊"，载《中国刑事法杂志》2010年第9期。参见孙宏："军事刑法基础理论问题研究"，吉林大学2007年博士学位论文。参见陈金涛："军事刑法特殊性的价值与范畴解读"，吉林大学2011年博士学位论文。
[4] 主要观点参见孙宏："军事刑法基础理论问题研究"，吉林大学2007年博士学位论文；冉巨火："军事刑法何以特殊"，载《中国刑事法杂志》2010年第9期。
[5] 主要观点参见孙宏："军事刑法基础理论问题研究"，吉林大学2007年博士学位论文；冉巨火："军事刑法何以特殊"，载《中国刑事法杂志》2010年第9期。
[6] 主要观点参见陈金涛："军事刑法特殊性的价值与范畴解读"，吉林大学2011年博士学位论文。

"秩序"是军事刑法中的"自由"与"秩序"。如果忽视了这一点,争论既没有意义,也不会有结果。举例来说,军人必须服从命令、听从指挥,这对军人来说意味着行为上的不自由,但这绝不是军事刑法所要保护的自由,相反军事刑法还要维护这种不自由。因而,用孙中山之言[1],强调个人一旦进入军事社会就不得不放弃固守一些相冲突的法治权利的论点,是移花接木、张冠李戴了。第二,不能把维护军事秩序与刑事法治对立起来[2],刑事法治是刑事领域的法治,是刑事法的价值内容[3],被认为是法治的根本标志之一[4],和谐社会的基本保障。其外延很广,仅就刑法法治来说,刑事法治意味着以刑法限制国家刑罚权,包括对立法权与司法权的限制,保障公民的自由与权利[5]。维护社会秩序可否不要刑法呢?从纯粹功利主义角度考虑,国家对付犯罪无需刑法,没有了刑法不但不会妨害有效惩治和控制犯罪,甚至少了刑法的约束,反而可以更加有效、灵活地打击各种社会危害行为[6]。但是,现代刑法是"以罪刑法定为灵魂的体现国家刑罚权制约和自我制约双重机制的封闭性的规则体系",它存在的价值"绝不仅仅是为国家行使刑罚权设定正当根据,而是要以刑法这种代表和体现社会公意的法律有效地规范和限制国家刑罚权的运作,防止因国家刑罚权的滥用而致使公民的权利受到侵犯",在刑事法领域实现法治。[7]也正是在这个意义上,才可以说现代刑法既是遵纪守法公民的大宪章,又可被视为犯罪人的大宪章。[8]将维护军事秩序与刑事法治原则对立起来,是典型的"绝对工具价值"主义,是军事刑法研究的悲哀。

---

[1] 参见"既为军人,须牺牲个人之自由,个人之平等……此军人之天职。"孙中山:《孙中山全集》(第9卷),中华书局1986年版,第358页。

[2] 有观点认为,"如果军事刑法所倡导的法治破坏正常的军事秩序,阻碍军队质量建设和削弱部队的战斗力,无论其对现代法治原则贯彻得有多彻底,我们说它都是非理性的"。参见孙宏:"军事刑法基础理论问题研究",吉林大学2007年博士学位论文。

[3] 参见陈兴良:"刑事法治的理念建构",载陈兴良主编:《刑事法评论》(第6卷),中国政法大学出版社2000年版,第11页。

[4] 参见陈兴良:"法治国的刑法文化——21世纪刑法学研究展望",载《人民检察》1999年第11期。

[5] 参见陈兴良:"法治国的刑法文化——21世纪刑法学研究展望",载《人民检察》1999年第11期。

[6] 参见李海东:《刑法原理入门(犯罪论基础)》,法律出版社1998年版,序。

[7] 参见梁根林:《合理地组织对犯罪的反应》,北京大学出版社2008年版,第14页。

[8] 参见梁根林:《刑罚结构论》,北京大学出版社1998年版,第183页。

这种认识在广大刑法学界已经被丢弃，在军事刑法学界却仍有市场，要么说明研究层次的落后，要么说明思维理念的僵化。军事刑法具有补充性，即使是有关个人自由的事项，也只有在这种自由受到严重威胁或危害，而其他习惯的、民事的、行政的规范不足以控制或规制不充分时，才由军事刑法出场。军事刑法不应是扩张的，因为每一次运用都无疑拉开了犯罪人与社会、军事团体的距离，而且从个人自由的刑法保障角度看，对这种垄断的暴力应予以干预、限制。将维护军事秩序与刑事法治对立起来，为了秩序就可以任意压缩自由的空间，对刑事法治、个人自由才真正是"损害"。

前述对自由与秩序冲突关系的解析，至少说明两点：第一，二者统一的领域是主要的，冲突领域是有限的；第二，视角不同，优先选择顺序就会不同：如果以自由为视角，认为限制个人次要自由是为了保护个人"更大的自由"，即关于自由的取舍是在追求一种有秩序的自由（要大自由而非小自由），则在秩序与自由冲突时是以自由优先；如果以秩序为视角，认为所谓在个人次要自由与个人"更大的自由"之间作取舍只不过是在维护一种秩序，即"自由秩序"，或说是关于个人自由的秩序，则二者冲突时当然是以秩序优先。因此，对军事刑法来说，即使在有价值冲突时，"秩序优先"也是缺乏辩证和具体分析的。

第二节 军事刑法中秩序与自由的价值互补

军事刑法具有自己的特殊性，况且价值冲突具有正负双向功能，所以笔者认为军事刑法中秩序价值与自由价值二者之间冲突解决，即如何进行排序安排可能需要特别的路径，仅仅是简单排序并在某种程度上予以原则性调和并不能完全解决问题，需要将这种价值冲突转换为价值互补。

一、价值互补的依据

笔者主张军事刑法中秩序与自由之间的价值互补，主要基于以下四点：
第一，价值观的绝对性与相对性。[1]价值冲突是价值观的冲突，价值观

---

[1] 参见袁贵仁：《价值观的理论与实践——价值观若干问题的思考》，北京师范大学出版社2013年版，第142~146页。

念之外无冲突。价值本无高低之分，价值冲突的选择、排序、评价不是非此即彼、肯定与否定、选择与舍弃的简单、纯粹关系。且不说由于历史变化和社会变迁，价值目标、价值评价、价值选择会转变；就是在具体情况下、具体领域内、具体现实中，价值观的表现形式和特点也会不同。所以，价值排序不是一排了事，也不是"武无第二"的问题，而更似"文无第一"。这是军事刑法秩序与自由价值互补的必要性所在。实际上，学者们也大都注意到这个问题。例如，在刑法领域内，曲新久教授认为"第二位并不意味是一种从属地位，而是一种地位上的平行、次序上的先后"。在军事刑法领域，学者要么在坚持秩序优先的前提下用"相对优先、冲突优先、动态优先"这样的准则对冲突价值进行平衡，[1]要么舍弃"优先劣后"的路径用所谓"中介性概念"（核心价值和基本价值）对价值冲突进行平衡[2]。

第二，军事秩序的特殊性和重要性。"自由的保护可能以自由的'丧失'为代价，在积极自由的领域尤其如此。"[3]虽然现代刑法的扩张性可归因于与急剧的社会变迁之间的互动关系，但基于刑事法治的基本精神，仍是不能任意扩大对个人自由的限制，不能以保护所谓积极自由为借口而过分侵入个人自由的空间。刑法主要侧重保护个人自由中的消极自由而不是积极自由，保护积极自由则是私法的基本内容和任务。[4]所以，对普通刑法来说，可以毫无保留地主张以个人自由为第一位，以社会秩序为第二位。但军事秩序具有特殊性，军事刑法比普通刑法更追求保护积极自由，这一点能得到普遍理解。所以，在对消极自由的保护和对个人自由的保障领域，如果认为有价值冲突的话，可以说自由优先于秩序；但在积极自由的军事刑法保护领域，则可以原则性承认为"秩序优先"。因而不能笼统地说，军事刑法的秩序价值与自由价值冲突时，是自由优先或者是秩序优先。这是军事刑法秩序与自由价值互补的现实性所在。

第三，规范的社会调节性和价值兼容性。对立统一规律是唯物辩证法的根本规律，人们只有掌握对立面斗争的绝对性和同一的相对性原理，才能对

---

[1] 参见孙宏："军事刑法基础理论问题研究"，吉林大学2007年博士学位论文。
[2] 参见陈金涛："军事刑法特殊性的价值与范畴解读"，吉林大学2011年博士学位论文。
[3] 曲新久：《刑法的精神与范畴》，中国政法大学出版社2000年版，第33页。
[4] 参见曲新久：《刑法的精神与范畴》，中国政法大学出版社2000年版，第31、32页。

第五章 军事刑法秩序价值观

事物运动的过程作出完整的规律性说明,全面把握事物的运动过程。自由与秩序是对立统一的关系,它们之间的对立、冲突正反映了法这一规范的价值所在:作为最有效的社会调节器,有"协调不同主体或同一主体之间多种、多样、多变的价值追求,从而促进人们之间的和谐、促进社会和谐的价值",能把这些不同的价值追求统一在一起,即"在于它在一定的条件下,尤其是在实行民主、法治的条件下,能够因势利导,使人们的这些需要和价值追求获得协调,使对立的东西得以统一、使相反的方面得以相成"[1]。这是军事刑法秩序与自由价值互补的可能性所在。

第四,价值冲突功能的正向性和负向性。价值冲突既可以引起思想混乱、行为无序和能量损耗,又能推动历史社会发展、价值观嬗变和主体人格觉醒。所以,价值冲突不仅有负功能和消极意义,也有正功能和积极意义,即功能的二重性。[2]这种二重性,决定了一方面要正视冲突价值的对立面和差异性,防止用一种价值代替另一种价值或为一种价值而舍弃另一种价值,实现多元价值的多元功能和多元主体的多元目标;另一方面,又要努力控制、缓和、削减激烈的价值冲突,并积极寻求不同价值的统一和共同点,"在冲突中寻求新的价值世界",达成价值互补。[3]只要世界上不会只存在一种终极的、根本的价值,只要价值主体是多元的,价值客体(例如军事刑法)是有限的,价值冲突就是普遍、长期的,就需要缓和、调适。这是军事刑法秩序与自由价值互补的目的性所在。学者梁根林曾说:社会的发展需要在秩序的必要维持和超越秩序的挑战之间构成动态平衡,正是道德法律对秩序的维持和犯罪对秩序的超越与反叛,使社会在有序与无序的动态平衡、交替嬗变中进化、良性循环;因而秩序的必要维持力量不能过于强大,否则就无人敢评价它。[4]

二、价值互补的契合点

(一)两种价值的统一

自由的实现以秩序为基础。个人自由是一个历史性范畴,基本含义是不受

---

[1] 参见孙国华:"论法的和谐价值",载《法学家》2008年第5期。
[2] 参见陈章龙、周莉:《价值观研究》,南京师范大学出版社2004年版,第112页。
[3] 参见陈章龙、周莉:《价值观研究》,南京师范大学出版社2004年版,第118页。
[4] 参见梁根林:《刑罚结构论》,北京大学出版社1998年版,第195、196页。

他人和国家专断意志的强制。但是卢梭承认,人是生而自由的,却无时不处在枷锁之中。[1]洛克说,尽管我们生来就是自由的,但并没能实际应用它。[2]哈耶克则提示我们,在自由秩序原理的腹地孕育着法治的概念。自由本身是个体性与社会性、个人权利义务与社会权利义务的统一,自由的实现总是离不开一定的秩序条件,甚至在某种意义上可以说自由本身就是一种被称为"自由秩序"的秩序。作为一种公共品,秩序是社会所有成员共享的,"尽管主导集团是秩序的最大受益者,但是其他个人或团体也能分享到秩序带来的稳定"[3]。军事秩序是对国家、社会、个人都很重要的公共利益,始终是军事刑法价值的基础。在实证主义哲学家孔德看来,"秩序向来是进步的基本条件,而反过来,进步则成为秩序的必然目标"[4]。如果为了追求终极的自由而不要军事秩序或不重视军事秩序,只能导致秩序混乱、无秩序,最终的结果是不自由。与军事刑法相关的有两类不自由:直接不自由和间接不自由。直接不自由包括:军人履行军事义务的现实不自由和普通公民担负一般国防义务的现实不自由。间接不自由包括:军人面临伤亡的潜在不自由,个人失去国防安全的潜在不自由。直接不自由是由于军事刑法维护秩序引起的,间接不自由是由于军事刑法秩序遭破坏引起的。军事刑法为维护良好的军事秩序,会造成直接不自由,却避免了间接不自由;军事刑法如果不确认这些直接不自由,允许个人有不履行军事义务的自由,军事秩序就容易遭到破坏,带来间接不自由。

为了自由需要限制自由。"对于一个共同体或社会来说,秩序是总体意义上的,并非局部的。"[5]军事刑法中的个人自由对个体来说也是一种秩序,甚至对军事团体局部来说也可能这样,但如果这种自由秩序不能扩展为整个军事社会成员的共享秩序,甚至整个社会的共享秩序,这个共同体就很难说是整体意义上的,这种局部的秩序对整体来说就是无序。如康德所说,自由价值

---

[1] 参见州长治主编:《西方四大政治名著》,天津人民出版社1998年版,第463页。
[2] 参见州长治主编:《西方四大政治名著》,天津人民出版社1998年版,第366页。
[3] 杨雪冬:"论作为公共品的秩序",载《中国人民大学学报》2005年第6期。
[4] [法]奥古斯特·孔德:《论实证精神》,黄建华译,商务印书馆1996年版,第45页。
[5] 杨雪冬:"论作为公共品的秩序",载《中国人民大学学报》2005年第6期。

既表现为普遍自由法则的遵从，也表现为所有人任意在一定条件下的协调。[1]为了维护个人所赖以生存的公共秩序，通过限制自由的界限以维护秩序，使个人自由因自由的缘故而被适当限制，是符合正义标准的。自由固然意味着对一定束缚和限制的摆脱，但自由从来不仅是有界限的，而且在任何制度完善的国家都是由法严格限制的。正如卢梭所说："唯有服从人们自己为自己所规定的法律，才是自由。"[2]

社会秩序的建构绝不是偶然的、无意识的，它是以现存社会为基础的历史性追求，"建立社会秩序的目的归根到底是要创造一种安居乐业的条件"[3]。秩序只是刑法"表面的、直观的、形式的、工具性价值"和最初始价值，处于刑法价值之较低层次，人的自由才是刑法的终极价值、最后价值、最高价值。[4]现代军事刑法是理性实体，其维护之利益是具有宪法属性、宪法意义且能够向个人还原的重要利益，它需要以犯罪与刑罚的形式惩治军事犯罪、维护国家军事利益，确立、巩固秩序主体对秩序的认同、忠诚和遵从，却不是国家为维护秩序与自身利益而加以利用的工具，不能不指向自由。"法律之目的不是废除或限制自由，而是保护和扩大自由。"[5]现实的人既是军事秩序的主体又是军事秩序的目的，军事秩序价值的实现必须着眼维护和实现人的发展。如果说秩序价值使军事刑法具有功利倾向的话，自由价值则是对军事刑法公正性或正义性的平衡。法律是秩序与正义的综合体[6]，法的最高价值并不是单纯强调自由价值或秩序价值一方面，而是自由与秩序之和。[7]可以说，一国军事刑法优劣与否，绝不在于立法形式，而在于军事法益之核心

---

［1］　参见法学教材编辑部《西方法律思想史编写组》编：《西方法律思想史资料选编》，北京大学出版社1983年版，第399页。

［2］　[法]卢梭：《社会契约论》，何兆武译，商务印书馆1980版，第30页。

［3］　中共中央马克思恩格斯列宁斯大林著作编译局编译：《马克思恩格斯选集》（第2卷），人民出版社1971年版，第302页。

［4］　参见许发民：《刑法文化与刑法现代化研究》，中国方正出版社2001年版，第75、76页。蔡道通教授亦认为，人权保障应当是秩序的最高目标、终极价值与当然内容。参见蔡道通：《刑事法治的基本立场》，北京大学出版社2008年版，第83页。

［5］　[英]洛克：《政府论》（下篇），叶启芳、瞿菊农译，商务印书馆1964年版，第36页。

［6］　参见[美]E·博登海默：《法理学：法律哲学与法律方法》，邓正来译，中国政法大学出版社1999年版，第318页。该书的第十二章标题即为"法律——秩序与正义的综合体"。

［7］　参见杨震："法价值哲学导论"，黑龙江大学2001年博士学位论文。

(合法权益)是否保护周延,传统军事刑法往往忽略这一点。因而在我们这个社会里,现代军事刑法必须致力于协调对军事秩序的维护和对个人自由的保护。实践证明,追求秩序不能以牺牲自由为代价,过分追求秩序的军事刑法容易挤压个人自由的空间,侵蚀秩序的基础,招致秩序规制对象的反弹。[1]

(二)新的关系定位

军事刑法具有军事行为、军队秩序、军人人权等诸多价值取向。这种多元价值的存在和价值主体的多元性,是军事刑法价值冲突存在的基本原因。而价值观问题实际上就是手段与目的的问题,所以简单的"秩序优先论"显然不能解决军事刑法的价值冲突问题。更关键的是,具有正义内容的秩序才是稳定良好的秩序,仅仅建立秩序远远不够,它还应体现正义。[2]鉴于刑法领域中个人自由的优先地位、军事刑法价值体系中秩序价值的基础地位,以及特定时空条件对军事刑法保护的国家和社会利益向个人利益、自由还原的影响,笔者决定在前述两种"平衡"方式之外寻找新的路径:将军事刑法中个人自由与军事秩序的关系概括为"中心"与"基础"的关系。即在军事刑法领域,应当以个人自由为中心,以军事秩序为基础,强调二者的协调统一和价值互补。[3]以个人自由为中心,指的是把自由价值置于军事刑法价值体系的中心,维护军事秩序必须围绕保护个人自由这个中心;以军事秩序为基础,指的是把维护军事秩序作为军事刑法的根本,保护个人自由必须以维护

---

〔1〕 例如,在澳大利亚,一战期间许多军官士兵并不理解如何运用法律及程序,结果是士兵要么没有纪律,要么纪律很差,时有违法。这使得自认为在这样的法律制度下接受严厉处理的士兵士气不振,反过来进一步导致对军法的仇恨和蔑视,可以说秩序并没有得到"公正"的维护。到二战末期,心存不满的士兵及其家人对军队对待他们的方式更是抱怨连连。直至今天,类似问题仍困扰澳大利亚军队,例如按照《武装部队纪律法》,当军事法庭法官在审判中发现适用法律错误时,就按照"维护军队士气和纪律"的思路征询军法官的最终意见,军人的合法权益容易受到忽视。参见 A brief history of Australian military law,载 http://home.iprimus.com.au/buckomp/BriefHistAustralianMilLaw.htm,最后访问日期:2013 年 11 月 3 日。

〔2〕 蔡道通:《刑事法治的基本立场》,北京大学出版社 2008 年版,第 81 页。

〔3〕 自由是中心还是基础?蔡道通教授认为,秩序本身应当具有承受、吸纳、化解犯罪的能力并通过法律机制程序化的方式使犯罪得到惩治,使遭受侵害的权益得以补救,也使犯罪人的合法权益得到保障并在此过程中强化法治的权威从而达到法治,这种意义上的秩序只能是内含自由甚至是以自由为基础的秩序。参见蔡道通:《刑事法治的基本立场》,北京大学出版社 2008 年版,第 80~83 页。但笔者认为,恰恰是从这个意义上说,秩序其实应是作为基础的,否则既不会有犯罪的惩治,也不会有自由的保障;而自由应是作为中心的,因为如蔡道通教授所言,低层次的不包含普遍自由的秩序如等级秩序也是一种秩序,为了控制犯罪率,维护社会安定,可能会以金字塔的控制方式采取高压统治。

军事秩序作为起点。以个人自由中心,但也强调军事秩序的基础地位。不是不要秩序,而是强调自由对秩序的统领。实际上,对个人自由的保障也是维护军事秩序。以自由价值为价值系统的中心,是军事刑法的本质要求,体现了军事刑法与纯粹、核心的军事法的根本区别。强调把自由价值摆在中心,不会冲击秩序价值的基础地位。"基础"价值与"中心"价值并不存在时间上的先后顺序关系,既不是指等实现了秩序价值之后再追求自由价值,也不是指军事刑法只盯着自由价值。军事刑法的自由价值与秩序价值应当是互相促进的。强调军事刑法以自由为中心,以秩序为基础,既是对现代军事刑法本质的回归,也是对当前军事刑法偏好的矫正,既保障军事刑法对秩序的特殊需求,又控制军事刑法对自由的相对弱视,增强秩序与自由之间的协调,消除二者的冲突,而不会对军事秩序的维护造成破坏。

第三节　军事刑法秩序价值观

军事刑法秩序作为一种人为社会秩序,是"社会对现存社会状况和社会规范理性分析的基础上,有意识地建构与实践的结果",具有"鲜明的目的性和计划性"。[1]不管是军事刑事政策的确立、军事犯罪圈的划定,还是具体军事刑法制度的设计,以至军事刑法学研究,无不体现了社会或者说是社会成员的代表对军事刑法秩序价值的基本认识和观念。这种认识和观念就是军事刑法秩序价值观,它表现在确认、维护、实现军事刑法秩序价值的全部过程之中,体现于军事刑法秩序价值与自由价值冲突与互补的方方面面,指导着价值评价、价值选择、价值行为和价值目标实现。[2]所以,有必要确立一种科学的军事刑法秩序价值观。

---

〔1〕 张瑞雪:"秩序与人:先秦儒家法思想新论",西北大学2006年博士学位论文。

〔2〕 法律人类学家西蒙·罗伯茨研究认为,在争议的解决过程中,规则被赋予的重要性似乎大有不同:有些民族是严格遵守规则的,而另一些民族则更少地受到规范性限制的困扰;每一种差异都不能完全用生活方式或社会组织形式来解释,但每一种都与其特殊群体所持有的主导价值密切相关。参见[英]西蒙·罗伯茨:《秩序与争议——法律人类学导论》,沈伟、张铮译,上海交通大学出版社2012年版,第15页。

一、军事秩序的历史决定性与军事刑法的作用

所谓秩序观，是关于秩序如何形成和维系、秩序正当性的基础何在、应当如何追求秩序的认识和观点。秩序观按人类生活的整体环境在总体上可分为自然秩序观和社会秩序观，其中社会秩序观根据内容领域又有政治秩序观、法律秩序观、经济秩序观、文化秩序观、军事秩序观等不同方面。在我国，主流法理学认为主要存在四种代表性社会秩序观：等级结构秩序观；自由、平等秩序观；"社会本位"秩序观；历史唯物主义秩序观。在等级结构秩序观下，刑法在依靠强制力稳定秩序的同时，夺走了多数社会成员的自由，宣告原始人平等思想的结束。[1]历史唯物主义的秩序观认为，秩序具有历史性、民族性，不同历史阶段有不同的秩序认识，不同国家有不同的秩序要求，这就是所谓的秩序的特殊性和历史个性。同时，秩序的形成来源于社会生产关系，秩序的塑造也受社会生产关系影响，一种秩序能否持久存在更是取决于社会生产关系进步与否，即"秩序的力量最终来源于生产关系的历史合理性"，因此，"如果因生产力的发展而导致社会关系的历史合理性日渐丧失，则国家和法律的强制便难以压抑对秩序的颠覆"[2]。这就告诉我们，法律包括刑法只是秩序的象征或外在强制而已，从终极意义上看，秩序的崩溃与颠覆不是单纯的法律规范所能避免的。

"秩序是当权者控制刑法追求的最大目标。"[3]在阶级社会中，秩序首先是以政治秩序、军事秩序为核心的阶级统治秩序。军事权威是结束无序并建立起新的秩序的最终手段[4]，而这种"强制替代"往往要借助严酷的军事刑法才能顺利实现社会秩序的整合。所谓"重刑思想一直为历代所采用，重刑主义之刑事政策从来未曾被放弃"，实际以军事刑法尤甚。[5]历史上严酷的军事刑法数不胜数。从"凡水手逃亡者，拿回鞭责八十，监禁一个月；临阵时逃亡者，斩立决"的规定看，《北洋海军章程》不可谓不严厉；从"斩罪

---

[1] 参见张光宇：《边缘刑法学》，中国人民公安大学出版社2008年版，第103页。
[2] 张文显主编：《法理学》，高等教育出版社、北京大学出版社2007年版，第338、339页。
[3] 王明星：《刑法谦抑精神研究》，中国人民公安大学出版社2005年版，第157页。
[4] 参见熊志勇：《从边缘走向中心——晚清社会变迁中的军人集团》，天津人民出版社1998年版，第14、15页。
[5] 参见许发民：《刑法文化与刑法现代化研究》，中国方正出版社2001年版，第227页。

第五章　军事刑法秩序价值观

十八条"的规定看,《简明军律二十条》不可谓不严酷。然大处着眼,军事刑法不过是一种社会规范而已,既不是社会变革之主要工具,也难以担当力挽历史狂澜之重任。近代历史证明,表面上看军队战斗力丧失是民族耻辱与国家覆亡的开端,而实质上军事秩序混乱往往是政治秩序混乱的结果和必然反映。军事刑法再严酷严厉,如果生产关系是落后的,也挡不住军事秩序的混乱,更抵挡不了统治秩序的颠覆。纵小处入手,让军人在战斗中变得可靠的纪律也不是通过残酷或专制的手段得来的。一定意义上说,军事刑法条文严密并不必然意味着部队军法严明、军人品行端正。第二次世界大战期间,日本的《陆军刑法》可谓完备,明文规定"掠夺战地或帝国军之占领地住民之财物""强奸妇女"等必须严惩,最重可处死刑。而事实上,侵华日军烧杀抢掠,不仅未受其军法约束惩处,反倒作为"英雄壮举"加以宣扬。国民党军队中盛行体罚士兵之风,还时不时枪毙败将,然而其过分严酷也只能是一时压制、管制,终究免不了军心涣散、士气低落,战斗力丧失。近年来,媒体不断爆出美国驻日本、韩国军队滋事扰民,强奸、调戏和伤害妇女,美国士兵虐待阿富汗囚犯,加拿大、意大利等国维和士兵残害凌虐驻在国平民等丑闻。与此形成鲜明对照的是,井冈山时期的中国工农红军,依据简要明了的《三大纪律八项注意》,却能做到令行禁止,秋毫无犯。抗日战争、解放战争时期,人民军队严守群众纪律,军政、军民高度团结,保证了战斗胜利和各项任务的完成。古今中外的军队虽然都强调从严,但如果仅仅是机械地设计"军法从严",则不一定能实现良好的效果。只有同时具备强制性和人民性、法律性和道义性,真正能够称得上良法的军事刑法,才可能起到维护军事秩序的功能。

今天我们的军事刑法应"基于正义和人道而维持秩序、讲究功利"[1],不再是以死刑为主的严刑峻法和主要针对士兵的惩罚工具。但是,秩序的历史决定性仍告诫我们,军事刑法既要秩序、安全,更要积极调适、消解秩序与自由价值之间的冲突,让军事秩序的生成和巩固有更多自生自发的内容和因素。邓小平曾说,对刑事犯罪"只靠打击并不能解决根本问题,翻两番、把经济搞上去才是治本的途径"[2]。面对破坏军事秩序的犯罪,不能简单强

---

[1] (明)邱俊编著:《〈慎刑宪〉点评》,法律出版社1998年版,第4页。
[2] 邓小平:《邓小平文选》(第3卷),人民出版社1993年版,第89页。

化军事刑法秩序价值，以为把秩序作为一种当然优选选择，突出秩序价值的地位，加大秩序手段的分量，加大惩治力度，军事犯罪就能消除，军事社会就可以变为一个纯洁的、微犯罪甚至无犯罪的净土。可实际上，无论秩序价值如何强调，犯罪总是不能被彻底消灭。要积极地追求秩序，但不应让追求秩序沦落到压制自由的落后境地。"刑法任务"这个概念"意味着政府工具化看待并使用刑法"[1]。把军事刑法任务理解为"维护军事秩序的重要武器""提高部队战斗力的法律工具"[2]，以及认为刑罚人道化等价值观念会给中国特色军事制度带来现实冲击等种种观点，实在是"刑法工具论"的最好注脚，实在是不明了军事秩序的历史决定性。所以，不能把对军事刑法秩序的追求等同于军事刑法制度、规范本身。当然，与其说秩序追求是军事刑法实现的结果，毋宁说它是军事刑法实现的过程。在这个过程中，对秩序的设计、构建要符合主流的价值观念，要与社会秩序的各种决定要素紧密融合。近年来，许多国家开始实行军人与平民同罪同罚原则，不再对军人刻意从严施以刑罚，并改变以往给予"下对上犯罪"较重刑罚，给予"上对下犯罪"较轻刑罚的做法，强化军事刑法对部属权利的保障。[3]在美国，官方报告认为军事犯罪的死刑问题也应同普通的死刑案件一样，越来越应检讨、审视和深切关注；开始认识到反对死刑的人已经提出了实质问题，即现代军队尤其是在和平年代是否还需要死刑。[4]总结这些会发现，重刑主义并不像人们所想象的那样能起到所宣扬的那么大的预防作用且不可更改。

　　刑法是一种为不处罚人而设立的规范，军事刑法亦概莫能外。它不是仅为维护军事秩序而存在的，它也无法实现过载的秩序诉求。军事秩序的维护，要基于军事秩序与自由秩序之间的价值互补而不是价值冲突，要靠努力推动

---

[1] 曲新久主编：《刑法学》，中国政法大学出版社2009年版，第12页。

[2] 孙宏："军事刑法基础理论问题研究"，吉林大学2007年博士学位论文。

[3] 例如，据西班牙《国家报》2013年7月1日报道，《西班牙军事刑法典》第一次将上级对下级在工作中的性骚扰行为设定为犯罪，并规定了严厉的处罚（最高刑罚为四年有期徒刑），军事法院也发布了针对上级对下属进行性骚扰案件的处罚；法典也处罚职位等级相同的军人之间的骚扰和歧视，但是刑罚相对较轻（最高刑罚为两年有期徒刑）。参见"西班牙军队严格性骚扰案件的处罚，列为刑事案件"，载 http://military.china.com.cn/2013-07/01/content_29287140.htm，最后访问日期：2013年12月5日。

[4] *The Report of the Commission on the 50th Anniversary of the Uniform Code of Military Justice*, May 2001.

社会进步发展，创造条件不断满足多元价值主体的多元需求，构建和谐的军营关系；要靠深刻反思在维护军人合法权益、促进军人全面发展等方面的不足，靠努力创造一种真正有利于促进个人全面发展的良好条件、环境与切实提高军事刑法秩序价值主体素质两者之间的有机结合。

二、军事刑法的不完整性、最后性与军事秩序维系路径

社会秩序既具有历史与现实的受动性，也具有建构性，且实践能动性越明显，建构性就越凸显。[1]军事刑法的基本机能是建构理性的军事秩序，基本方式是制裁犯罪。"制裁问题是一个关系到法律功效的问题。人们之所以规定制裁，其目的就在于保证法律命令得到遵守与执行，就在于强迫'行为符合业已确立的秩序'。"[2]军事秩序的建构与军事刑法秩序价值的实现是一个问题的两个方面，包括两条途径：一是以军事刑事立法确认秩序，二是通过军事刑事司法恢复秩序。对军事犯罪的惩罚，不仅是控制犯罪人、以强制力使犯罪人丧失继续实施严重危害社会行为的能力，而且是在向社会传达这样一种信息：犯罪行为所危害的正是军事刑法所维护的，任何危害军事秩序的行为都将受到法律的制裁。一直以来，军事刑法"万能论"很有市场，以为只要坚持从严的军事刑法立场原则，设计从严的军事刑法制度，积极动用军事刑法工具，就可以建构我们想要的军事刑法秩序并确保无虞。这种观点虽觉察到当下社会秩序是以具体的建构秩序为主导并与抽象的自发秩序相结合，却忽视了"社会秩序总是通过社会性的阐释得以再生产的"，以为能够"以工具理性操控社会发展"。[3]对于军事刑法来说，"万能论"的盲点还在于其忽视了军事刑法规范功能的不完整性和手段的最后性，没有明白"刑法作为一种社会控制手段，其功能是有限的，不可将维持社会秩序的任务完全指望刑法去完成"。[4]

第一，规范的不完整性决定了军事刑法并非维护军事秩序的唯一、最好、

---

[1] 参见曲波："马克思主义哲学视域下的社会秩序研究"，东北师范大学2012年博士学位论文。
[2] [美]E·博登海默：《法理学：法律哲学与法律方法》，邓正来译，中国政法大学出版社1999年版，第341页。
[3] 曲波："马克思主义哲学视域下的社会秩序研究"，东北师范大学2012年博士学位论文。
[4] 高铭暄、陈兴良："挑战与机遇：面对市场经济的刑法学研究"，载《中国法学》1993年第6期。

最有效的手段。这种不完整性包括两个方面：规范内容的不完整性和规范功能的不完整性。所谓规范内容的不完整性，是指军事刑法规范具有片断性或者残缺性，军事刑法的法益保护体系只能局限于依据"当罚性"范畴选定的特定重点。规范功能的不完整性，是指军事刑法的法益保护功能具有相对性，军事刑法不可能担当起全部的法益保护使命。在刑事政策视野中，何种危害行为被纳入犯罪圈，实质上反映了社会共同体尤其是政策决策者"对破坏现行统治秩序和危及公共生活秩序行为的最低容忍限度"。[1]同时，由于刑事政策等方面的原因和成文法的局限性，一些严重侵害法益的行为，或者被舍弃不纳入犯罪圈或者被遗漏。[2]第二，手段的最后性决定了必须谨慎进行军事刑法立法、司法。军事刑法是对不服从作为第一次规范的军事法规范所保护的利益进行第二次保护的规范，具有补充和保障军事法规范适用的补充性和保障性。正如卢梭所说：刑法在根本上与其说是一种特别法，还不如说是其他一切法律的制裁力量。[3]若军事法规范能够充分、有效地保护军事秩序，则无需动用军事刑法干预。因为刑法的动用固然在"维护社会基本秩序方面"起到重要作用，但它作为"国家代表社会对犯罪作出的最严厉的正式反映"[4]，无可避免地对犯罪人及其家庭甚至社会本身造成相当的负面效应。所以，"在能够以其他手段实现法益保护的目的时，务必放弃刑罚"[5]，这就是所谓的手段的最后性。而一旦发动刑法，运用刑罚，说明行为已经对社会秩序造成了严重危害或严重威胁。手段的最后性意味着刑罚预防具有事后性。虽然制刑具有一般性的宣告作用，明确宣布立法者对某种秩序的重视程度、禁止行为的范围和幅度以及危害此种秩序实施某种行为的后果，但这毕竟是抽象的一般性禁止，预防犯罪的效果有限。而在具体的犯罪人身上实施惩罚时，行为已经对军事秩序造成了破坏。惩治犯罪是无法消除军事秩序受损这一事实的。例如，军事刑法规定了"投降罪"，但对"投降罪"的行为人实施实际刑罚惩罚是困难的：行为人已经投降敌方，甚至成为敌方军队成员，如何惩罚？诚然，对犯罪人实施惩罚，是维护、修复遭受破坏的最基本

---

[1] 张远煌：《犯罪学原理》，法律出版社2008年版，第526页。
[2] 参见张明楷：《刑法学》，法律出版社2007年版，第24页。
[3] 参见［法］卢梭：《社会契约论》，何兆武译，商务印书馆1962年版，第63页。
[4] 张远煌：《犯罪学原理》，法律出版社2008年版，第504页。
[5] 张明楷：《刑法学》，法律出版社2007年版，第25页。

第五章　军事刑法秩序价值观

的社会秩序、彰显正义公平的需要，但是这种控制犯罪人再次实施犯罪的机会和能力，甚至剥夺犯罪人的生命，使其永久失去再犯能力的手段，其效果往往因为实践中各种各样的原因而打折扣。同时，"铁打的营盘流水的兵"，以及军事社会的封闭性，加上军事司法机关的保密性，已经在相当程度上弱化了军事刑法在警示潜在犯罪人方面的功能。这种对刑罚预防功能的迷信以及以此为依托的立法重刑主义，是值得反思的。相比军事刑法以保障法的形式对军事秩序发挥效用而言，核心军事法是以自身规范设定军事秩序。所有的核心军事法的共同使命是应对战争尤其是现代战争这种充满高度多变性、复杂性、系统性的特殊现象。因而，任何类型或性质的核心军事法无不"以军事秩序需要为存在基础、以军事利益为存在目的、以军事领域为存在空间"[1]。军事刑法却没有这种优势，尤其是现行的单轨制刑法立法模式，不可避免地造成军事刑法与其依托的军事法相脱离，导致"厉而不严"的结构给军事刑法实际运作带来麻烦。[2]第三，军事刑法规范仅反映上升为刑法规范的最基础的社会伦理规范。军事犯罪是一种反秩序、反伦理的犯罪，但它的反伦理性主要是指反军事伦理而不是普通伦理。军事伦理的外延很广，涉及军事社会领域的方方面面，对军人的道德性要求较普通公民更高。但是，军事刑法规范仅仅是反映那些最基础的军事伦理规范，而不可能触及军事生活的各个领域。大量的军事伦理仅停留在道德规范层次，顶多是军纪层次，上升到军事刑法层次的军事伦理是有限的。而另一方面，军事刑法的制定也必须考虑军事伦理自身的正当性、与军事伦理的契合性问题。例如，有关军人关系犯罪的设定问题[3]，就要考虑是否与军事伦理一贯、相符[4]。

---

[1] 赵会平："军事法的价值构成及其对立统一——军事法学价值取向的基础分析"，载《西安政治学院学报》2002年第6期。

[2] 储槐植：《刑事一体化论要》，北京大学出版社2007年版，第71、72页。

[3] 有学者认为实践中损害军人关系的行为还"包括平时违抗命令、消极抵抗或怠慢命令，以及匿名指控、诽谤、陷害、威胁、恐吓、胁迫、侮辱、殴打、斗殴或伤害等行为"，对于以上不法行为，"我国军事刑法若任其泛滥，势必会动摇上令下从的军令关系及军队领导统御制度，戕害军队的团队精神与袍泽情感。因此，未来修法有必要对严重破坏良好军人关系的行为进一步实行犯罪化，以将军人关系置于军事刑法的有效监控之下"。参见田友方："军事刑法若干问题的理论探讨"，载《当代法学》2004年第5期。

[4] 我军内部关系融洽是建立在官兵一致、政治平等的基础之上的。一般来说，下级侮辱上级的行为在我军较少，如果在军事刑法中设置这样的罪名，容易引起误解，可能与几千年来"爱兵如子"的民族军事伦理不符，在实践中产生负面影响。

军事刑法之目的在明刑以制胜。面对军事犯罪、面对战争、面对军事利益维护，可能满怀热情对军事刑法寄予厚望，试图通过完善立法、强化司法凸显军事刑法的秩序价值。但军事刑法作为刑法的上述特性表明，不能夸大军事刑法对军事秩序的维护作用，或者说不能用不符合军事刑法特性的做法"强迫"军事刑法实现所谓的秩序价值。实际上，如前所述，秩序仅仅是指规范、可控、有序，有秩序并不等于无犯罪。军事犯罪作为一种特殊社会现象，社会和环境是其主要根源，诱发的原因也极为复杂，而军事刑罚的严厉程度并不能完全与此对称。实际上，基于谦抑性立场，立法者应当多用替代措施以有效地预防和控制犯罪，"力求少用甚至不用刑罚"[1]。"如果没有纪律所有军事机构将成为暴徒，那些机构还不如没有；但是，如果纪律的执行单靠惩罚则是一种可怜的纪律，是站不住脚的。"[2]正所谓刑法不理会琐碎之事[3]，如果军事刑法在秩序追求上过分越界，不但可能力不从心，更可能适得其反。

法律人类学家西蒙·罗伯茨承认关于"社会秩序建构的基础以及秩序如何得到最好的保证"这一问题少有共识：一些人认为秩序依赖于对共同理解的规则的广泛认可，而另一些人认为秩序主要通过强力的实施才得以维持；为此他"放弃熟悉的法律视角以及分析模式"，提出了"我们关于法律的观念是否能为理解和描述我们在其他地方所发现的控制机制提供令人满意的分析框架"这一问题，并对社会规模较小，只有相对简单的结构或组织系统的较不复杂社会中的"秩序与争议"进行大量实证研究，促使人们接受这一观念：在所有社会中社会控制的重任很大一部分是由法外（extral legal）机制所承担的[4]。军事社会与西蒙·罗伯茨研究的社会有某种相似性：相对封闭的熟人社会、组织结构相对简单。所以，罗伯茨的结论值得我们在军事秩序问题上加以借鉴。

军事社会有其特殊性。军人群体既有正式群体（如班、排），又有非正式

---

[1] 陈兴良：《刑法的价值构造》，中国人民大学出版社1998年版，第353页。

[2] A brief history of Australian military law，载 http://home.iprimus.com.au/buckomp/BriefHistAustralianMilLaw.htm，最后访问日期：2013年11月3日。

[3] 参见张明楷：《刑法格言的展开》，法律出版社1999年版，第102页。

[4] 参见［英］西蒙·罗伯茨：《秩序与争议——法律人类学导论》，沈伟、张铮译，上海交通大学出版社2012年版，第10~14页。

第五章　军事刑法秩序价值观

群体（"老乡""同年兵"），这样，军事社会成员的"组织认同"感[1]和"组织对抗"性可能是并存的。军事社会还存在突出的以青年男性为主体的"同辈群体"问题，表现为效仿、竞争、攀比、争斗等方方面面[2]，对军事秩序来说，既有其正功能也有其负效应。军事秩序维护必须顾及这些特殊性，放大有益的正能量，抑制有害的负能量。从整体上说，社会秩序之维持主要不是依靠刑事规范，而是依赖于道德规范、传统习俗、社会组织的内部规则和刑事规范之外的其他法律规范的调整。[3]实际上，除了军事刑法能够提供秩序价值供应之外，军事伦理、军纪等也都可以在各自的层面上提供。军事秩序的维护，应该是以军事伦理为根基，以军事制度为平台[4]，以军事纪律为界限，以军事刑法为保障，以国际刑法为补充的全面实现，应该坚持多元化路径，而不能将军事刑法作为军事秩序维护的全部。[5]军事秩序在本质上是教育引导和组织管理问题[6]，维护军事秩序，要靠丰富军事秩序价值客

---

[1]　李春苗："军队士气模型、影响因素及其激励机制研究"，华南师范大学 2006 年博士学位论文。

[2]　例如，曾任军医的意大利犯罪学家切萨雷·龙勃罗梭研究了犯罪人的文身问题。为什么这种没有多大益处且常常给人带来不适和损害的习惯能够得以维持？龙勃罗梭列出了 9 个原因，其中的两个与这里讨论的"同辈群体"有关。一是效仿：经常是全连士兵都刺着同样一个标记（比如一颗心）；还有一个炮兵连，相当大的一部分士兵都刺着一幅基督像。二是虚荣心：一位老军士说他的部队中没有一名英勇的士兵尤其是下级军官不是以文身来证明自己敢于忍受痛苦的。参见［意］切萨雷·龙勃罗梭：《犯罪人论》，黄风译，北京大学出版社 2011 年版，第 49、50 页。

[3]　军事社会成员的行为模式、行动规则，以及军事权的有效运行、军事活动的正常进行，主要是靠一般的军事法而不是军事刑法来确认、维护或保障，从而体现军事秩序的规律符合性、习惯引导性、行为纠偏性。

[4]　"信任是秩序的基础，而要维护秩序，则要依靠可以禁止机会主义行为的规则体系，即制度。也就是说，制度的关键功能是增进秩序。"参见杨华锋："社会秩序的结构类型及其内在逻辑"，载《领导科学》2012 年第 11 期。

[5]　例如，《纪律条令（试行）》第 111 条至第 170 条提供了丰富的制裁手段。

[6]　据报道，海北军分区"连续保持了 26 年无事故、18 年无案件"，主要靠持续的多种形式的普法教育，如参观监狱、搞案例通报、请司法工作者普法等。参见罗连军、李永军："海北军分区普法教育常抓不懈，筑牢拒腐防变思想防线"，载 http://news.china.com.cn/rollnews/2010-10/11/content_4656192.htm，最后访问日期：2013 年 9 月 5 日。龙勃罗梭对军人犯罪率与非军人犯罪率进行了研究，发现即使存在着有些行为在军队之外可能不算犯罪行为（如装病、怯懦等）这一因素，军人犯罪率与男性单身汉犯罪率相比较，仍然绝对较低。此外，龙勃罗梭就显露犯罪与实际犯罪之间存在的差距作出解释，认为以下事实可能产生着最大的影响：军事纪律比较容易发现和惩罚任何犯罪；而非军人中，被揭发且受惩处的犯罪还不到被发现或者被实施的犯罪的一半。参见［意］切萨雷·龙勃罗梭：《犯罪人论》，黄风译，北京大学出版社 2011 年版，第 176、177 页。从这两点我们或许可以推论：严格的军事纪律既可以较好地预防犯罪，也可以更好地发现、揭露犯罪。

体，解决价值客体匮乏带来的现实性冲突；要靠盘活军事秩序价值实现模式，消除过度依赖秩序建构而忽视秩序演化的弊病。基于这一基本立场，刑法应当在与相关部门法（如以军队条令条例为代表的核心军事法部门）保持良好静态衔接的前提下做最大化地退让。所以，在维护军事秩序的问题上，应把握好军事刑法的边界，既要控制好军事刑法尺度，防止立法过度，又要加大军事法的保护力度，强调综合规制，防止立法不足。当然，也要处理好军事刑法与其他有关军事法的衔接关系，避免军事刑法的前提性规范欠缺、入罪根基不牢固。实际上，刑罚的严酷性与军人内心使命感之间没有太多的关系。孙子很早就从士兵的心理方面考虑赏罚原因和效果，认为士兵处"险"总能自觉服从命令，处"势"则自然勇于作战而不怯敌，重罚、滥罚均无法使怯者勇敢，无法挽救危局。[1]军事心理学研究表明，在军事组织金字塔式的管理体制中，处于各塔层的领导者能否在下属中建立可靠的"领导者信任"则是战斗力提升的关键。[2]可见，善于指挥作战者治军应努力创造"势"，而不应责备士兵不勇敢，对士兵重罚、滥罚。[3]所以，在军事秩序的维护上，应该是"伦理的归伦理，纪律的归纪律，刑法的归刑法"[4]。

三、秩序观的差异性与军事刑法的比较研究和立法借鉴移植路径

军事刑法与秩序观之间是一种动态的互动关系。秩序观为军事刑法提供秩序内容和方向的形式以指导军事刑法的设计与动用，军事刑法为社会个体

---

[1] 参见张少瑜：" 先秦兵家法律思想概要"，载《法学研究》2000 年第 5 期。

[2] 参见王丽君、陈国民："军事组织中'领导者信任'问题初探"，载《理论探讨》2011 年第 2 期。Rousseau（1998）等人将"领导者信任"界定为：由于下属对领导者的目的或行为抱有美好的期望，因而甘愿冒一定风险接受对方的行为，甚至缺点的心理状态。See Denise M. Rousseau etal., *Not so different after all: A Cross-Discipline View of Trust*. Academy of Management Review, Vol. 23, No. 3. 孔德也认为，早期的军事首领借助神学信仰的帮助，获得人们盲目地服从，军事组织得以建立和巩固。这种信仰和盲从，实际上就是一种历史性的"领导者信任"。参见青连斌："社会学研究的两大主题"，载《学习时报》2006 年 1 月 2 日，第 6 版。

[3] 张少瑜："先秦兵家法律思想概要"，载《法学研究》2000 年第 5 期。

[4] 储槐植教授认为"严而不厉"的刑法结构是迄今较好的治罪方略，对于控制公职腐败犯罪、经济犯罪较之"厉而不严"的刑法结构要好许多。并以贪污受贿为例，认为如果有关行政法增设细密规定并照章执行，必将大大增强遏制公职腐败的力度。参见储槐植：《刑事一体化论要》，北京大学出版社 2007 年版，第 168 页。笔者认为军事秩序的维护主要靠严密的军事法而不是严厉的军事刑法。参见储槐植：《刑事一体化论要》，北京大学出版社 2007 年版，第 168 页。

第五章 军事刑法秩序价值观

提供行为底线和模式的方式以影响秩序观的生成和确认，这是所谓互动性。军事刑法与秩序观之间关系是历史的、民族的，只有从历史发展、民族精神的角度，才能真正体验具体军事刑法的秩序价值意蕴，这是所谓动态性。进行军事刑法学的比较研究和军事刑法立法的借鉴移植，不仅要注意互动性，更要注意这种动态性。秩序观是有差异的，这种差异必定体现在以特定秩序价值观为指导的具体的军事刑法上。无论是横向比较还是纵向比较，都不能对法条、罪名、刑罚等作有与无、是与非、好与坏的简单判断。特别是研究外国军事刑法，更应注重结合文化渊源、法律传统、政治体制、民族精神、历史脉络，分析制定背景、解决问题的路径，在此基础上再酌情借鉴吸收。遗憾的是，长期以来包括军事刑法在内的刑法道路并未真正立足民族精神，而是从发达国家移植。[1]

黑格尔说：只有这种民族精神的具体精神，推动那个民族一切行动和方向。[2]萨维尼也说，法律深深地根植于一个民族的历史之中，"其真正的源泉乃是普遍的信念、习惯和'民族的共同意识'"，它首先是由民族特性、民族精神决定的。[3]民族精神决定了社会的秩序追求与认同，决定了军事刑法的秉性，只有在民族精神中才能理解把握军事刑法的秩序价值。为什么不同国家的军事刑法会有不同规定，一国不同历史时期的军事刑法内容也会大相径庭？其中很重要的一方面就是因为军事刑法的秩序观不同或说发生了变化甚至根本改变。正如历史唯物主义秩序观所认识的，秩序的特殊性质取决于生产方式的历史个性：不同社会有不同秩序。因而对反映、维护不同秩序的军事刑法就必须作对应比较。例如，瑞士这样一个国际红会的发源国，这样重视人道主义的国家，为何仍坚持被称为落后于时代发展的浓厚的军事犯主义？[4]

---

[1] 参见齐文远、周详：《刑法、刑事责任、刑事政策研究——哲学、社会学、法律文化的视角》，北京大学出版社2004年版，第178页。

[2] 参见［德］黑格尔：《历史哲学》，王造时译，上海书店出版社1999年版，第75页。

[3] 参见［美］E·博登海默：《法理学：法律哲学与法律方法》，邓正来译，中国政法大学出版社1999年版，第88页。

[4] 瑞士联邦国防、民防和体育部认为，军事刑法原则上适用所有服兵役者或不服兵役但执行军事任务者，以及其他某些人群。但是，只要国家和军队受到严重威胁，军事刑法所及的物和人的范围就会扩大。举例来说，对国家供应非常重要的企业员工就可能成为军事刑法规制的对象。此外，当服现役、战争爆发或潜在风险增加时，受军事刑法规制的行为就会更广泛。军事刑法的适用范围仅限于军队、边防卫队和他们的组织以及国家安全部门的成员。因此，罪行并不包括典型的平民罪行，如

巴西、阿根廷等国为何在废除死刑后又在军事刑法中恢复死刑？制定于二战时期的意大利军事刑法为何多年不变、沿用至今？要正确回答这些问题，必须抓住军事刑法秩序价值的历史性、民族性。那种在比较各国军事刑法的罪名、刑罚种类时忽视民族特质简单下结论，认为西方国家军事刑罚的种类一般多于普通刑罚，而我国军事刑罚种类过少，应借鉴增加，或者仅仅根据个罪的规定、死刑的多少就认定军事刑法严厉、严酷是必要的、正义的做法，是盲目而草率的。很多学者在列举意大利军事刑法作典型，对军事刑法严厉性加以认同时，往往忽视其民族性质、制定背景、立法者对秩序的特定需求等问题。军事刑法设计何种制度，不仅要看这种制度采用的广泛性，更要看这种制度的价值和对我们的有用性，看是否适应我们的环境，是否有利于实现秩序价值。不同国家的军事刑法，与其说调整的社会关系具有不同性质，对作为社会控制手段的刑法提出了不同的功能期望[1]，不如说不同社会的秩序需要，对军事刑法的犯罪与刑罚制度设计有不同要求。

  价值观是文化的核心内容，价值冲突的深层原因就是异质文化或说差异文化的冲突。"不管大的理论构造、刑法思想、刑事制度，还是具体的个罪问题，都因民族思维方式（民族精神）的差异以及文化、政治、经济背景的差异而呈现出多样性"[2]，这种多样性是军事刑法借鉴、移植的前提和基础。移植外国法律制度必须考虑整体法律价值。在军事刑法移植的问题上，不能以一种价值观念的硬核（主观念）去评价另一种价值观念的作用带（次观念），反之亦然。[3]应该多问一问：外国军事刑法与我国军事刑法之间有无可比性、有多少可比性、比什么？是比具体规定，还是比解决问题的思想、路径、做法？例如，对中美军事刑法的具体罪名、刑罚制度就不能简单对比和移

（接上页）针对家庭的犯罪，官员或具有特定职责者的过失犯，或追收债务和破产欺诈罪。如果一个武装部队或边境卫队的成员在任期内犯这种类型的犯罪，他将继续受到平民刑法和民事法院的司法管辖。瑞士联邦国防、民防和体育部网站：载 http://www.vbs.admin.ch/internet/vbs/en/home/themen/oa004/oa001.html，最后访问日期：2014年3月11日。

  [1] 参见孙宏："军事刑法基础理论问题研究"，吉林大学2007年博士学位论文。

  [2] 齐文远："中国刑法学研究的创新之路之我见"，载齐文远、夏勇主编：《现代刑事法研究》，北京大学出版社2004年版，第3页。

  [3] "主观念""次观念"的提法，参见袁贵仁：《价值观的理论与实践——价值观若干问题的思考》，北京师范大学出版社2013年版，第145页。

植。《美国统一军事司法法典》，是军纪、军事刑法和军事诉讼法的合体，因而其中所谓的犯罪，与我国军事刑法中的犯罪并非同一概念。不能拿英美法系国家"军事犯罪"的范围与我国军事刑法作简单比较，得出"罪刑有失均衡，不利于军事利益的维护"的结论。[1]但是，我们却可以就军事刑法秩序价值实现的方法、路径与平衡进行比较、借鉴和参考。例如，在维护秩序的问题上，美国从务实的角度并非将军事审判作为唯一路径选择。对于轻微过犯（minor offence），如果采取矫正措施不足以起到惩戒、警惕之效果，就应立刻采取惩罚措施，以防对军心士气产生重大不良影响。这里的惩罚措施，包括经审判的惩罚和不经审判的惩罚。但是在美国，法律上程序及实体的严谨要求、律师在军法案件中的重要分量，都会使定罪不易，因而军事指挥官为避免移送军事审判的案件遭不起诉，以致被告返回原单位后有碍领导统御，实务上均以行政矫正措施或不经审判之惩罚为主要追诉犯罪方式。不经审判的惩罚并非指挥官的权宜之计，而是《美国统一军事司法法典》的专门设计。它对于军事犯罪处罚种类不区分行政罚或刑事罚。一方面，根据《美国统一军事司法法典》第15条的规定，各级指挥官和行使指挥权的准尉既有权在规定的处罚种类和幅度内行使不经审判的处罚权，而被告也有权请求接受军事法庭审判而不受不经审判的处罚；另一方面，一旦指挥官按照被告请求将案件提交军事法庭审判，再也不能回到"不经审判的处罚"，而如果被告接受不经审判的惩罚，就意味着被告会受到较轻的处罚。同时，接受不经审判的惩罚，可以避免军人在审判中的不安与尴尬，避免犯罪记录列入人事档案，影响未来发展。两相比较之下，可能双方都更倾向于选择不经审判的惩罚，使得维护秩序的效率大大提高。[2]但是不经审判的惩罚并不因为追求秩序而忽视被告的自由，也不会因为追求效率而牺牲秩序，一方面它针对的过错的严重程度是有限定的，另一方面它也有申诉程序来保障被告的权利。对这样的具体制度设计，我们不可能全盘移植。因为就法源来说，美国的军事司法体系的法源，不是审判权，而是宪法授权国会以立法管制武装力量及总统基于

---

[1] 参见付海珍："论我国军职罪的立法完善"，四川大学2006年硕士学位论文。
[2] 1990年至2009年，美国第一级别军事法庭（Summary Courts-martial；Special Courts-martia；General Courts-martial）共审理案件157 691件，而同期选择"不经审判的惩罚"的案件为1 691 810件。See Inspector General, Department Defense: *Evaluation of Post-Trial Reviews of Courts-Martial within the Department of the Navy*, Create Space Independent Publishing Platform, 2010, p. 137.

统率权之宪法地位，以行政命令发布法规，它不同于大陆法系国家以司法权为中心之军事审判体系。所以它能以军事正当法律程序为中心，赋予军事指挥官在矫正措施、不经审判的惩罚、军事审判三者之间的选择性处分权。而我军指挥员的处分权不涉及审判权，但是，它对我们在秩序价值实现的路径选择上却具有很好的启示意义，帮助我们从军事刑法秩序价值实现的角度，设计符合实际、有军事指挥官参与的轻微犯罪追诉启动机制。

第六章

以军事刑法秩序价值为基点的检视

第一节 对《立案标准2013》的价值认识

价值认识是对主客体之间的价值关系的反映，是在事实认识基础上就客观对象对主体需要的意义的揭示，是有意识的、自觉的活动及结果。刑事案件的立案标准是判断案件是否成立，决定是否作为刑事案件进行侦查起诉或者审判所依赖的标准。军事刑法通过设定犯罪和刑罚实现所承载的秩序价值和自由价值。但是，在具体的刑法运用中，立案标准却是实现军事刑法价值目标的基本起点。如果没有立案标准，或者立案标准过于原则、表述不严谨规范或标准失之于宽失之于严，都可能影响军事刑法价值目标的实现。《立案标准2013》是与国家刑法相配套的重要法规，也是司法机关查办军人违反职责犯罪案件的基本依据。无论是制定还是修订，都应严格依据《刑法》规定，坚持罪刑法定、罪责刑相适应等基本原则，遵循立法原意，努力实现军事刑法的价值目标。维护军事秩序的同时应当妥为保护自由与正义。与《立案标准2002》相比，《立案标准2013》在实现军事秩序价值方面的进步不言而喻，但是在自由的保护以及具体落实军事刑法秩序与自由的价值互补上，却仍有待完善。

一、秩序价值方面

信息化条件下的军事犯罪呈现新的特点，因指挥失误、玩忽职守、管理松懈、协同不力、心理失常等因素引发的涉密、涉枪弹、涉重要装备、涉保障协同案件的发生频率将呈上升趋势，严重危害军事秩序。《立案标准2013》整体上体现出强烈的维护军事秩序意识。

一是加大对武器装备、军事设施、军用物资的保护力度。装备物资是部队战斗力的物质基础。尤其随着科技的发展、高精尖武器的编配，武器装备的毁损对部队战斗力的危害将越来越大。《立案标准 2013》适应这一形势，加大了对破坏战斗力物质基础犯罪行为的追诉力度。首先，统一、规范表述，保障点面更全。如，将《立案标准 2002》三类案件（"战时违抗命令案""隐瞒、谎报军情案""拒传、假传军令案"）中有关"造成军事装备、设施损毁"的表述改为"造成武器装备、军事设施、军用物资损毁"；将《立案标准 2002》中有关"武器装备肇事案""擅自改变武器装备编配用途案""造成武器装备损毁"的表述改为"造成武器装备、军事设施、军用物资损毁"。其次，降低立案起点数额，保障门槛更低。对"违令作战消极案""指使部属违反职责案""玩忽职守案"中造成装备物资设施等直接经济损失的起点数额，分别由《立案标准 2002》规定的"三十万元""三十万元""三十万元"，降低为"二十万元""二十万元""三十万元"。2004 年，我国国内生产总值为102 398 亿元，2013 年我国国内生产总值为 568 845 亿元，翻了四倍多，十年时间物价也翻了约三倍。经济发展了，立案起点反而下降了，突出说明了对破坏战斗力物质基础犯罪追诉力度的提高。最后，在某些种类案件中增加有关武器装备的规定，保障内容更具体。例如，在逃离部队案的立案标准中，增加一种情形：涉嫌携带武器装备逃离部队的应予立案。

（立案起点变化表）

案件类型	造成直接经济损失起点数额	
	2002 年	2013 年
违令作战消极案	三十万元	二十万元
指使部属违反职责案	三十万元	二十万元
玩忽军事职守案	五十万元	三十万元

二是避免军事刑法对公共财产、法人财产和其他组织财产的不平等保护。对于财产损失问题，《立案标准 2002》只区分了直接经济损失和间接经济损失，并没有区分个人财产和公共财产的立案标准。但是，2006 年《最高人民检察院关于渎职侵权犯罪案件立案标准的规定》却作了区分。理由是：个人和单位对财产损失的承受能力不同，同样数额的财产损失所体现的社会危害性不同；这样区分在犯罪本质上更符合罪刑平等原则，同时也是落实宪法关

于"公民的合法的私有财产不受侵犯"规定,加大对合法私有财产法律保护力度的具体体现。[1]在军人违反职责罪立案标准修改过程中,曾有意见认为应对这两者作区分并最终写进征求意见稿。表现在,在擅离、玩忽军事职守案中,增加"造成个人财产直接经济损失15万元以上,或者直接经济损失不满15万元,但间接经济损失70万元以上";"造成公共财产或者法人、其他经济组织财产毁损,直接经济损失30万元以上,或者直接经济损失不满30万元,但间接经济损失150万元以上"这样的表述。但是,笔者认为,对财产损失的承受能力不应成为判断犯罪行为危害性的一个标准。虽然个人与国家、法人和其他经济组织相比处于相对弱势地位,但只要注重平等保护,消除以"公共利益"为名,侵占私人权益和私人财产的现象,防止出现公共利益增加导致私有财产减少的状态,就能实现保护的目的。《中华人民共和国民法典》物权编也没有将国家、集体、私人的物权和其他权利人的物权摆在不同位置。相反,在当前保护合法私有财产不受侵犯已经成为社会共识的情况下,国有资产大量流失、公共财产遭瓜分、损毁的现象却仍难以有效遏制。如果公共财产遭受损失,最终也侵害个人利益。如果在立案起点上,对公共财产或者法人、其他组织财产的损失数额规定得比个人财产损失数额高得多,也许会传达重视个人财产保护的倾向,但更会产生轻视公共财产保护的误导。所幸《立案标准2013》采纳了这种意见,没有对两者作区分,这既体现了对个人财产与公共财产的平等保护宪法原则,也有利于保护公共财产、法人以及其他组织合法权益,保护国防军事安全的物质基础。

三是从严更加突出,法网更加严密。例如,在"战时违抗命令案"中,《立案标准2013》增加了"拒不执行命令"这一情形;在"拒传、假传军令案"中,增加了"明知是伪造、篡改的军令而予以传达或者发布"这一假传军令的表现形式。在"非法出卖、转让武器装备案"中,就"出卖、转让"的形式,增加"换取其他利益"这一兜底性概括,对武器装备保护的法网更加严密。对于"过失泄露军事秘密案",《立案标准2002》规定三件以上且造成严重后果的应予立案,《立案标准2013》则规定过失泄露秘密级军事秘密四项(件)以上应予立案,且在"不如实提供有关情况,或者未及时采取补

---

[1] 参见陈国庆、韩耀元:"《关于渎职侵权犯罪案件立案标准的规定》的理解与适用",载《人民检察》2006年第16期。

救措施"的基础上增加一项,即"不按规定报告的"也应予立案。对于"战时临阵脱逃案",在"战时临阵脱逃罪"的定义中删除了"畏惧战斗、贪生怕死"的表述,使立案标准与刑法规定相一致,避免了因不当的"动机"认定缩小了"战时临阵脱逃罪"认定范围。

四是适用对象更加明晰。确定犯罪主体的范围是军事刑法实现秩序价值的依托。《立案标准2013》的规定使军事刑法适用对象更加明晰,突出了秩序价值。《立案标准2002》规定:"本规定中'军人',是指中国人民解放军和中国人民武装警察部队的现役军官(警官)、文职干部、士兵和具有军籍的学员。执行军事任务的预备役人员和其他人员,以军人论。"因此,《立案标准2002》在表述犯罪主体时,广泛使用"军人"一词,如"战时违抗命令罪是指军人在战时故意违抗命令,对作战造成危害的行为"。关于"军人"用语问题,应该以《刑法》为准。而《刑法》第十章的定罪条文(第421条~第448条)并没有出现"军人"用语。同时,《刑法》第450条规定:"本章适用于中国人民解放军的现役军官、文职干部、士兵及具有军籍的学员和中国人民武装警察部队的现役警官、文职干部、士兵及具有军籍的学员以及文职人员、执行军事任务的预备役人员和其他人员。"该条的立法宗旨是上述人员都是军人违反职责罪的犯罪主体,而不是说军人违反职责罪的主体是军人,预备役人员和其他人员在执行军事任务时以军人论。因此,长期以来曾经存在"以军人论"这一说法并不准确。基于此,《立案标准2013》删除了《立案标准2002》中有关"军人"的解释。当然,在立案标准修改过程中,也曾有观点认为应在某些罪名的定义、术语的界定中增加"军队"或"军人"一词。但是,这样容易导致相关概念不周延。因此在最后定稿时,并没有相应地增加"军队"或"军人"一词,而是遵循《刑法》第450条,规定了《立案标准2013》的适用范围:本规定适用于中国人民解放军的现役军官、文职干部、士兵及具有军籍的学员和中国人民武装警察部队的现役警官、文职干部、士兵及具有军籍的学员以及执行军事任务的预备役人员和其他人员涉嫌军人违反职责犯罪的案件。

以上四点,算是《立案标准2013》的成功之处。除此之外,在秩序价值方面,它还有不足之处,或者是该重视的秩序未予足够重视,或者缩小了适用范围,或者是未能按秩序序列正确处理立案标准的序列问题。但在某些具

体方面却又失之于宽,不利于军事刑法秩序价值的实现

第一,该重视的秩序未予足够重视。在研究背景部分,笔者已经对此进行了阐述。即,在信息化条件下,协同秩序应被提到更重要的位阶,应该备受关注。然而《立案标准2013》却将"拒不救援友邻部队罪"造成武器装备等直接损失的起点从三十万元提到一百万元,这等于说是减轻了对"拒不救援友邻部队罪"的追诉力度。立案标准反映了刑事政策,而军事刑事政策应当受制于军事斗争形势任务。仅就这一点看,《立案标准2013》没有很好地体现我军当前的使命任务,没有反映出该有的军事刑事政策。

第二,缩小了适用范围。《立案标准2002》规定:凡涉嫌违抗命令,遗弃武器装备的,应予立案。《立案标准2013》则细化了遗弃武器装备案的立案标准,其中第四项是:遗弃其他重要武器装备的。不难看出,这是一个兜底条款。但是,《刑法》第440条规定:违抗命令,遗弃武器装备的,处五年以下有期徒刑或者拘役;遗弃重要或者大量武器装备的,或者有其他严重情节的,处五年以上有期徒刑。显然,只要是违抗命令遗弃武器装备的,都构成该罪。同样,《立案标准2013》规定的"非法出卖、转让武器装备案"立案标准,也由"非法出卖、转让其他武器装备的"修改为"非法出卖、转让其他重要武器装备的"。而《刑法》第439条规定:非法出卖、转让军队武器装备的,处三年以上十年以下有期徒刑;出卖、转让大量武器装备或者有其他特别严重情节的,处十年以上有期徒刑、无期徒刑或者死刑。从刑法规定看,两类犯罪都是针对武器装备的故意型犯罪,不仅如此,前者还侵害了指挥秩序(违抗命令),后者则侵害了管理秩序(有相当一部分是由拥有武器装备管理权的人员实施的),危害都极大。因此,无论从预防犯罪还是惩治犯罪、保护军事利益的角度看,"重要"二字都不应加。

第三,未能按秩序序列正确处理立案标准的序列。从秩序价值实现的角度看,立案标准序列也应与军事刑罚序列具有一致性。从《立案标准2013》看,"武器装备肇事案"与"擅自改变武器装备编配用途案"两者的财产损失标准、任务影响标准相同,但人员伤亡标准不一样。"武器装备肇事案"的人员伤亡立案标准是:"造成死亡一人以上,或者重伤二人以上,或者轻伤三人以上的";"擅自改变武器装备编配用途案"的人员伤亡立案标准是:"造成死亡一人以上,或者重伤三人以上,或者重伤二人、轻伤四人以上,或者

重伤一人、轻伤七人以上，或者轻伤十人以上的"。这样的规定显然有问题。首先，根据《刑法》规定，武器装备肇事"致人重伤、死亡"本身就是"严重后果"，因而人员重伤的标准应是"重伤一人以上"而不是"重伤二人以上"。其次，按照《刑法》规定，武器装备肇事罪与擅自改变武器装备编配用途罪这两种犯罪行为的刑种、刑罚幅度是一致的。刑种、刑罚幅度是判断国家对犯罪行为否定性评价轻重的重要标志，这一点在立案标准上应该得到体现和反映。《立案标准2013》不应将"擅自改变武器装备编配用途案"致人重伤的立案标准，从重伤"二人以上"放宽到"三人以上"。否则，就意味着对于"擅自改变武器装备编配用途案"而言，造成严重后果是指"重伤三人以上"。最后，"武器装备肇事案"可能是故意型犯罪，但主要是玩忽职守型犯罪，而"擅自改变武器装备编配用途案"全部是故意型犯罪；前者侵害的是武器装备使用秩序，后者侵害的则是武器装备编配管理秩序。因而，从犯罪的危害程度看，前者是低于后者的。无论根据以上哪方面的原因，立案标准都不应该"偏袒"擅自改变武器装备编配用途犯罪。

二、自由价值方面

《立案标准2002》曾规定，对于"隐瞒、谎报军情案"和"拒传、假传军令案"，凡涉嫌"造成重大任务不能完成或者迟缓完成的"应予立案。但是《刑法》第422条规定，故意隐瞒、谎报军情或者拒传、假传军令，对作战造成危害的，处三年以上十年以下有期徒刑。因此，用"重大"一词代替"作战"不合适。一方面，重大任务包括但不限于作战任务，《立案标准2002》无疑进行了扩大解释，不利于自由的保护；另一方面，如果将"重大任务"解释为"重大"的作战任务，则违背了立法原意，不利于秩序的维护。鉴于此，《立案标准2013》将"重大"改为"作战"。同理，《立案标准2013》删除了《立案标准2002》"投降案"中"畏惧战斗"的表述。立案标准涉及罪与非罪，关系重大，所规定的内容必须符合法律，不能违反立法原意任意作扩大或者缩小解释，否则就可能既不利于维护秩序也不利于保护自由。所以立案标准制定的过程中，要注意研究、探讨、体现立法原意。[1]

---

[1] 参见陈国庆、韩耀元："《关于渎职侵权犯罪案件立案标准的规定》的理解与适用"，载《人民检察》2006年第16期。

这次立案标准修订，还有一个重要的方面，就是增加或者删除、修改了某些术语、要件。一是对"战时""违反职责""武器装备""军用物资""直接经济损失""间接经济损失""军队房地产"等术语作出明确界定。二是删除"隐瞒军情""谎报军情""报告""军情""房屋""国防工程设施""林木"等术语的解释。三是删除或增加了一些犯罪构成要件，如有的删除了行为主体，有的删除了罪过形式，有的删除或增加了行为表现，还有的删除了行为目的、动机。从总体上说，这种做法有利于推动立案标准更具规范性、权威性和操作性。例如在"军事秘密"的定义中增加"依照规定的权限和程序确定"这一限定语；在"泄露军事秘密"的定义中，增加"使军事秘密被不应知悉者知悉或者超出了限定的接触范围"的限定；删除"造谣惑众、动摇军心"定义中有关"战时在部队中公开或者私下，用口头或者普通文字、图像、计算机网络或者其他途径"的表述。这样做，使得军事刑法与军事法有了更好的衔接，切实使军事刑法作为军事法的保障法而存在，而且更为准确科学地界定了犯罪特征和构成要件，不仅有利于实现军事刑法承载的本原的秩序价值目标，也有利于更好地维护军人的自由，防止军事刑罚权的随意发动。

但是，立案标准仍然存在重秩序轻自由的问题。《立案标准2013》调整14种案件39项涉嫌犯罪情形的立案起点。但这种调整在标准上并不统一，表现为两个方面。一是案件本身的人员伤亡数额标准与经济损失数额标准的调整方向不统一。立案标准的调整，既涉及人员伤亡数额标准，又涉及经济损失数额标准。如前所述，造成装备物资经济损失数额起点的向下调整被认为是从严维护秩序。一般地说，两者从宽或从严的趋势应该是一致的。考虑到经济发展、通货膨胀等因素，正常方向应该是经济损失的数额提高，而人员伤亡数量不变。或者说，如果取从宽的政策，两者在量上都提高；取从严政策，两者在量上都降低。但《立案标准2013》的调整却不这样。例如，"指使部属违反职责案"由造成"死亡一人以上，或者重伤二人以上，或者轻伤三人以上"调整为造成"死亡一人以上，或者重伤二人以上，或者重伤一人、轻伤三人以上，或者轻伤五人以上"，表现为从宽；而在直接经济损失数额上，却由"三十万元以上"调整为"二十万元以上"，表现为从严。除非认为《立案标准2002》制定时对经济损失起点定得过高，而对人员伤亡起点定得过低。而这种理由是不可想象的。二是表现为不同案件的调整不统一。例如，同样是把直接经济损失数额从三十万元调整为二十万元，"指使部属违反职责案"在人员伤亡方面表现为从宽，而"违令作战消极案"却未调整。从所有案件种类看，整体采从宽趋向的有三个（"擅离军事职守案""拒不救援友邻部队案""擅自改变武器装备编配用途案"），整体从严的有两个（"武器装备肇事案""违令作战消极案"），调整方向矛盾的有两个（"指使部属违反职责案""玩忽职守案"）。对这种矛盾的规定，笔者有理由认为是轻自由而重秩序。与这种人身、财产的矛盾调整相联系的还有一点，就是放宽对造成人员轻伤的案件的追诉。例如，《立案标准2013》第8条规定的"指使部属违反职责案"的轻伤标准，由《立案标准2002》规定的"轻伤三人以上"修改为现在的"重伤一人、轻伤三人以上，或者轻伤五人以上"。良好的军事秩序、严格的纪律的确是军事刑法的基础目标，但是促进自由、正义同样重要；一个能保护军人自由与军中正义的体制对于维护军心士气有极大帮助，缺乏对军人权利、生命的尊重可能会造成与秩序要求相反的结果。[1] 所以，军事刑法在维持军事秩序的同时，也应注重考虑军人之自由与人权保障。

第二节 军职罪死刑取消的标准问题

限制与废止死刑已成为国际上死刑变革的主要潮流，我国也明确提出了"逐步减少适用死刑罪名"的改革任务。《刑法修正案（九）》取消9种罪名的死刑，应该说是顺势而为。

取消的标准是什么呢？按照《关于〈中华人民共和国刑法修正案（九）（草案）〉的说明》的说法，是这些罪名在"在实践中较少适用死刑"，取消后"整体惩处力度不减"。虽然《关于〈中华人民共和国刑法修正案（九）（草案）〉修改情况的汇报》指出，"在常委会初次审议后，经同中央政法委、解放军总政治部等反复研究，认为草案的规定是适宜的"，但也的确有常委会组成人员、部门认为，对取消战时造谣惑众罪和阻碍执行军事职务罪两

---

[1] Major General William A. Moorman, "Fifty Years Of Military Justice: Does The Uniform Code Of Military Justice Need To Be Changed?", *The Air Force Law Review*, Vol. 48, 2000, p. 5.

个罪名的死刑需要慎重。在网络等场合,对取消这两个同属《刑法》第十章军职罪的罪名的死刑也有不同声音。

本书认为,取消一种军职罪的死刑,不能仅看实践中的适用频度,更要看它是否触及重要军事秩序、军事利益。阻碍执行军事职务罪、战时造谣惑众罪是特殊犯罪之特殊类型,危害特定军事秩序,不宜以"在实践中较少适用死刑"作为罪名死刑的取消标准。且二者在犯罪类型、秩序类别、构成要件方面都存在区别,故讨论其死刑取消问题,应在总体考察军职罪死刑存废现状、趋势的基础上具体进行,总的原则是:逐步限制、取消平时的军事犯罪死刑,对于单纯战时军事犯罪以及战时发生的平时军事犯罪的死刑则应保留。

一、军职罪死刑取消标准的总体把握

战时造谣惑众罪、阻碍执行军事职务罪都是军事犯罪,故而讨论有关二者之死刑取消问题,不能不首先从军职罪或说军事犯罪总体上对有关标准有一个把握。

(一) 军职罪死刑配置比是否影响刑法死刑改革

很多著述阐述"军法从严"在立法上的表现时,往往会有类似军职罪死刑"比例较高"或"配置面积较大"这样的表述。于是便有观点认为,军职罪一章拉高我国刑法适用重刑和死刑的比例[1],应缩减军职罪的死刑罪名。事实如此吗?

《刑法修正案(九)》颁布之前,我国死刑罪名为55个。除侵害公民人身权利的暴力性犯罪这类最难取消死刑、经济犯罪这类相对易于取消死刑的罪名以外,剩下的死刑罪名主要涉及政治安全秩序、公共安全秩序和军事安全秩序。其中,第一章危害国家安全罪规定的罪名总数是10个,规定死刑的罪名数7个,两者之比是70%,与刑法死刑罪名总数之比为12.73%;第二章危害公共安全罪规定的罪名数是42个,规定死刑的罪名数14个,两者之比为33.33%,与刑法死刑罪名总数之比为25.45%;第七章危害国防利益罪罪名总数24个,规定死刑的罪名数为2个,两者之比为8.33%,与刑法死刑罪

---

[1] 参见王丹妮:"军事刑罚制度的适用与完善",载《人民检察》2012年第19期。

名总数之比为 3.64%；第十章军人违反职责罪规定的罪名总数是 31 个，规定死刑的罪名数 12 个，两者之比为 38.71%，死刑罪名数与刑法死刑罪名总数的比例为 21.82%。从以上数据看出，军职罪部分的死刑数不是最多的，最多者是第二章危害公共安全罪（14 个）；死刑占刑法规定的死刑总数之比也不是最高的，最高者是第二章危害公共安全罪（33.33%）；死刑数与本章罪名数之比也不是最高的，最高者是第一章危害国家安全罪（70%）。由此看，并不存在什么影响刑法死刑改革的问题。

（二）备而不用：能否作为取消军职罪死刑的标准

1997 年《刑法》颁布前，军职罪死刑"备而不用论"比较流行。陈兴良教授 1992 年出版的《刑法哲学》一书认为，军事犯罪的死刑大多数备而不用，虽存犹废。[1]贾宇教授 1995 年发表的论文也认为"对军事犯罪规定这么多的死刑也是备而无用"。[2]马克昌教授 1995 年出版的《刑罚通论》一书同样认为，我国军事刑法规定死刑罪名太多，从实践看，对军事犯罪规定那么多死刑是备而不用的。[3]由于保密原因，彼时的数据笔者无法考据，所以无从评判上述结论；此后的数据笔者仍难以掌握，而权威刑法学者也极少再论及此问题，但按前述全国人大常委会法制工作委员会的说法，"在实践中较少适用死刑"应仍是事实。即便如此，笔者却以为它不适宜作取消军职罪死刑的标准。第一，军队的刑事案件发案率有特殊性，用"在实践中较少适用死刑"来把握军职罪死刑适用状况不科学。因为部队员额只占整个国家人口数量的千分之一点五左右，加之严格的管理和经常性的政治思想教育，部队每年的刑事案件发案率在整个国家占比较低，一些罪名尤其是军职罪"在实践中较少适用死刑"实属正常。第二，一些罪名的死刑不是备而不用，而是未到用之时机，或者说未出现典型适用时机。战时造谣惑众罪就是这种情况。《刑法》第 451 条规定："本章所称战时，是指国家宣布进入战争状态、部队受领作战任务或者遭敌突然袭击时。部队执行戒严任务或者处置突发性暴力事件时，以战时论。"对照刑法规定，自 1997 年《刑法》颁布以来，又有多

---

[1] 参见陈兴良：《刑法哲学》，中国政法大学出版社 1992 年版，第 378 页。该书 2000 年修订出版时保留该观点。

[2] 参见贾宇："论我国刑法中的死刑制度及其完善"，载《国家检察官管理学院学报》1995 年第 3 期。

[3] 参见马克昌主编：《刑罚通论》，武汉大学出版社 1995 年版，第 121 页。

少可以适用该罪的时机？实际上，战时残害居民、掠夺居民财物罪不仅没适用过死刑，甚至从未适用过，可为何不取消该罪的死刑呢？可见，以"在实践中较少适用死刑"作为取消军职罪死刑的标准，理由并不充分。

（三）非涉及重要军事秩序：军职罪死刑取消的标准

军职罪配置或取消死刑，当然受我国刑事政策和刑罚配置全局影响，但更要考虑军事刑法价值尤其是秩序价值的实现。死刑的法律本质是极端严厉的惩罚。但它还具有阶级本质，就是维护统治秩序。因而，解决死刑制度的存废和戒用，既要符合国际人权运动时代潮流，又要满足维护秩序之合理需要。[1] 作为最严厉、最极端的刑罚，死刑自然应当配置给最严重、对社会危害程度最大的犯罪。故而对于虽造成严重的客观危害，但是对社会或被害人仅造成单纯的物质损害，且不触犯社会基本政治秩序和重大利益的犯罪，鉴于犯罪人人身危险性相对较轻、具有可改造性，应当废止其死刑规定。这一原则考虑"社会基本的政治秩序和重大利益"，承认刑罚制度隐含了立法者的秩序追求，是实现刑法秩序价值的重要依托，反过来秩序价值的实现又要求相应的刑罚制度与之配套，抓住了死刑配置与取消的阶级本质、法律本质，笔者是赞同的。军事犯罪、死刑配置或取消与军事秩序三者之间的关系也应该以此为纽带展开。

学者有关"削减适用死刑罪名的大方向，在于区分暴力犯罪和非暴力犯罪"的主张，应有一个前提，即"不触犯社会基本政治秩序和重大利益"。我国军职罪的死刑罪名，都与重要军事秩序、军事利益有关。军事秩序是在军事社会中构建的一种特殊类型的社会秩序，它关系国家安全和存亡，是社会秩序中至为重要的秩序。秩序的核心是安全，而国家安全首先体现在充分的军事安全和稳定可靠的军事秩序上。所以，是否能够取消一种军职罪的死刑，不能仅看实践中的适用频度，更要看它是否触犯我们所看重的重要军事秩序、军事利益。在十二届全国人大常委会第十一次会议分组审议时，有常委会委员建议，减少死刑应从不涉及国家安全、不涉及公共安全、非暴力不涉及他人生命三个方面考量。笔者认为这一建议是非常科学而中肯的。

---

[1] 参见王志祥、敦宁："刑罚配置结构调整论纲"，载《法商研究》2011年第1期。

二、两个罪名对军职罪死刑取消标准的具体展示

取消普通的非暴力犯罪符合国际趋势,而阻碍执行军事职务罪、战时造谣惑众罪不是普通犯罪,它们是特殊犯罪之特殊类型,且危害特定军事秩序,因此讨论二者之死刑取消问题不能不对此有所把握。

(一) 两个罪名的类型

相对于刑法其他部分,军职罪中规定的危险犯、行为犯较多。战时造谣惑众罪是危险犯,而阻碍执行军事职务罪则是典型的行为犯。

军职罪中设危险犯,目的在于采取积极的一般预防,避免可能造成危害军事秩序和军事利益后果的危险情况出现。考虑到社会生活之复杂,刑法设定危险犯不可避免,但危险犯设定过多则属非正常现象。军职罪中危险犯较多,更多地反映了军事犯罪及其所触犯的秩序的特殊性。同样,行为犯之存在反映的是行为所危害的社会关系的重要性。古代之刑事立法为结果刑法,而现代刑事立法却兼采结果刑法与行为刑法。究其原因,就在于随着现代社会迅速发展,犯罪行为方式也发生变化,一些行为对某种重要社会关系的破坏还未达到预期之结果,其危害性就已足够严重。为此,就有必要在刑法中规定:不必等到危害结果发生才成立既遂,只要实施了法定的实行行为就认为是犯罪。军职罪中约半数罪名是行为犯(在这些行为犯中,过半数罪名适用死刑)的事实,在现代刑法的谦抑性背景下,愈彰显军事秩序、军事利益、军事安全的极端重要程度。战时造谣惑众罪、阻碍执行军事职务罪,一个是危险犯,一个是行为犯,侵害的具体军事秩序一定不同寻常。

(二) 两个罪名侵害的具体秩序

行为是联结法律与秩序的纽带。刑法通过规定军事犯罪及其刑事责任,禁止为一定行为或命令为一定行为,从而实现秩序价值。战时造谣惑众罪、阻碍执行军事职务罪分别侵害了作战军心士气秩序和军事职守安全秩序。

第一,战时造谣惑众罪。军心士气是战争制胜的第一大基石。《曹刿论战》云:"夫战,勇气也。一鼓作气,再而衰,三而竭。彼竭我盈,故克之。"战时造谣惑众,有可能造成思想混乱、情绪动荡、士气低落、军心涣散,进而导致指挥失控、士气不振、人员逃亡等,最终对作战造成严重危害。所以,

战时造谣惑众是作战秩序之第一大害。而且，战时造谣惑众行为的主观恶性较大。尤其是勾结敌人造谣惑众，它所造成的危害并不比投降罪、战时临阵脱逃罪等适用死刑的军事犯罪的社会危害性小。

第二，阻碍执行军事职务罪。军队维护国家安全，首先要保障自身安全，维护正常的内部秩序和高度集中统一。指挥人员或者值班、值勤人员担负着特殊的职责，他们执行职务的行为如果受到阻碍，职责就无法正常履行，作用就无法发挥，就会导致指挥管理失控、内部秩序混乱，影响作战、战备、训练及其他各项任务的顺利完成，将造成严重的危害后果。

三、军职罪死刑存废趋势及两个罪名死刑取消之评判

战时造谣惑众罪、阻碍执行军事职务罪，在犯罪类型、秩序类别、构成要件方面都存在区别，因此讨论二者之死刑取消问题，不能不在总体考察军职罪或说军事犯罪的死刑存废现状、趋势基础上分别具体进行。

（一）总体认识：国际潮流、国内政策与具体分析

死刑在历史上曾经被当作治理国家、消灭犯罪、维护统治秩序的最好手段，曾经受到极大推崇、重视，只是自近代以来随民主、文明、自由、人道等观念的兴盛而逐渐式微，呈消亡之趋势。目前，世界上已经有150多个国家和地区废除或不执行死刑。一些国家和地区的军事刑法中，要么没有死刑，要么很少执行死刑。例如，罗马尼亚等国军事刑法没有死刑；《俄罗斯联邦刑法典》也未将死刑列入军事刑罚体系。

我国当前的刑事政策是"保留死刑，严格控制和慎重适用死刑"。之所以保留，是因为除了政治、经济以及大众心理等因素限制死刑取消外，我们也不得不承认，死刑既有个别预防效果，又有大于消极威慑效果的积极威慑效果，是一种符合作为刑罚的效益价值之要素的有效性要求的一种刑罚方法。[1]我们也发现，现在很多国家对军事犯罪仍适用死刑。"大赦国际"的统计也显示，一些国家与地区废除了普通犯罪的死刑，却保留军事犯罪或者战时犯罪的死刑。西班牙1978年废除死刑，但1985年《西班牙军事刑法典》仍保留战时特定犯罪的死刑。美国部分州取消死刑，《美国统一军事司法法典》却规定了

---

[1] 参见邱兴隆："死刑的效益之维"，载《法学家》2003年第2期。

13个死刑条文。法国1981年废除死刑,而军事刑法仍保留死刑。当前,我国的"军事刑罚重刑化"是与世界上通行做法保持一致的。[1]但军职罪死刑并非铁板一块。在我国,很多地方学者认为军职罪死刑配置面积过大,可以适当减少。[2]具体做法是:多数主张废除平时军事犯罪的死刑;[3]少数主张必然完全废除,其根本原因在于死刑对人权的侵犯及其十分有限的威慑功能。笔者赞成适当废除军事犯罪的死刑。一方面,"根除暴力,而不是根除人"[4],是现代刑事法治的价值取向。另一方面,死刑在我国现阶段较难废除的重大障碍之一,是民众普遍的报应心理,但军职罪不太存在这个问题,因为它的死刑中需考虑被害感情、报应成分的较少。同时,军事犯罪属于法定犯,犯罪的一般道德恶性较少。而实际上,很多军事犯罪都是基于人性的趋利避害心理发生的。这些因素综合起来,使得我们可以根据军事犯罪侵害的具体军事秩序、军事利益而判断适当取消一些死刑。

(二)战时犯罪的死刑取消:以战时造谣惑众罪为例

研究表明,有关国家、地区在取消军事犯罪死刑时往往区别平时、战时,仍保留死刑的多是针对战时情形。这主要是考虑到"战时的社会、政治状况情况较为复杂,各种矛盾处于激化状态,各种不安全因素都相对暴露和公开",因而"都希望把死刑作为平叛止暴、安定局势的良方",其死刑废除过程往往表现为先平时普通犯罪后战时普通犯罪,先平时军事犯罪后战时军事犯罪,而已经废除了死刑的国家,也往往把"战时"作为恢复普通犯罪或军事犯罪死刑的根据。

在我国,对战时军事犯罪死刑的态度有两种。一种主张取消平时军事犯罪死刑,保留全部战时死刑(明文规定战时死刑只有在战争爆发之日起开始生效)[5];这样,由于死刑只能在战时或战后适用,对于死刑的实际适用量

---

[1] 参见田友方等:"中俄军事刑罚比较研究",载《西安政治学院学报》2001年第1期。

[2] 参见陈兴良等:《刑法纵横谈:理论、立法、司法》,法律出版社2003年版,第342页;刘守芬等:《罪刑均衡论》,北京大学出版社2004年版,第119、120页。

[3] 参见马克昌主编:《刑罚通论》,武汉大学出版社1995年版,第121页。

[4] [加拿大]欧文·沃勒:《有效的犯罪预防——公共安全战略的科学设计》,蒋文军译,中国人民公安大学出版社2011年版,第55页。

[5] 参见陈兴良:《刑法哲学》,中国政法大学出版社2004年版,第466页。

第六章 以军事刑法秩序价值为基点的检视

没有什么影响。[1]另一种主张，即使战时犯罪也要综合衡量，除了对战时致使战斗、战役遭受重大损失或造成其他特别严重后果的军事犯罪保留死刑外，其他造成危害后果不严重的战时犯罪的死刑应予废除。[2]笔者认为，如前所述，一种军事犯罪能否取消死刑，取决于其是否触犯重要军事秩序和重大军事利益。虽然平战有别，战时有特殊情势和要求，但并不意味着平时犯罪就不能有死刑，战时犯罪就必须都是死刑。实际上，我国刑法中的军人叛逃罪以及为境外窃取、刺探、收买、非法提供军事秘密罪，在平时也可处死刑；而违令作战消极罪、拒不救援友邻部队罪、战时自伤罪虽是战时犯罪却无死刑。当然，战时作战秩序仍是最重要的军事秩序，是一种重大利益。所以，可适用死刑的罪名中，单纯战时罪名与平时罪名之比为7∶5；单纯战时罪名中，适用死刑与不适用死刑之比为7∶3。而实际上，所有的平时罪名死刑在战时都要适用。这足以证明战时军事秩序的重要性。所以，笔者主张总体上保留现有单纯战时罪名的死刑。具体到战时造谣惑众罪，笔者认为保留其死刑非常必要。战时勾结敌人造谣惑众，动摇军心，是一种针对国家权力的犯罪，属于最严重的犯罪之列。犯罪情节特别严重、危害特别巨大的，自然符合"罪行极其严重"这一死刑标准。对这样的犯罪行为，自然不应在取消之列。实际上，在分组审议时，很多委员就认为该罪不保留死刑不利于战时执行。如李安东委员表示：战时造谣惑众、动摇军心是非常严重的犯罪，可能影响战争的进程和胜负，是致命性的、颠覆性的，这样的例子在历史上是很多的。李玲蔚委员表示：战时造谣惑众罪很少适用，但并不代表其危害不大，后果不严重。舆论战是战时争取民心以及国际道义支持的一种重要方式。2003年伊拉克战争中美军轻松拿下巴格达，就是高技术武器与新闻战共同作用的结果。[3]在今天，新媒体给最精良的军队组织增加了成本、增添了不确定性，现代军队一直在为公共领域信息的妥善处理而挣扎。[4]因此，在网络高度发

---

[1] 参见贾宇："论我国刑法中的死刑制度及其完善"，载《中央检察官管理学院学报》1995年第3期。

[2] 参见薛洪、吴韬："'军法'何以就要'从严'？——关于'军法从严'原则之意义新解"，载《人文杂志》2011年第3期。

[3] 参见黄宏主编：《世界新军事变革报告》，人民出版社2004年版，第84页。

[4] 参见[德]托马斯·里德、[法]马克·海克：《战争2.0：信息时代的非常规战》，金苗译，解放军出版社2011年版，第2~4页。

达尤其是自媒体高度普及的今天，必须顺应信息化战争的变化与需要，维持战时舆论的有序性，实施严格有效的战时舆论控制。

（三）平时犯罪的死刑取消：以阻碍执行军事职务罪为例

从前述主张取消军职罪死刑的观点看，学者普遍主张废除平时军事犯罪的死刑。也许正因如此，我们就不难理解，为什么在修正案草案审议过程中，对取消阻碍执行军事职务罪死刑异议相对少。

支持上述主张的根据有多重。如有学者认为，第一是平时军事犯罪并非罪无可赦，第二是符合世界潮流，第三是军事人员人权保护的需要。[1]具体到阻碍执行军事职务罪，学者邱兴隆认为，该罪（以及军人叛逃罪，盗窃、抢夺武器装备、军用物资罪）既不具有直接导致战斗、战役失败的可能性而不直接危害国家安全，又因如伴生故意杀人行为应按故意杀人罪单处而不包含故意致人死亡的因素，因此其系单纯的军职罪，所侵犯的权益低于人的生命价值，按照限制死刑之分配的标准，其死刑应予废除。[2]笔者认为，上述观点不乏精辟之处，但不完全赞同。其一，平时的阻碍执行军事职务罪可以取消死刑，有杀人行为的按故意杀人罪单处。一些外国军事刑法就是这样规定的。如《黑山共和国刑法》规定，杀害正在执行职务的军事人员的，构成严重谋杀罪，处10年以上监禁或者40年监禁（40年监禁是该国最重刑罚）；攻击执勤军事人员，出于过失而导致军事人员死亡的，处2年以上10年以下监禁；使用暴力或以威胁直接使用暴力为手段，阻止军事人员执行任务，处1年以上8年以下监禁。其二，战时发生的阻碍执行军事职务罪则应适用死刑。因为，在紧要关头或者危急时刻以及阻碍担负重要职责的人员执行职务的行为危害极大，战时如果出现这样的情况，后果将更为严重。所以，很多国家的刑法对战时阻碍执行军事职务的犯罪行为都提高刑罚幅度。如《越南刑法典》规定，构成阻碍履行义务、责任罪的，处3年以下有期徒刑，战时则处15年以下有期徒刑。其三，平时的军人叛逃罪以及盗窃、抢夺武器装备、军用物资罪仍以保留死刑为宜。毛泽东指出："武器装备是战争的重要因素。"

---

［1］参见徐丹丹：《我国军事犯罪死刑制度改革刍议》，载《湖北警官学院学报》2014年第5期。

［2］邱兴隆：《刑罚理性评论——刑罚的正当性反思》，中国政法大学出版社1999年版，第427~437页。

当今世界，高技术武器极大地影响着战争的开局、进程和结果，甚至对战争结局起着决定性作用。而随着科技的发展、高精尖武器的编配，有关武器装备的犯罪对部队战斗力的危害将越来越大。同时，国家面临的恐怖主义等非传统安全形势越来越严峻。上述两种犯罪，往往给国家军事利益、国防安全以及整个社会的安全稳定造成重大危害，尤其是后者还伴随着暴力，所以都必须予以严惩。而如果非要按顺序取消平时军职罪死刑的话，非法出卖、转让军队武器装备罪相对来说可以靠前。

鉴于军职罪危害的社会秩序的特殊性以及发案的特殊性，不宜以"在实践中较少适用死刑"作为罪名取消死刑的标准。在将来，可随整个刑法死刑的限制、取消趋势，逐步限制、取消平时军事犯罪死刑，对于单纯战时军事犯罪以及战时发生的平时军事犯罪的死刑则应保留。基于此，建议将来适时将《刑法》第426条修改为：以暴力、威胁方法，阻碍指挥人员或者值班、值勤人员执行职务的，处五年以下有期徒刑或者拘役；情节严重的，处五年以上有期徒刑；致人重伤、死亡的，或者有其他特别严重情节的，处无期徒刑，战时可处死刑。战时从重处罚。

第三节 我国战时缓刑制度的再设计
——以意大利战时军事刑罚延迟执行制度内含的秩序价值为参照

秩序价值是军事刑法的基础价值，是军事刑法的本源性问题，关系着军事刑法的精神与理念，影响着军事刑法的理论与实践。意大利军事刑法以严密且严厉著称，有些制度设计有利于维护军事秩序、符合现代文明方向。其中战时军事刑罚的延迟执行制度就是典型。这里从该制度设计的秩序价值出发进行研究，可为深化我国战时审判理论研究和制度建设，提供新鲜视角。

一、《意大利战时军事刑法典》[1]中的战时军事刑罚延迟执行制度

《意大利战时军事刑法典》详尽规定了战时军事刑罚的延迟执行即行刑延

---

[1] 黄风译：《意大利军事刑法典》，中国政法大学出版社1998年版。

迟制度。根据该法典，行刑延迟主要包含以下内容。第一，适用职位：实施犯罪时属于动员部队的军人或者在犯罪实施后被派往该部队的军人。第二，适用罪行：原则上是判处 10 年以下监禁的军人，但有指挥官介入时可以不受此限。第三，适用限制：被判刑人未终止提供军事服务或者不是长期不能提供军事服务（因在战斗或军事任务中负伤或患病造成的不能状况除外）；入伍未被阐明属于无效行为。第四，战争状态终止时的处理：一是继续执行被延迟的刑罚，但应按《意大利平时军事刑法典》中关于易科刑的规定执行；二是未重新犯罪或未多次受严重纪律处分，且被判处 3 年以下军事有期徒刑或因普通犯罪被判处 2 年以下监禁的，犯罪消灭，主刑不再执行，处罚的刑事后果终止；三是在战斗或执行军事任务中立功而获晋升或受奖的，即使战争还未结束，其犯罪也消灭。第五，特别战斗部队服役的效果：延迟执行刑罚后，因其特殊条件而被分配到特别战斗部队服役的时间，从所科处刑期中扣除。第六，军事指挥官的特别权力。根据《意大利战时军事刑法典》第 29 条的规定，统辖实施犯罪时属于动员部队的军人或者在犯罪实施后被派往该部队的军人的部长或最高指挥官，在听取国家军事检察长的意见后，可以决定延迟执行对上述军人科处的任何刑期的暂时监禁刑。根据该法第 34 条的规定，当最高指挥官认为某一不从属于国家武装力量的人员因其在战争条件下提供的服务而成为必须存在的或不可替代的时，在征得国家军事检察长的意见后，该指挥官可以决定延迟执行对该人科处的暂时监禁刑；领导海军或空军部队的指挥官，在各自的指挥范围内可以行使同样的权力。

二、秩序价值对意大利战时军事刑罚延迟执行制度的影响

军事刑法中行刑延迟制度的特别之处，在于它并不像普通缓刑制度一样仅适用于罪行较轻的罪犯，而是也适用于一些罪行较重的罪犯。此外，军事指挥官在行刑延迟后刑罚的处理中的角色和作用，也是行刑延迟制度的特色之处。这种设计，其中体现了强烈的秩序意蕴。

第一，军事刑法中秩序的层次性。秩序具有层次性，层次越多结构就越复杂。这种复杂性，不仅表现为秩序的层次有高低之分，而且体现为秩序的多种层次之间有交叉与重叠，还表现为各种秩序之间既存在清晰的边界却又因为各种因素而调整边界。通常情况下，不同层次的秩序多呈垂直关系，表

现为高层秩序对低层秩序的权威性，后者要服从前者的目标和要求。[1]

军事刑罚秩序与军事秩序是不同层次的秩序，这两种秩序在权威性上有高低之分，在边界上有清晰的界限。不同的生产生活单位产生不同范围的秩序，秩序只有在一定边界内才能发挥其功能。正因为如此，虽然军事刑罚秩序在总体上要服从军事秩序，但是必须确保国家军事刑罚的配置与执行秩序与军事刑法所要维护军事秩序之间在各自的价值范围内边界清晰。这样，军事刑罚才能较好地发挥其功能。但是，秩序的层次性、复杂性，又表现为在一定情况下，军事秩序可能会越过边界，刑罚秩序在一定程度上要让位于军事秩序。从《意大利战时军事刑法典》关于行刑延迟制度的规定看，这种情况就是"战时"。为了追求作战秩序，减少非战斗减员、保留有生力量，为完成某些特定军事任务保存必要的特殊人员，刑罚执行就可以被延迟、刑期就可被缩减，或者说罪的宣告秩序的边界要调整，即军事秩序就可向定罪量刑秩序越界。

军事秩序越界的程度取决于秩序的需要，取决于秩序间力量的对比关系。军事秩序是军事权的表现，其背后的力主要包括：战时、战斗力需要、良好的战斗品行以及表征良好战斗品行的其他事实（如残疾、立功、晋升）。这在各国大同小异。只要军事秩序力量足够大（如高级军事指挥官、特殊人才、特殊部队[2]等），就可以向刑罚秩序的边界越过更多（如不受暂时监禁刑的刑期限制），直至进入定罪秩序边界（如犯罪消灭、复权）。当然，两个秩序边界的调整是有限度的，或说刑罚秩序、定罪秩序是有底线的。一种秩序不能因为力量强大而完全取代另一种秩序。这种界限，一是环境和利益因素，例如战时复权、战时行刑延迟，只有出现战时的情形才会有行刑延迟，战时状态一终止，边界可能又会恢复到平时状态。如《意大利战时军事刑法典》第36条规定，战争状态结束时，推迟执行的监禁刑、停职、停级的附加刑开始执行。二是罪行的轻重。比如，即使罪犯的刑罚在被延迟执行后的战争期间没有重新犯罪或未多次受严重纪律处分，但是对适用延迟执行且被判处3年以上军事有期徒刑的罪犯，就不产生犯罪消灭的后果。三是犯罪侵害的具

---

[1] 杨雪冬："秩序的结构与边界"，载《学习时报》2006年4月10日，第6版。
[2] 如《意大利战时军事刑法典》第33条规定，因特殊条件被分派到特别战斗部队服役的时间，从所科处的刑期中扣除。

体法益。例如，战时犯有叛逆、间谍、临战脱逃、逃跑、战时自伤等罪行，往往被排除在战时复权的范围内。由此看来，军事刑法中秩序的调整是有时间条件的，调整的范围和幅度取决于彼此间力量对比关系、消长关系。

第二，秩序的水平关系和内部关系均衡。在垂直结构的秩序关系之外还有水平结构的秩序关系，而水平结构的秩序关系内部往往处于同一个层次，表现为水平的、互不隶属的关系，秩序之间并无多少权威性可言。[1]军事刑法要较好地体现、维护秩序，也必须注意那些水平结构秩序的关系处理。在这方面，《意大利军事刑法典》虽然以严厉著称，却处理得较好，使得行刑延迟和复权制度因秩序的水平关系得到平衡处理而显得不那么突兀。

一是延迟执行与不延迟执行。根据《意大利战时军事刑法典》第32条的规定，只有那些符合条件的为维护国家军事利益而服役的被判刑人才能被决定延迟执行刑罚，否则要么不被延迟，要么被延迟了也要取消。从这一规定看，是否被决定延迟执行刑罚或被取消延迟执行决定，是同军事秩序紧密相连的，即只有那些为维护军事秩序付出义务、与军事秩序具有连续的正向一致性者才能被刑罚秩序所认同，也才会有军事秩序向刑罚秩序的越界。

二是推迟执行刑罚与刑罚时效消灭。根据《意大利战时军事刑法典》第35条的规定，依法推迟执行刑罚的时间，就刑罚因时间经过而消灭而言，不予计算。这就是说，刑罚（时效）秩序并不因军事秩序的越界而彻底消失或被替代，《意大利战时军事刑法典》关于延迟执行刑罚与刑罚消灭之间关系的规定，明确显示这种越界只是一种暂时性的倾斜、越界，不能永久性地侵蚀刑罚秩序。即使因军事秩序越界而延迟了刑罚的执行，但一旦这种越界的条件结束，刑罚秩序仍然要恢复以前的状态，时效在重新继续计算时不计入被延迟的时间。

三是军事犯罪消灭与普通犯罪消灭。由于军事秩序之重要与特殊，军事刑法一般比普通刑法严厉，所以《意大利战时军事刑法典》第38、39条分别规定了军事犯罪与普通犯罪消灭的法定最高刑幅度。这表明，意大利军事刑法意图在处理犯罪行为侵犯一般社会秩序与侵犯军事秩序之间保持平衡。

四是继续执行刑罚与执行易科刑罚。根据《意大利战时军事刑法典》第

---

[1] 杨雪冬："秩序的结构与边界"，载《学习时报》2006年4月10日，第6版。

37 条的规定，战后或战争期间开始正常地执行被推迟了的刑罚时，应执行易科刑罚。在战时，国家正常的秩序受到严重威胁，恢复这种秩序成为首要。因此，最大程度地保存有生力量，减少非战斗减员，确保赢得战争成为首要秩序。但是，一旦战争结束，那么恢复正常和平社会的秩序就应该开始。和平秩序应该是一种平等的关系。继续执行刑罚表明回归军事秩序越界前的边界，但是考虑到军人为维护军事秩序所作出的贡献，对被判刑人执行易科刑罚。而根据该条和第 166 条的规定，对战俘因其曾经对意大利军事秩序的破坏而不适用延迟执行刑罚，但是应根据其身份选择相适应的刑法规范（军事刑法或普通刑法），这一点也是考虑了秩序要素。

五是因立功、晋升、受奖而复权与因一般的忠诚、光荣履行义务而折抵。战时立功受奖可获准复权，可以理解为因犯罪人后来的行为表现证明其处于社会秩序的可控范围内，或说正是按照社会秩序的要求行为，符合了社会秩序的要求，再对其此前的越轨行为作否定性评价已经失去现实意义，所以撤销罪的宣告。而军人在战时虽无立功、晋升、受奖行为，但是鉴于其在战时服役是为国家作出贡献，应认为同样符合社会秩序的方向，所以也应予以均衡，虽不能获准复权，服役时间当可折抵刑期。所以《意大利战时军事刑法典》第 43 条规定：虽未立功但在作战或执行任务中忠诚、光荣服务的军人，每 3 个月的野战折抵 1 年。

六是军人被任何法官延迟执行刑罚与不属于国家武装力量的人员被最高指挥官决定延迟执行刑罚。军人是军事秩序最重要的节点，所以《意大利战时军事刑法典》在军事秩序向刑罚秩序越界的问题上对其予以倾斜；但同时，各种各样的有用人才也为维护军事秩序所必不可少，尤其是那些战争中提供的服务被认为必须存在或不可替代者。因此，《意大利战时军事刑法典》特别规定了军事指挥官对不隶属于国家武装力量的人员的暂时监禁刑延迟执行权力。

三、对我国战时缓刑制度的启示

秩序价值是我国军事刑法价值体系中的基础价值，是完善我国军事刑法制度的基本出发点和落脚点。如果一项制度设计是符合我国军事刑法理念、价值的，即可适当借鉴吸收。当然，这种借鉴，不是简单照搬具体制度，而是深刻分析其制度设计的理念。从上述分析看，行刑延迟制度的设计不仅在量上也同时在质上体现了秩序的特性、反映了秩序的要求，所以这样的制度设计就对我们具有借鉴意义。

我国刑法未规定战时军事刑罚的延迟执行制度，却规定了战时缓刑制度。我国《刑法》第449条规定："在战时，对被判处三年以下有期徒刑没有现实危险宣告缓刑的犯罪军人，允许其戴罪立功，确有立功表现时，可以撤销原判刑罚，不以犯罪论处。"理论上一般把该条的规定称为"战时缓刑"。意大利的行刑延迟制度与我国刑法规定的战时缓刑制度既有不同之处，又有相似之处。不同之处主要在于是否能适用重罪。相似之处是，都存在罪的消灭。可见，行刑延迟制度对我战时缓刑制度的较可行的借鉴之处，就是将战时缓刑同样适用于战时担负重要军事任务的普通公民。

在军事秩序的越界方面，很多国家的军事刑法更多的是将重点放在把普通公民也纳入军事刑法的适用范围之内，却很少认为给予普通公民某些"优待"也同样是促进军事秩序"生长"。我国《刑法》规定的战时缓刑制度，也是军事秩序与军事刑罚秩序关系消长对比的表现。如果只是考验期满不再执行原判刑罚，这样的缓刑制度似乎与一般缓刑没有太大区别，也容易理解接受。但是消灭原判罪行，不再认为是犯罪，则与一般缓刑存在重大区别。这种制度是否还能称为缓刑，或说是"特别缓刑"[1]，当然值得讨论。但是更为关键的问题是，在战时能否对"执行军事任务的其他公民"、战时有特殊贡献的普通公民也给予此种待遇？本书认为是可行的、必要的。军事秩序遭到破坏，被害人包括个人，但主要是军队和国家。因此，如果主张某些犯罪如"战时自伤罪""投降罪"属于无被害人的犯罪，应予非罪化，则是观点错误，不利于维护军事秩序。但是，既然军事犯罪是国家利益受损，那就要认真讨论如何重视国家的地位与需求问题。按照白建军教授的划分，军人违反职责罪全部是一种"误用国家权力的犯罪"，即"在从事公共管理的过程中不当履行国家权力的犯罪"[2]。既然是一种国家利益受损，从理论上讲，就应该允许加害人与国家之间就案件进行刑事和解，将被害人的自由诉求与社会

---

[1] 高铭暄、马克昌主编：《刑法学》，北京大学出版社、高等教育出版社2000年版，第302、303页。

[2] 白建军：《关系犯罪学》，中国人民大学出版社2005年版，第265~267页。

实现秩序的诉求协调起来，这也是社会秩序回归正常化的一种手段。[1]同时，也应该给予"执行军事任务的其他公民"、战时有特殊贡献的普通公民此种待遇。因为从秩序的角度看，从强制性的刑罚权到双方和解，也是垂直化的秩序结构水平化的重要表现。在给予犯罪军人这种"待遇"的同时，也给予他们这种待遇，同样能增加处于同一层次上的秩序内部关系的均衡。当然，给予普通人（在战争中提供重要的、不可替代的服务）的这种战时缓刑，不仅应适用于因实施军人违反职责罪并被判处缓刑的情况，也应适用于因实施普通犯罪被判处缓刑的情况。

---

[1] 刑事和解一般在较轻案件和一般案件中有适用余地，排除严重案件的适用。但具体到国家利益受损，尤其是与军人违反职责罪相关的国家利益受损，如果刑事和解的目的本身就是为了更高层次的社会安宁、国民安全与社会整体利益，则应该是被允许的。因为在这种情况下，国家没有置国民的安全感于不顾，社会的秩序反而得到了更好的维护。推而广之，战时普通公民的一般犯罪，只要被判处缓刑的，也应该允许国家为了国民更高层次的安全感，而代表受害人与之和解。

结　论

军事刑法的秩序价值是军事刑法价值体系的基础。应因军事变革之需，回应对立法模式、具体制度的不满与呼声。树立科学的军事刑法秩序观，对军事刑法进行改革和完善，离不开对秩序价值问题作深入细致的研究。

认识把握军事刑法的秩序价值离不开对军事刑法进行恰当界定。军事刑法既非与普通刑法格格不入，亦非毫无特别之处。既不能抽象地看待军事刑法中秩序与自由，也不能随意放大这种特别之处，将维护军事秩序与现代刑事法治根本对立。军事刑法在本质上首先应作为刑法的组成部分，讨论军事刑法的秩序价值不能离开作为刑法的内在秉性。同时，军事刑法精神中虽有军事因素，却也不宜以所谓军事法的部门法特质来框定军事刑法，惯性推理军事刑法的秩序价值取向就是秩序优先。

军事刑法必须直面战争这个高风险活动，正视它非赢即输的格局、不计代价的付出、深刻久远的影响，以现代刑事法治之秉性确立、维护好军事秩序。但是，实现秩序价值不仅要考虑战争的特点，把握军事刑法的特质，还要关注秩序本身的特性，明了它的内容，厘清它的边界。只有有效涵盖军事刑法秩序的内容，才能合理设定军事犯罪、区别罪责刑度；只有真正理解军事刑法秩序的边界和扩展，才能顺畅实现军事刑法秩序价值、发挥军事刑法功能。忽略了军事秩序的层次或边界，忽略了秩序调整的因素、条件、范围，无论对研究还是对实践都有害无益。

对军事刑法来说，条文中罪状规定什么样的实行行为、哪种形式的实行行为，对秩序价值的实现有重大意义。军事刑法中纯正不作为犯，主要涉及忠诚职守、决策指挥、协同保障和人道保护等秩序。正是通过特别规定纯正不作为犯的形式，实现对军事行为的控制，达成维护军事秩序的目的。军事刑法中行为犯和危险犯较多，也反映了军事刑法的特殊性，是军事刑法秩序价值实现的重要依托。世界各国的军事刑法首重忠诚秩序，因此不遗余力地通过犯罪、刑罚这些实体范畴实现目的。而我们这个国家、我们这支党领导的军队对忠诚秩序更有独特感受和认识。如果不理解这些，就不明白为什么在我国军事刑法罪名有限的现状下，不宜设定不报告罪、不阻止罪，不宜在现有军事刑法中积极增加犯罪主体种类，为什么仅从法律上去考虑取消投降罪等罪名的建议没有多少可行性，为什么西方国家数量最多的是侵害从属关系犯罪而我们对指挥秩序的要求更为突出。我国军事刑法规定的死刑数不是刑法各部分最多的，死刑占刑法规定的死刑总数之比也不是最高的，且军事刑法规定的死刑罪名都与结构秩序——军事权有关。因而在目前条件下，对军事刑法死刑配置进行大规模调整的余地不大。军事刑法独特的刑罚执行制度，鲜明反映出立法者对军事刑法特殊的秩序偏好，因而可适当增加军事刑罚执行种类。无论是制定还是修订立案标准，都应严格依据《刑法》规定，坚持罪刑法定、罪责刑相适应等基本原则，遵循立法原意，努力实现军事刑法的价值目标。与《立案标准2002》相比，《立案标准2013》在实现军事秩序价值方面的进步不言而喻，但是在自由的保护以及具体落实军事刑法秩序与自由的价值互补上，却仍有待完善。

对军事刑法来说，自由与秩序两种价值并不是非此即彼、彼此否定的关系，所谓秩序价值与自由价值的冲突，实际上是不同价值观的冲突。消解这种冲突，仅靠"秩序优先论"这种简单的价值取舍排序不行，靠某种程度上的原则性调和也很难。消解这种冲突，要考虑刑法领域中个人自由的优先地位、军事刑法价值体系中秩序价值的基础地位，关照特定时空条件对军事刑法保护的国家利益向个人利益还原的影响，在前述"平衡"方式之外寻找新的路径：将价值冲突转换为价值互补，确立一种既符合时代精神又契合军事需要，既内融刑法秉性又外洽秩序特性的秩序价值观。鉴于价值观的绝对性与相对性、军事秩序的特殊性和重要性、规范的社会调节性和价值兼容性、价值冲突功能的正向性和负向性，本书将军事刑法中秩序与自由的关系重新定位为"基础"与"中心"的关系。即在军事刑法领域，应当以军事秩序为基础，以个人自由为中心，强调二者的协调统一和价值互补。

军事刑法必须维护军事秩序，但有秩序并不意味着没有犯罪。秩序不仅需要正向的维护，也需要反向的约束，它理应包含正义，以自由为终极目的。秩序的历史决定性告诫我们，既要向军事刑法要秩序、要安全，更要积极调适、消解秩序与自由之间的冲突，让军事秩序的生成和巩固有更多自生自发的内容和因素。军事秩序的维护，要基于秩序与自由之间的价值互补而不是价值冲突，要靠努力推动社会进步发展，创造条件不断满足多元价值主体的多元需求，构建和谐的军营关系；要靠深刻反思在维护军人合法权益、促进军人全面发展等方面的不足，靠努力创造真正有利于促进个人全面发展的良好条件、环境，切实提高军事刑法秩序价值主体素质。

军事秩序的维系路径具有多元性。军事刑法规范的不完整性决定了军事刑法并非维护军事秩序的唯一、最好、最有效的手段。军事刑法手段的最后性决定了必须谨慎进行军事刑法立法、司法。军事刑法规范也仅仅反映上升为刑法规范的最基础的社会伦理规范。维护军事秩序，要靠丰富军事秩序价值客体，解决价值客体匮乏带来的现实性冲突；要靠盘活军事秩序价值实现模式，消除过度依赖秩序建构而忽视秩序演化的弊病。除了军事刑法能够提供秩序价值供应之外，军事伦理、军事法也都可以在各自的层面上提供。军事秩序的维护，应该是以军事伦理为根基，以军事制度为主体，以军事纪律为保障，以军事刑法为后盾，以国际刑法为补充的全面实现，而不能将军事刑法作为军事秩序维护的全部。

军事刑法与秩序观之间是一种动态的互动关系。进行军事刑法学的比较研究和军事刑法立法的借鉴移植，不仅要注意互动性，更要注意动态性。特别是研究外国军事刑法，更应注重结合文化渊源、法律传统、政治体制、民族精神、历史脉络，分析制定背景、解决问题的路径，在此基础上酌情借鉴吸收。军事刑法设计何种制度，不仅要看这种制度采用的广泛性，更要看这种制度的价值和对我们的有用性，是否有利于实现秩序价值。不同国家的军事刑法，与其说调整的社会关系具有不同性质，对作为社会控制手段的刑法提出了不同的功能期望，不如说不同社会的秩序需要，对军事刑法的犯罪与刑罚制度设计有不同要求。

不管是军事刑事政策的确立、军事犯罪圈的划定，还是具体军事刑法制度的设计，以至军事刑法学研究，无不体现了社会对军事刑法秩序价值的基本认识和观念。这种认识和观念表现在确认、维护、实现军事刑法秩序价值的全部过程之中，体现于军事刑法秩序价值与自由价值冲突与互补的方方面面，指导着价值评价、价值选择、价值行为和价值目标实现。所以，有必要确立本书所提倡的军事刑法秩序价值观，并以此指导理论研究与立法司法实践。

参考文献

一、著作类

1. 中共中央马克思恩格斯列宁斯大林著作编译局编译:《马克思恩格斯选集》,人民出版社 1995 年版。
2. 孙中山:《孙中山全集》,中华书局 1986 年版。
3. 毛泽东:《毛泽东军事文集》,军事科学出版社、中央文献出版社 1993 年版。
4. 邓小平:《邓小平文选》(第 3 卷),人民出版社 1993 年版。
5. 钱钟书:《管锥编》,生活·读书·新知三联书店 2007 年版。
6. 梁漱溟:《中国文化要义》,上海人民出版社 2005 年版。
7. 费孝通:《乡土中国生育制度》,北京大学出版社 1998 年版。
8. 李雅书、杨共乐:《古代罗马史》,北京师范大学出版社 2004 年版。
9. 熊志勇:《从边缘走向中心——晚清社会变迁中的军人集团》,天津人民出版社 1998 年版。
10. 王惠岩:《当代政治学基本理论》,天津人民出版社 1998 年版。
11. 张万年主编:《当代世界军事与中国国防》,军事科学出版社 1999 年版。
12. 黄宏主编:《世界新军事变革报告》,人民出版社 2004 年版。
13. 军事科学院战略研究部编:《战略学》,军事科学出版社 2001 年版。
14. 军事科学院:《中国人民解放军军语》,军事科学出版社 1997 年版。
15. 中国军事百科全书编审委员会:《中国军事百科全书》(军事学术 I),军事科学出版社 1997 年版。
16. 戴耀先主编:《德意志军事思想研究》,军事科学出版社 1999 年版。
17. 顾智明主编:《西方军事伦理文化史》,解放军出版社 2010 年版。
18. 徐星:《武德人格论》,国防大学出版社 2009 年版。
19. 李德顺:《价值论》,中国人民大学出版社 2007 年版。
20. 袁贵仁:《价值观的理论与实践——价值观若干问题的思考》,北京师范大学出版社 2013 年版。
21. 陈章龙、周莉:《价值观研究》,南京师范大学出版社 2004 年版。

22. 邢建国等：《秩序论》，人民出版社 1993 年版。
23. 张文显主编：《法理学》，高等教育出版社、北京大学出版社 2007 年版。
24. 张文显：《法哲学范畴研究》，中国政法大学出版社 2001 年版。
25. 张文显：《二十世纪西方法哲学思潮研究》，法律出版社 1996 年版。
26. 沈宗灵主编：《法理学》，北京大学出版社 2001 年版。
27. 公丕祥主编：《法理学》，复旦大学出版社 2002 年版。
28. 孙国华主编：《法理学教程》，中国人民大学出版社 1994 年版。
29. 孙国华、朱景文主编：《法理学》，中国人民大学出版社 1999 年版。
30. 周永坤：《法理学：全球视野》，法律出版社 2000 年版。
31. 李步云、汪永清主编：《中国立法的基本理论和制度》，中国法制出版社 1998 年版。
32. 刘金国、舒国滢主编：《法理学教科书》，中国政法大学出版社 1999 年版。
33. 王天木主编：《法学基础理论教程》，法律出版社 1987 年版。
34. 卓泽渊：《法的价值论》，法律出版社 2006 年版。
35. 严存生：《法律的价值》，陕西人民出版社 1991 年版。
36. 谢鹏程：《基本法律价值》，山东人民出版社 2000 年版。
37. 武树臣等：《中国传统法律文化》，北京大学出版社 1994 年版。
38. 陈晓枫主编：《中国法律文化研究》，河南人民出版社 1993 年版。
39. 王哲：《西方政治法律学说史》，北京大学出版社 1988 年版。
40. 马新福：《法社会学原理》，吉林大学出版社 1999 年版。
41. 余子明：《中国军事法律思想史》，解放军出版社 2005 年版。
42. 周健：《中国军事法史》，法律出版社 2008 年版。
43. 薛刚凌、周健主编：《军事法学》，法律出版社 2006 年版。
44. 张建田等编著：《中国军事法学》，国防大学出版社 1988 年版。
45. 张建田：《中国军事法学研究的回顾与思考》，法律出版社 2003 年版。
46. 周健：《外国军事法史》，法律出版社 2008 年版。
47. 周健、于恩志：《比较军事法：美国军事法》，海潮出版社 2002 年版。
48. 周健：《军事法论纲》，海潮出版社 2000 年版。
49. 图们主编：《军事法学教程》，法律出版社 1992 年版。
50. 方宁等编著：《军事法制教程》，军事科学出版社 1999 年版。
51. 李可人主编：《中国军事法学教程》，陕西人民出版社 1998 年版。
52. 田龙海等：《军事司法制度研究》，军事科学出版社 2008 年版。
53. 钱寿根：《军事法理学》，国防大学出版社 2004 年版。
54. 周健、曹莹主编：《军事立法学》，军事科学出版社 2002 年版。

55. 夏勇、汪保康：《军事法学》，黄河出版社1990年版。
56. 莫毅强等主编：《军事法概论》，中国人民公安大学出版社1990年版。
57. 张山新主编：《军事法理研究》，解放军出版社2008年版。
58. 张山新主编：《军事法学》，军事科学出版社2001年版。
59. 陈学会主编：《军事法学》，解放军出版社1994年版。
60. 梁玉霞主编：《中国军事法导论》，四川人民出版社1997年版。
61. 陆海明、钱寿根主编：《军事法学》，解放军出版社2001年版。
62. 夏勇：《中国军事法学基础理论研究》，中国财政经济出版社2005年版。
63. 夏勇、徐高：《中外军事刑法比较》，法律出版社1998年版。
64. 黄林异、王小鸣：《军人违反职责罪》，中国人民公安大学出版社1998年版。
65. 曲新久：《刑法的精神与范畴》，中国政法大学出版社2000年版。
66. 曲新久：《刑法的逻辑与经验》，北京大学出版社2008年版。
67. 曲新久主编：《刑法学》，中国政法大学出版社2009年版。
68. 齐文远主编：《刑法学》，北京大学出版社2007年版。
69. 张明楷：《刑法学》，法律出版社2007年版。
70. 高铭暄、马克昌：《刑法学》，北京大学出版社、高等教育出版社2000年版。
71. 马克昌主编：《刑法学全书》，上海科学技术文献出版社1993年版。
72. 张小虎：《刑法的基本观念》，北京大学出版社2004年版。
73. 侯宏林：《刑事政策的价值分析》，中国政法大学出版社2005年版。
74. 李宝忠：《刑法的价值体系及其取向》，人民出版社2010年版。
75. 谢望原：《欧陆刑罚制度与刑罚价值原理》，中国检察出版社2004年版。
76. 陈兴良：《本体刑法学》，商务印书馆2001年版。
77. 陈兴良：《刑法哲学》，中国政法大学出版社2000年版。
78. 陈兴良：《刑法的价值构造》，中国人民大学出版社1998年版。
79. 陈兴良：《当代中国刑法新视界》，中国人民大学出版社2007年版。
80. 王明星：《刑法谦抑精神研究》，中国人民公安大学出版社2005年版。
81. 敬大力主编：《刑法修订要论》，法律出版社1994年版。
82. 刘守芬等：《罪刑均衡论》，北京大学出版社2004年版。
83. 许发民：《刑法文化与刑法现代化研究》，中国方正出版社2001年版。
84. 徐留成：《身份犯比较研究》，人民法院出版社2013年版。
85. 李成：《共同犯罪与身份关系研究》，中国人民公安大学出版社2007年版。
86. 马克昌主编：《犯罪通论》，武汉大学出版社1991年版。
87. 马克昌主编：《刑罚通论》，武汉大学出版社1995年版。

88. 何秉松主编:《刑事政策学》,群众出版社 2002 年版。
89. 叶希善:《犯罪分层研究——以刑事政策和刑事立法意义为视角》,中国人民公安大学出版社 2008 年版。
90. 严景耀:《中国的犯罪问题与社会变迁的关系》,北京大学出版社 1986 年版。
91. 吴平:《资格刑研究》,中国政法大学出版社 2000 年版。
92. 刘树德:《自由:刑法内外的思考》,中国人民公安大学出版社 2005 年版。
93. 冯军主编:《比较刑法研究》,中国人民大学出版社 2007 年版。
94. 李海东:《刑法原理入门(犯罪论基础)》,法律出版社 1998 年版。
95. 梁根林:《合理地组织对犯罪的反应》,北京大学出版社 2008 年版。
96. 梁根林:《刑罚结构论》,北京大学出版社 1998 年版。
97. 张光宇:《边缘刑法学》,中国人民公安大学出版社 2008 年版。
98. 张明楷:《刑法格言的展开》,法律出版社 1999 年版。
99. 何荣功:《自由秩序与自由刑法理论》,北京大学出版社 2013 年版。
100. 蔡道通:《刑事法治的基本立场》,北京大学出版社 2008 年版。
101. 储槐植:《刑事一体化论要》,北京大学出版社 2007 年版。
102. 齐文远、夏勇主编:《现代刑事法研究》,北京大学出版社 2004 年版。
103. 郭理蓉:《刑罚政策研究》,中国人民公安大学出版社 2008 年版。
104. 黄立:《刑罚的伦理审视》,人民出版社 2006 年版。
105. 李锡海:《现代化与犯罪研究》,中国人民公安大学出版社 2009 年版。
106. 张远煌:《犯罪学原理》,法律出版社 2008 年版。
107. 许章润主编:《犯罪学》,法律出版社 2007 年版。
108. 白建军:《关系犯罪学》,中国人民大学出版社 2005 年版。
109. 齐文远、周详:《刑法、刑事责任、刑事政策研究——哲学、社会学、法律文化的视角》,北京大学出版社 2004 年版。
110. 王政勋:《刑法的正当性》,北京大学出版社 2008 年版。
111. 张波:《刑法法源研究》,法律出版社 2011 年版。
112. 赵白鸽主编:《中国国际人道法:传播、实践与发展》,人民出版社 2012 年版。
113. 卢有学:《战争罪刑事责任研究》,法律出版社 2007 年版。
114. [古希腊]柏拉图:《柏拉图全集》,王晓朝译,人民出版社 2002 年版。
115. [古希腊]亚里士多德:《政治学》,吴寿彭译,商务印书馆 1965 版。
116. [古罗马]弗拉维乌斯·韦格蒂乌斯·雷纳图斯:《兵法简述》,袁坚译,解放军出版社 2006 年版。
117. [英]西蒙·罗伯茨:《秩序与争议——法律人类学导论》,沈伟、张铮译,上海交通大学出版社 2012 年版。

118. ［英］霍布斯：《利维坦》，黎思复、黎廷弼译，商务印书馆 1985 年版。
119. ［英］迈克尔·霍华德：《欧洲历史上的战争》，褚律元译，辽宁教育出版社、牛津大学出版社 1998 年版。
120. ［英］鲍桑葵：《关于国家的哲学理论》，汪淑钧译，商务印书馆 1995 年版。
121. ［美］彼得·斯坦、约翰·香德：《西方社会的法律价值》，王献平译，中国人民公安大学出版社 1990 年版。
122. ［英］弗里德利希·冯·哈耶克：《自由秩序原理》，邓正来译，生活·读书·新知三联书店 1997 年版。
123. ［英］J·C·史密斯、B·霍根：《英国刑法》，马清升等译，法律出版社 2000 年版。
124. ［英］以赛亚·伯林：《自由论》，胡传胜译，译林出版社 2003 年版。
125. ［英］洛克：《政府论》（下篇），叶启芳、瞿菊农译，商务印书馆 1964 年版。
126. ［法］奥古斯特·孔德：《论实证精神》，黄建华译，商务印书馆 1996 年版。
127. ［法］卢梭：《社会契约论》，何兆武译，商务印书馆 1980 年版。
128. ［法］孟德斯鸠：《论法的精神》（上册），张雁深译，商务印书馆 1961 年版。
129. ［法］卡斯东·斯特法尼等：《法国刑法总论精义》，罗结珍译，中国政法大学出版社 1998 年版。
130. ［德］克劳塞维茨：《战争论》（第 1 卷），商务印书馆 1978 年版。
131. ［德］托马斯·里德、［法］马克·海克：《战争 2.0：信息时代的非常规战》，金苗译，解放军出版社 2011 年版。
132. ［德］黑格尔：《历史哲学》，王造时译，上海书店出版社 1999 年版。
133. ［德］斐迪南·滕尼斯：《共同体与社会：纯粹社会学的基本概念》，林荣远译，商务印书馆 1999 年版。
134. ［德］京特·雅科布斯：《规范·人格体·社会——法哲学前思》，冯军译，法律出版社 2001 年版。
135. ［德］汉斯·海因里希·耶赛克、托马斯·魏根特：《德国刑法教科书》，徐久生译，中国法制出版社 2001 年版。
136. ［美］麦尼尔：《竞逐富强：西方军事的现代化历程》，倪大昕、杨润殷译，学林出版社 1996 年版。
137. ［美］J·H·布雷斯特德：《文明的征程》，李静新译，燕山出版社 2004 版。
138. ［美］爱德华·麦克诺尔·伯恩斯、菲利普·李·拉尔夫：《世界文明史》，罗经国等译，商务印书馆 1987 年版。
139. ［美］戴维·波普诺：《社会学》，李强等译，中国人民大学出版社 1999 年版。

140. [美] E·博登海默:《法理学:法律哲学与法律方法》,邓正来译,中国政法大学出版社 1999 年版。

141. [美] 罗·庞德:《通过法律的社会控制、法律的任务》,沈宗灵、董世忠译,商务印书馆 1984 年版。

142. [美] 斯蒂芬·E. 巴坎:《犯罪学:社会学的理解》,秦晨等译,上海人民出版社 2011 年版。

143. [奥] 凯尔森:《法与国家的一般理论》,沈宗灵译,中国大百科全书出版社 1996 年版。

144. [挪威] 约翰·加尔通:《和平论》,陈祖洲等译,南京出版社 2006 年版。

145. [意] 尼科洛·马基雅维里:《君主论》,潘汉典译,商务印书馆 1985 年版。

146. [意] 切萨雷·龙勃罗梭:《犯罪人论》,黄风译,北京大学出版社 2011 年版。

147. [意] 切萨雷·贝卡里亚:《论犯罪与刑罚》,黄风译,北京大学出版社 2008 年版。

148. [意] 桑德罗·斯奇巴尼选编:《公法》,张礼洪译,中国政法大学出版社 2000 年版。

149. [加拿大] 欧文·沃勒:《有效的犯罪预防——公共安全战略的科学设计》,蒋文军译,中国人民公安大学出版社 2011 年版。

150. [日] 川岛武宜:《现代化与法》,王志安等译,中国政法大学出版社 1994 年版。

151. [日] 曾根威彦:《刑法学基础》,黎宏译,法律出版社 2005 年版。

152. [日] 木村龟二主编:《刑法学词典》,顾肖荣、郑树周译,上海翻译出版公司 1991 年版。

153. [苏] A·T·戈瓦尔主编:《军事法学》,何希泉、高瓦译,解放军出版社 1987 年版。

154. Georg Nolte, *European Military Law Systems*, Walter de Gruyter, 2003.

155. Cathy Packer, *Freedom of Expression in the American Military*: *A Communication Modeling Analysis*, Greenwood Press, 1989.

二、论文期刊类

1. 兰久富:"社会转型与价值冲突",载《北京师范大学学报(社会科学版)》1999 年第 3 期。

2. 刘作翔:"转型时期的中国社会秩序结构及其模式选择——兼对当代中国社会秩序结构论点的学术介评",载《法学评论》1998 年第 5 期。

3. 杨雪冬:"秩序的结构与边界",载《学习时报》2006 年 4 月 10 日,第 6 版。

4. 杨雪冬:"论作为公共品的秩序",载《中国人民大学学报》2005 年第 6 期。

5. 青连斌:"社会学研究的两大主题",载《学习时报》2006 年 1 月 2 日,第 6 版。

6. 刘训练:"'两种自由概念'探微",载《江苏行政学院学报》2009 年第 5 期。

7. 张宏卿、肖文燕："农民性格与中共的乡村动员模式——以中央苏区为中心的考察"，载《开放时代》2010 年第 10 期。
8. 秦扬、邹吉忠："试论社会秩序的本质及其问题"，载《西南民族大学学报（人文社科版）》2003 年第 7 期。
9. 张康之："道德化的政府与良好的社会秩序"，载《社会科学战线》2003 年第 1 期。
10. 赵旭东："逝者如斯的结构秩序——译读费孝通英文版《中国士绅》"，载《西北民族研究》2006 年第 3 期。
11. 高峰："社会秩序的本质探析"，载《学习与探索》2008 年第 5 期。
12. 高峰："社会秩序类型探析"，载《内蒙古社会科学（汉文版）》2008 年第 4 期。
13. 高峰："关于社会秩序存在的前提性思考"，载《北京工业大学学报（社会科学版）》2009 年第 2 期。
14. 高峰："社会秩序的存在何以可能？"，载《中共中央党校学报》2010 年第 4 期。
15. 程龙："'快乐女声'与'性别视角'"，载《读书》2013 年第 7 期。
16. 杨金颖、邵刚："社会秩序的生成问题论析"，载《前沿》2011 年第 11 期。
17. 李超："西方社会秩序理论发展理路探析"，载《理论探索》2011 年第 2 期。
18. 田宝法："对传统社会秩序生成机制的现代性反思"，载《社会科学研究》2006 年第 5 期。
19. 文军："90 年代西方社会学视域中的全球化理论评析"，载《开放时代》1999 年第 5 期。
20. 王欢："中国古代社会中身份规则的结构化和制度化研究"，载《史学集刊》2006 年第 2 期。
21. 孙国华："论法的和谐价值"，载《法学家》2008 年第 5 期。
22. 卓泽渊："论法的价值"，载《中国法学》2000 年第 6 期。
23. 卓泽渊："法的价值的诠释"，载《苏州大学学报》2005 年第 5 期。
24. 黄建武："法的价值在法的体系中的地位与作用"，载《苏州大学学报》2005 年第 5 期。
25. 周旺生："论法律的秩序价值"，载《法学家》2003 年第 5 期。
26. 张恒山："'法的价值'概念辨析"，载《中外法学》1999 年第 5 期。
27. 姚建宗："中国特色社会主义法的价值论"，载《辽宁大学学报（哲学社会科学版）》2013 年第 2 期。
28. 龙文懋："'自由与秩序的法律价值冲突'辨析"，载《北京大学学报（哲学社会科学版）》2000 年第 4 期。
29. 徐梦秋、李永根："法律规范与自由"，载《天津社会科学》2007 年第 4 期。

30. 张少瑜："先秦兵家法律思想概要"，载《法学研究》2000 年第 5 期。
31. 王丽君、陈国民："军事组织中'领导者信任'问题初探"，载《理论观察》2011 年第 2 期。
32. 张建田："我国军事法概念初探"，载《现代法学》1987 年第 3 期。
33. 张建田："1990 年军事法学研究概况"，载《法律科学（西北政法学院学报）》1991 年第 4 期。
34. 张少瑜："中国军事法学的过去现在与未来"，载《华东政法学院学报》2000 年第 4 期。
35. 张山新："军事法概念新解"，载《当代法学》2006 年第 1 期。
36. 李大鹏："论军事法的基本原则"，载《西安政治学院学报》2004 年第 3 期。
37. 宿晓："军事法价值研究"，载《黑龙江省政法管理干部学院学报》2006 年第 1 期。
38. 赵会平："军事法的价值构成及其对立统一——军事法学价值取向的基础分析"，载《西安政治学院学报》2002 年第 6 期。
39. 孙君、徐忠华："论军事立法中的道德法律化现象"，载《西安政治学院学报》2006 年第 6 期。
40. 张建田："论军人违反职责罪的立法完善"，载《法学杂志》2008 年第 4 期。
41. 田友方："军事刑法若干问题的理论探讨"，载《当代法学》2004 年第 5 期。
42. 武和中："浅谈对'军事刑法'定义的再界定"，载《法学杂志》2002 年第 2 期。
43. 冉巨火："军事刑法何以特殊"，载《中国刑事法杂志》2010 年第 9 期。
44. 任汉顺："军事刑法概念浅析"，载《法制与经济》2008 年第 12 期。
45. 蒲硕棣："论我国军事刑法概念"，载《中外法学》1992 年第 2 期。
46. 周恩惠："论我国军事刑法的地位"，载《法律学习与研究》1989 年第 1 期。
47. 黄林昇："关于军人违反职责罪的修改与适用"，载《人民司法》1997 年第 7 期。
48. 白正春："论依法治军视野下军事刑法的价值"，载《法制与经济》2009 年第 12 期。
49. 聂立泽、苑民丽："略论我国军职犯罪的立法得失"，载《河北法学》2001 年第 1 期。
50. 李化祥、何媛："军人战场投降罪存废之我见"，载《湛江师范学院学报》2009 年第 1 期。
51. 高飞："投降罪的界定及其立法完善"，载《西安政治学院学报》2010 年第 4 期。
52. 胡博："浅析俄罗斯军事刑罚制度对我国的启示"，载《武警学院学报》2011 年第 5 期。
53. 薛洪、吴韬："'军法'何以就要'从严'？——关于'军法从严'原则之意义新解"，载《人文杂志》2011 年第 3 期。
54. 王丹妮："军事刑罚制度的适用与完善"，载《人民检察》2012 年第 19 期。
55. 张进红、杨清芳："浅析意大利战时军事刑法中的行刑延迟"，载《西安政治学院学报》2008 年第 3 期。

56. 曲新久："论社会秩序的刑法保护与控制"，载《政法论坛（中国政法大学学报）》1998 年第 4 期。
57. 田友方等："中俄军事刑罚比较研究"，载《西安政治学院学报》2001 年第 1 期。
58. 曲新久："论个人自由的刑法保护与保障"，载《政法论坛（中国政法大学学报）》1999 年第 5 期。
59. 徐丹丹："我国军事犯罪死刑制度改革刍议"，载《湖北警官学院学报》2014 年第 5 期。
60. 陈兴良："法治国的刑法文化——21 世纪刑法学研究展望"，载《人民检察》1999 年第 11 期。
61. 高铭暄、陈兴良："挑战与机遇：面对市场经济的刑法学研究"，载《中国法学》1993 年第 6 期。
62. 陈国庆、韩耀元："《关于渎职侵权犯罪案件立案标准的规定》的理解与适用"，载《人民检察》2006 年第 16 期。
63. 高铭暄、姜伟："刑法特别法规的立法原则初探"，载《法学评论》1986 年第 6 期。
64. 王志祥、敦宁："刑罚配置结构调整论纲"，载《法商研究》2011 年第 1 期。
65. 邱兴隆："死刑的价值分析"，载《华东刑事司法评论》2004 年第 2 期。
66. 白建军："论不作为犯的法定性与相似性"，载《中国法学》2012 年第 2 期。
67. 周光权："论刑法学中的规范违反说"，载《环球法律评论》2005 年第 2 期。
68. 周光权："社会转型时期职务犯罪预防的新课题"，载《政治与法律》2007 年第 5 期。
69. 于恩志、唐振刚："军事犯罪范畴之重构"，载《西安政治学院学报》2016 年第 1 期。
70. 顾炜程："论军事刑法的单独立法"，载《学理论》2015 年第 16 期。
71. 侯嘉斌："古罗马军事刑法史略"，载《西安政治学院学报》2016 年第 4 期。
72. 万志鹏："军事法治视野下军事死刑废止研究"，载《湘潭大学学报（哲学社会科学版）》2019 年第 3 期。
73. 万志鹏："战争与武装冲突法和国际军事刑法的发展及关联"，载《邵阳学院学报（社会科学版）》2020 年第 3 期。
74. 万志鹏："'军法从严'应当成为军事刑法的基本原则"，载《武陵学刊》2019 年第 3 期。
75. 张雪伟："罗马法中军人的法律地位"，载《湖北警察学院学报》2019 年第 1 期。
76. ［荷］H·布雷塞斯、M·霍尼赫："政策效果解释的比较方法"，张蓉燕译，载《国际社会科学杂志（中文版）》1987 年第 2 期。
77. ［德］G·雅各布斯："刑法保护什么：法益还是规范适用？"，王世洲译，载《比较法研究》2004 年第 1 期。

78. David A. Schlueter, "The Military Justice System Conundrum, Justice Or Discipline?" *Military Law Review*, Vol. 215, Issue 1, 2013.
79. Arne Willy Dahl, "International trends in Military Justice", *Presentation at the Global Military Appellate Seminar at Yale Law School*, April 1-2, 2011.
80. John T. Willis, "The United States Court of Military Appeals: Its Origin, Operation and Future", *Military Law Review*, Vol. 55, 1972.
81. Keith Krause, "Insecurity and State Formation in the Global Military Order: The Middle Eastern Case", *European Journal of International Relations*, Vol. 2, Issue 3, 1996.
82. Glenn D. Walters, Thomas A. Scrapansky and Glenn A. Marrlow, "The Emotionally Disturbed Military Criminal Offender: Identification, Background, and Institutional Adjustment", *Criminal Justice and Behavior*, Vol. 13, Issue 3, 1986.
83. Department of Defence, "Report on the Effectiveness of Australia's Military Justice System, Government Response to the Senate Foreign Affairs", *Defence and Trade References Committee*, October 2005.
84. William A. Moorman, "Fifty Years of Military Justice: Dose The Uniform Code of Military Justice Need To Be Changed?" *The Air Force Law Review*, Vol. 48, 2000.
85. Gennady Zolotukhin, "Institutions of military justice of the armed forces of the Russian federation", *Air Force Law Review*, Vol. 52, 2002.
86. Theodore Essex, Leslea Tate Pickle, "A Reply to the Report of the Commission on the 50th Anniversary of the Uniform Code of Military Justice (May 2001): 'the Cox Commission'", *Air Force Law Review*, Vol. 52, 2002.
87. John S. Cooke, "Military Justice and the Uniform Code of Military Justice", *the Army Lawyer*, 2000 March.
88. James B. Roan, Cynthia Buxton, "The American Military Justice System in the New Millennium", *Air Force Law Review*, Vol. 52, 2002.
89. George S. Prugh, "Observations on the Uniform Code of Military Justice: 1954 AND 2000", *Military Law Review*, Vol. 165, 2000.

三、学位论文类

1. 曲波:"马克思主义哲学视域下的社会秩序研究",东北师范大学 2012 年博士学位论文。
2. 李超:"当代中国社会秩序研究",中共中央党校 2011 年博士学位论文。
3. 张瑞雪:"秩序与人:先秦儒家法思想新论",西北大学 2006 年博士学位论文。
4. 杨震:"法价值哲学导论",黑龙江大学 2001 年博士学位论文。

5. 韩轶:"刑罚目的的建构与实现",武汉大学 2002 年博士学位论文。
6. 周升乾:"法教义学研究——一个历史与方法的视角",中国政法大学 2011 年博士学位论文。
7. 李春苗:"军队士气模型、影响因素及其激励机制研究",华南师范大学 2006 年博士学位论文。
8. 曾志平:"论军事权",中国政法大学 2006 年博士学位论文。
9. 孙宏:"军事刑法基础理论问题研究",吉林大学 2007 年博士学位论文。
10. 柳华颖:"我国军事犯罪基础问题研究",吉林大学 2009 年博士学位论文。
11. 陈金涛:"军事刑法特殊性的价值与范畴解读",吉林大学 2011 年博士学位论文。
12. 王庆:"战时军事诉讼制度研究",安徽大学 2004 年硕士学位论文。
13. 付海珍:"论我国军职罪的立法完善",四川大学 2006 年硕士学位论文。

后 记

人生是不是分章节呢?
就像这著作一样。
交友可不可以先开题呢?
通不过就不能深交往。
处事可不可以有预答辩呢?
有智者为你把方向。
理想可不可以不延期呢?
顺利毕业是每个学子的希望。

做学问如做人,一个阶段有一个阶段的关键词、中心句。

对我来说,从 2004 年读研时开始参编《军事刑法学》这本研究生教材,就与军事刑法结缘。自此,军事刑法学成了我重要的研究领域。

在军事刑法研究路上,特别感谢我在 2011 年入中国政法大学读博士时的导师曲新久教授,以大雅之人格魅力潜移默化地影响着我的人生。从读什么书、怎么做研究开始,把我带进刑法研究的宏伟殿堂。很有意思的是,我长得与老师有几分相像!读博时很多人问我:"有没有人说你跟曲老师长得很像?"我还真认真观察了几次,果然如此。不知道老师有没有感觉到,对此我从来没问过。我那时像小学生一样,有种洋洋得意的感觉。与老师长得像,也是一种缘分吧!老师待人宽厚,温和亲切,睿智洒脱,总给人温暖的感觉。有缘成为曲老师的学生,幸甚!美哉!

军事刑法的研究要想深刻,是需要扎实的刑法学理论功底的,而将刑法学理论与军事实践较好地结合起来,着实不易!之所以当初选择这样一个"小切口"——军事刑法的秩序价值——研究,很重要的一方面是感念于曲老师的理念——要努力写成该领域中后来研究者"绕不过"的作品,而不是可有可无、可看可不看的。由于水平和能力有限,这样的理念或要求,到我这

后 记

里就只能用"挖深井"来落实了。实话说，我自认为书中的很多文字，写得深刻；但同时，有些地方，也觉得逻辑上有点牵强。希望有识之士有机会切磋、完善。

纸短情长！感谢在人生每一个节点上所有关心我、帮助我的人，以及反感我或者反对我的人！记得纪伯伦曾说过，一场争论可能是两个心思之间的捷径。

脚步匆忙，突然记起，人生已迈入中期考核阶段。

为人谋而不忠乎？与朋友交而不信乎？传不习乎？

为谋之事、不信之行，绝无半点。传有习，却有不精。惭愧！

虽然青春是壁虎，尾巴抓不住，但当幸福来敲门，我想我会在家！

下一章开始了，要想好、写好！

2021年1月1日于百望山麓红山口

声　明	1. 版权所有，侵权必究。
	2. 如有缺页、倒装问题，由出版社负责退换。

图书在版编目（CIP）数据

军事刑法的秩序价值研究/王全达著.—北京：中国政法大学出版社，2021.12
ISBN 978-7-5764-0192-9

Ⅰ.①军… Ⅱ.①王… Ⅲ.①军法－刑法－研究－中国 Ⅳ.①E226

中国版本图书馆 CIP 数据核字(2021)第 269250 号

出 版 者	中国政法大学出版社
地　　址	北京市海淀区西土城路 25 号
邮寄地址	北京 100088 信箱 8034 分箱　邮编 100088
网　　址	http://www.cuplpress.com（网络实名：中国政法大学出版社）
电　　话	010-58908285(总编室) 58908433（编辑部）58908334(邮购部)
承　　印	固安华明印业有限公司
开　　本	720mm×960mm　1/16
印　　张	15
字　　数	235 千字
版　　次	2021 年 12 月第 1 版
印　　次	2021 年 12 月第 1 次印刷
定　　价	78.00 元